이홍우 유작 3부 [2]

왼손으로 쓴 교육학

삶과 교육을 위한 단상

이홍우

교육과학사

上士聞道 勤而行之

中士聞道 若存若亡

下士聞道 大笑之

不笑 不足以爲道

높은 선비는 道를 들으면

부지런히 따라간다.

중간 선비는 道를 들으면

들은 둥 만 둥 한다.

낮은 선비는 道를 들으면

크게 웃는다.

낮은 선비가 웃지 않으면

그것은 道가 아니다.

(老子 道德經 41)

왼손이 하는 머리말

나는 우리 주인의 몸에 붙어 있는 왼손입니다. 우리 주인은 대학에서 교육학을 가르치는 사람입니다. 강의를 하거나 글을 쓸 때 우리 주인은 나의 맞은편에 있는 오른손을 씁니다. 그렇지만, 오른손이 너무 지쳐있거나 그 밖의 다른 이유에서 오른손이 쉬고 있을 때, 우리 주인은 때로 나를 쓰고 싶어 합니다. 그렇기 때문에 내가 하는 일은 나의 동료인 오른손이 하는 일에 비하여 詩的시적, 童話的동화적 무드를 풍길 수밖에 없습니다. 여기에 수록된 글은 거의 전부가 우리 주인의 그러한 무드를 반영하는 것들입니다.

그러나 이렇게 말한다고 해서 시적, 동화적 무드의 글이 오른손으로 쓰는 산문적, 이론적 무드의 글과 그 아이디어에 있어서 차이가 있다고 생각한다면 그것은 잘못입니다. 사실상,

우리 주인은 강의를 하거나 논문을 쓰는 것과 같이 명백히 오른손의 기능에 해당하는 활동을 할 때, 논의의 격조나 맥락으로 보아 지나치게 이질적인 느낌을 자아내는 경우가 아니라면 언제나 나의 그 시적, 동화적 무드의 글을 삽입합니다. 그렇기 때문에 우리 주인의 오른손이 쓴 글을 접할 기회가 있었던 독자는 거기서 분명히 나를 빌려서 나왔을 법한 시적, 동화적 에피소드나 비유를 읽었을 것이며, 그중에는 여기에 실린 글의 한 부분이 그대로 옮겨진 것도 볼 수 있었을 것입니다.

아마 많은 독자들에게 여기에 실린 글의 상당수는 통념상 '교육학'의 영역에서 벗어난다고 생각될 것입니다. 아닌 게 아니라, 그중의 몇 편을 읽은 독자 중에는 '이것이 교육학과 무슨 관계가 있는가'라는 항의를 한 사람이 있었습니다. (뿐만 아니라, 전문적인 교육학자 중에는 우리 주인의 이론적인 논술에 관해서도 '이것은 교육학이 아니다'라는 단정적인 논평을 하는 사람들이 있었습니다.) 이 문제에 관한 한, 우리 주인은 조금도 양보할 생각이 없습니다. 교육학의 영역 안에 드는 논술과 그것을 벗어나는 논술을 가르는 경계선을 누가 어떻게 정할 수 있는가 하는 기술적인 문제는 차치하고라도, 우리 주인이 보기에는 사람을 훌륭한 인간으로 만드는 일과 관련된 논술은 모두가 교육학의 영역 안에 드는 것입니다. 그렇지 않고, 만약 누군가가 필경은 임의적인 것일 수밖에 없는 기준에 의하여 교육학의 경계선 안과 밖을 구분하면서 그 바깥의 것에 관해서는 말을 하려고 하지 않는다면, 교육학은 빈털터리 가난뱅이 학문을 면하지 못할 것입니다.

경계선의 안이건 밖이건 간에, 여기에 실린 글의 내용에 관하여 독자가 공감한다면 그것은 천만다행입니다. 이렇게 말하는 것은 내가 우리 주인의 저작 방침을 알고 있기 때문입니다. 그 방침에 의하면, 우리 주인은 대다수의 사람들이 이미 알고 있는 내용, 누가 말하더라도 똑같은 말이 될 수밖에 없는 문제에 관해서는 글을 쓸 필요를 느끼지 않습니다. 이 방침 때문에 우리 주인은 주위의 사람들로부터 '그 사람은 남과 다른 말을 하는 데서 일종의 병적인 쾌감을 느낀다'는 평을 받아왔습니다. 이것은 천만부당한 오해입니다. 우리 주인이 마음속으로 남과 똑같은 생각을 하면서도 '주의를 끌기 위하여 일부러' 남과 다른 말을 하는 것이 아니라, 그가 옳다고 믿는 것이 '우연히' 대다수 사람들의 생각과 다른 것입니다. 여기에 덧붙여서, 앞의 그 저작 방침에 따라 대다수 사람들이 알고 있는 것과는 다른 내용만을 쓰다가 보면 그런 오해는 필연적으로 따라올 것입니다.

우리 주인도 독자로부터 공감을 받고 싶어 하기는 다른 모든 저술가들과 다름이 없습니다. (물론, 그와 동시에, 우리 주인은 老子노자의 말대로, 자신이 보기에 어김없이 '下士'하사로 보이는 사람들이 '크게 웃지 않는' 것을 염려한다는 것도 사실입니다.) 이 책이 원래의 취지대로, 교육학의 산문적, 이론적 논술에 접할 기회가 없는 많은 독자들에게 널리 읽히고, 그리하여 그 논술을 통하여 전달하고자 한 우리 주인의 '교육학적' 견해가 다소간이나마 호응을 얻게 된다면, 오른손을 보좌하는 나의 보잘것없는 노력이 분에 넘치는 보상을 받은 줄로 여기겠습니다.

李烘雨의 왼손 올림

| 차례 |

1. 공자의 이력서

열다섯에 배움에 뜻을 둔 이후에 서른에서 일흔에 이르기까지 10년을 단위로 하여 자신이 이룩한 것을 차례로 말하면서, 孔子공자는 '일흔에 나는 내 마음에 하고 싶은 대로 하여도 법도에 어긋나는 일이 없었다'고 말하였다(論語, 爲政). 오늘날 이 말을 듣는 우리로서 한 가지 궁금하게 생각되는 것은, '내 마음에 하고 싶은 대로 하여도 법도에 어긋나는 일이 없게' 되기까지, 또는 그 상태에 도달하기 위하여, 공자는 무엇을 하였으며 어떻게 살았는가 하는 것이다. 이 문제를 생각하는 데에는 공자 자신의 말에 나타난 10년마다의 업적은 별로 도움이 되지 않는다. 예컨대 서른에 독자적인 판단과 생활방식을 터득했다든가, 마흔에 그릇된 의견에 마음이 흔들리지 않게 되었다든가, 쉰에 생애의 사명을 알았다든가, 예순에 사람들의 말을 그 올바른 의미로 해석할 수 있게 되었다든가 하는 것은 그때그때 자신이 도달한 상태를 나타낼 뿐, 그것이 일흔의 그 최종적인 상태를 낳게 한 원인이 되었다고 보기는 어려운 것이다.

그렇다면 그 원인은 그것과는 다른, 좀더 직접적인 것에서 찾아볼 수밖에 없다. 일흔이 되기 전에 공자는 어떻게, 무슨 생각으로 살았기에, 마침내 그런 상태에 도달할 수 있었던가? 여기에 대해서는 대답이 하나밖에 없다. 즉, 그때까지 공자는 '마음에 하고 싶은 것'과 정반대되는 것만 일일이 골라서 해 왔다는 것이다. 생각해 보라. 공자도 우리와 다름없는 인간인 이상(또는, 적어도 성인이 되기 전에는 우리와 다름없는 인간이었던 이상), 열다섯, 스물, 또는 심지어 서른, 마흔, 쉰에 이르기까지, 그 '마음에 하고 싶은 것'이 어떻게 법도에 맞을 수 있었겠는가? 만약 '마음에 하고 싶은 것과 정반대되는 것만 골라서 하는' 그 오랫동안의 수련기간을 거치기 전에, 누구나 '마음에 하고 싶은 대로 하여도 법도에 어긋나지 않을' 수 있다면, 성인이라는 것은 하등의 노력을 할 필요가 없이 저절로 되는 것이요, 우리는 날 때부터 이미 성인으로 태어난다고 말해야 한다. 그러나, 물론, '평등'이라는 민주주의 이념에 완전히 눈이 멀고 정신이 뒤집힌 사람이 아니고는 이 말에 동의하지 않을 것이다.

그러므로 일흔 살 때, 공자가 했다는 그 '마음에 하고 싶은 일'은 우리들 보통 사람이 생각하는 '하고 싶은 일'과는 정반대가 된다고 말해도 좋을 정도로 종류가 다른 것이다. 아니, 그것은 우리뿐만 아니라 공자 자신이 열다섯 살, 스무 살 때 '마음에 하고 싶었던 일'과도 정반대가 된다고 보아야 한다. 일흔에 이르기까지 공자의 한평생은 '마음에 하고 싶었던 것과는 정반대되는 일'을 하기 위한 끊임없는 수련 과정이었으며, 그 결과로 일흔이 되었을 때 공자가 '마음에 하고 싶었던 일'은 바로 보통 사람들이 '마음에 하기 싫은 일'로 된 것이다. 우리가 공자를 성인으로 받드는 것은 이와 같이 '마음에 하고 싶은 것'이 우리 보통 사람과 정반대로 되었기 때문일 것이다.

'아동존중'이라는 교육의 이념이 일반적으로 받아들여진 이래로, 우리는 아이를 기를 때 그의 '흥미와 필요'—한마디로 아이가 마음에 하고 싶어 하는 것—를 존중해 주어야 한다고 생각해 왔다. 이 생각이 실지로 얼마나 실천되었는가 하는 것은 사회마다 또 개인마다 차이가 있기 때문에 일률적으로 말하기가 어렵지만, 근래의 경향을 보면 그것이 순전히 이론의 수준에만 그쳤다고 보기는 어렵다는 느낌이 든다. 아이가 하고 싶어 하는 대로 하도록 아이를 기르는 것은 聖人성인과는 정반대의 형편에 있는 아이를 성인으로 취급하는 것과 다름이 없다. 그런 방식으로 자란 아이는 자신의 마음에 하고 싶은 일이 일흔 살 때 공자의 그것과 정반대가 된다는 것을 전혀 깨닫지 못할 것이다. 그는 열다섯 살, 스무 살 때의 자신의 욕망이 곧 법도라고 생각하고, 자신의 욕망과 맞지 않는 법도는 아예 법도로 인정하려 들지 않을 것이다. 요컨대 그 아이는 자신과 성인을 가르는 하늘과 땅의 차이를 인정하지 않고 자신이 바로 성인이라고 생각할 것이다. 그도 그럴 것이, 그는 그렇게 생각하도록 '교육된' 것이다.

말할 필요조차 없는 일이지만, 이런 이론에 의하여 교육된 세대는 그들의 마음에 맞는 교육이론을 선택하고, 교육이론을 그들이 마음에 맞는 방식으로 해석하며, 그것으로도 부족할 때에는 그들 자신의 교육이론을 만들어낸다. 교육은 아이의 바깥에 있는 높은 표준을 억지로 강요해서는 안 되며, 아이의 마음속에 있는 가능태의 '자아를 실현하도록' 도와주어야 한다는 생각, 교육은 성인을 만드는 일이 아니라 일상생활의 문제를 현명하게 해결하는 유능한 생활인을 만드는 일이라는 생각, 그리고 무엇보다도 교육은 대다수의 사람들에게 '달성 가능한' 목적, 그리고 그 달성여부가 명백한 지표에 의하여 확인될 수 있는 목적을 추구해야 한다는 생각, 이 모든 생각은 교육의 실제와 제휴하여, 교육의 어김없는 실패작인 평균인을 교육의 표준적 업적으로 추켜세우는 데에 기여한다. 그러나 교육이 언제부터 그런 것이었는가? 가령 조선의 열다섯 살 소년이 공부에 뜻을 두고 '성인이 되기를 스스로 기약할'[聖人自期] 때, 그가 반드시 성인의 경지를 명백한 지표에 의하여 알고 있었던 것은 아니며, 그가 실지로 성인이 될 수 있다고 생각한 것은 더욱 아니다. 그는 다만 자신이 도달하고자 하는 높은 경지, 현재의 자신으로서는 도저히 꿈조차 꿀 수 없는 까마득한 경지가 있다고 믿고, 실지로 거기에 도달하든지 못하든지 간에, 그 경지에 도달하려고 노력하면서 한평생을 바치기로 결심했을 것이다.

그에게 그 경지가 의심할 여지없이 확실한 것으로 느껴지는 것은 거기에 도달할 수 있다는 확실한 기대 때문이 아니라, 오히려 그것에 비하여 현재의 그의 처지가 어이없이 부족하다는 느낌, 그것으로부터 현재의 그를 떼어놓고 있는 그 채울 수 없는 거리 때문이다. 교육의 확실성은 아무도 그 목적을 확실히 달성할 수 없다는 바로 그 사실에 의하여 주어진다.

2. 단설의 모험과 공짜 은총

옛날 인도의 四姓制度4성제도하에서는 브라만 계급 이외의 하층민이 경전을 읽다가 발각되면 그 범인의 혀를 잘랐다고 한다. '도무지 믿을 수 없다—대다수의 사람들은 생각할 것이다—참으로 그런 일이 있었다면 그것은 인간의 사회에서는 있을 수 없는 가장 잔인하고 야만적이고도 비도덕적인 제도이다.' 그러나 위의 사실이 어딘가 기록에 의하여 전해진 것을 보면, 그것은 전혀 터무니없는 거짓말은 아닐 것이다. 뿐만 아니라, 고대 사회에서는 거의 예외 없이 문자가 '신성한' 것으로 간주되었던 만큼, 스스로 신적인 존재라고 생각하는 한 계급이 그 신성한 문자로 기록된 내용을 자신의 독점물로 삼고 싶었던 것은 하나의 역사적 사실로서 오히려 당연하다고 말해야 할지 모른다. 우리로서 납득하기 어려운 것은 차라리, 어째서 범인을 죽이지 않고 그 혀를 잘랐는가 하는 점이다. 그러나 아마 이것도, 문자를 통하여 뇌수에 박힌 것은 어쩔 수 없다 하더라도, 자신의 혀로 그것을 발설하는 것만은 막아야 하겠다는 '인도주의적' 발상에서 나온 것이었다고 하면 그런대로 설명될 수 없는 것도 아니다.

위의 이야기에 대한 우리의 인간적, 도덕적 분개가 일단 수그러들고 난 뒤에도, 그 이야기의 충격은 여전히 우리의 마음을 움켜잡고 놓지 않는다. 이때 우리의 이성적 분석능력은 그 斷舌단설의 모험을 감행하는 하층민의 심리상태로 향한다. 이제, 수우드라(최하층민)의 한 청년이 혀를 자르는 형벌에 의하여 금지된 그 모험을 감행할 생각을 품는다고 하자. (그런 청년이 한 사람도 없었다면 애당초 그 형벌이 생겼을 리가 없다.) 무엇이 그를 그 모험으로 몰아넣는가? 우리가 확실히 믿어도 좋은 것은, 그것이 결코 순전히 스릴을 즐기기 위한 것은 아니라는 것이다. 그의 입장은, 마치 성한 몸으로 살아가는 것이 지겨워 못 견디겠다는 듯이, 오토바이로 몸을 날려 불 고리 속을 뛰어드는 현대의 스턴트맨의 그것과는 근본적으로 다르다. 또한 우리는 그의 그 행위가 부당한 신분적 차별에 대한 정의의 몸부림이 아니었다는 것도 아마 안심하고 믿을 수 있을 것이다. 정의의 몸부림은 통상 집단적 행위로 표현되는 데 비하여, 그의 그 모험은 틀림없이 개인적 동기에서 빚어진 것이라고 보아도 좋을 것이다. 그의 행동에 대하여 설명이 있을 수 있다면 그것은 오직 한 가지, 그 경전, 비극적인 운명 때문에 자신에게는 허용되지 않는 그 경전에 적힌 내용을 자신의 두 눈으로 확인하고 싶었다는 것 그것뿐이다. 만약 그가 브라만으로 태어나지 못한 자신의 운명을 한탄했다면 그것은 오직 경전을 읽을 수 없다는 그 신분상의 제약 때문이며, 만약 그것만 허용된다면 자신이 브라만인가 수우드라인가는 전혀 문제 되지 않았을 것이다. 만약 그에게 그 특권이 허용된다면 그는 그것을 세상에 둘도 없는 은총이라고 생각했을 것이다.

물론, 오늘날 우리는 수우드라의 그 청년이 치렀을 법한 대가를 걱정할 필요가 없이 책을 읽을 수 있는 '정의로운' 사회에 살고 있다. 수우드라의 그 청년에게 세상에 둘도 없는 은총이라고 생각되던 것이 우리에게는 공짜로 안겨지는 것이다. 어느 정도인가 하면, 우리에게 책을 읽는 것은 모종의 대가를 치르고 얻어야 할 간절한 소원의 대상이 아니라 그 자체가 바로 '치러야 할 대가'이며, 이 대가는 책을 읽는 것에 뒤따라오는, 그 이외의 다른 보상을 위하여 마지못해 치러야 하는 것으로 되어 있다. 우리는 인류 역사상 얼마나 오랜 기간 동안 인구의 대다수가 수우드라의 그 청년에게 부과된 것과 본질상 동일한 사회적 제약 속에서 살아왔는가, 오늘날 우리가 아무런 감동 없이 읽고 있는 그 책을 쓴 수많은 사람들의 노력과 희생은 고사하고라도, 우리 모두에게 책 읽는 것이 '공짜 은총'으로 주어지기까지 얼마나 많은 수우드라 청년의 혀가 잘려 나갔는가를 기억하려고 하지 않는다. 이 종족적 대건망증으로 말미암아 한때의 지극한 은총이 오늘날에는 의무나 심지어 형벌로 둔갑하게 된 것이다.

'그러나—누군가 반문할 것이다—책 읽는 은총이 사회의 특정한 계층에게 점유되다시피 한 상태에서 그것이 모든 사람들에게 균점되는 상태로 나아왔다는 것은 그 자체로서 역사적 발전을 의미하는 것이 아닌가?'—아마 그럴지 모른다. 그러나 그 이른바 '역사적 발전'이 올바른 의미를 가지기 위해서는 그 은총이 은총으로 받아들여질 수 있어야 한다. 위의 대건망증에서 빚어지는 오늘날 우리의 현실은 과연 이 기본전제가 충분히 실현되어 있는가를 의심스럽게 한다. 수학과 물리학, 문학과 역사학 등, 학교의 교과서에 적혀 있는 지식—옛날 인도의 수우드라 청년이 혀 잘리는 위험을 무릅쓰면서 읽으려고 했던 것과 본질상 다름없는 '신성한' 지식—이 오늘날 우리에게 어떤 의미를 가지는가? 그 지식을 기록하는 데 사용된 문자는 바로 잠실구장에서 벌어지는 야구시합 광경이나 연예인들의 최근 소식을 기록하는 데 사용되는 그것과 동일하다는 이유에서, 그리고 그것은 우리 모두가 어렸을 때부터 강제로 배워야 했던 바로 그 문자라는 이유에서, 대다수 사람들에게는 그 두 내용의 차이가 올바르게 존중되지 않는다. 아니, 그 이상으로, 교과서에 적힌 글을 읽는 것이 의무요 형벌인 것과는 달리, 스포츠 신문을 읽는 것이야말로 은총이라고 생각된다.

그렇다면 누구나 스포츠 신문을 그만두고 교과서를 읽어야 하는가? 그렇지 않다. 그럴 필요가 없다. 지식의 의미, 그리고 지식을 배우는 것의 의미를 올바르게 아는 것은 역사상 언제나 소수에 국한되어 있었고, 또 그것으로 충분하다. 다만, 우리는 지식을 모든 사람에게 공짜 은총으로 안겨주는 것이 곧 모든 사람에게 지식의 의미를 알리는 길이 된다는 집단적 착각에 빠지지 말아야 한다. 그리고 그와 동시에, 교육의 보편화가 '그 자체로서' 역사적 발전을 의미한다는 현대 특유의 고정관념에 대해서도 약간의 검토가 필요할 것이다.

3. 분리형 두뇌

한 역사학자는 인간의 역사를 서술하는 첫 부분에서, 인간이 다른 동물에 대하여 가지고 있는 결정적인 이점을 '분리형 도구'라는 말로 설명하고 있다. 딱따구리나 두더지는 나무나 땅을 파는 도구를 몸에 달고 다닌다. 사자와 살쾡이는 몸에 붙어 있는 발톱과 이빨로 먹이를 잡는다. 북극곰은 추위를 막을 털옷을 늘 입고 다니며, 심지어 거북은 자신이 살 집을 등에 지고 다니기까지 한다. 그러나 인간은 끌과 망치를 잡고 나무에 구멍을 뚫던 바로 그 손으로 삽과 괭이를 잡고 땅을 팔 수 있다. 인간은 북극에서 입고 있던 털옷을 적도 부근에서는 벗어 버릴 수 있다. 가령 인간이 그 생활에 필요한 최소한의 도구나마 모조리 몸에 붙이고 다녀야 한다면, 인간은 상상하기조차 끔찍한 모습을 하고 있어야 할 것이다. 뿐만 아니라, 그 모든 도구는 그것이 사용되는 경우를 제외하고는 일하는 데에 방해가 되어서, 인간은 어느 한 가지 일도 제대로 할 수 없게 될 것이다. 북극의 털옷을 적도에서도 입고 있어야 하는 불편은 치렁치렁 몸에 붙은 온갖 거추장스러운 도구의 방해에 비하면 그야말로 불편이라고 할 수조차 없을 정도일 것이다. 물론, 오늘날 인간이 사용하고 있는 도구는 끌과 망치, 삽과 괭이 등, 인간의 역사 전체 중에서 비교적 늦게 발달한 것과 비교하더라도 그 성능이나 다양성에 있어서 도저히 비교가 되지 않을 만큼 엄청나게 발전하였다. 그리고 이러한 발전은 도구가 '분리 가능한' 것이 아니었다면 도저히 이루어질 수 없었을 것이다.

아마 학문적 관심의 차이 때문이겠지만, 그 역사학자는 인간의 발명 중에서 가장 위대한 것이라고 할 수 있는 한 가지 '분리형 도구'에는 생각이 미치지 못하였다. 그것은 '분리형 두뇌'이다. 인간의 지적 활동의 도구인 두뇌는, 물론, '비분리형'으로 인간의 몸 안에 붙박여 있다. 도구를 분리 가능한 것으로 발전시켜 오는 과정에서 인간은 다른 도구와 병행하여 그의 두뇌 또한 분리 가능한 것으로 만든 것이다. 분리형 두뇌의 가장 원시적인, 또 그러면서도 아마 대표적인 것이라고 할 수 있는 형태는 문자이다. 문자로 말미암아 인간은 두뇌의 부담을 훨씬 줄일 수 있게 되었다. 이제 인간은, 마치 북극에서 입던 털옷을 적도 근방에서 벗어던질 수 있는 것과 같이, 만약 그렇게 하기로 마음먹는다면, 당장에 긴요한 것을 제외한 모든 지적 내용을 두뇌의 바깥에 보존함으로써 두뇌를 편안하게 할 수 있다. 그리고 인간은, 만약 어떤 이유에서든지 그 바깥에 보존된 지적 내용을 상기할 필요를 느끼게 되면, 두뇌 속을 뒤질 필요가 없이 그 바깥의 자료고를 뒤지면 된다. 물론, 이 경우에도 그 자료고의 색인만은 개략적인 형태로나마 원래의 살아있는 두뇌 속에 들어 있어야 할 것이다.

문자의 형태로 된 분리형 두뇌는 당사자 개인의 지적 내용을 기억해 내는 데에 유용할 뿐만 아니라, 다른 사람의 두뇌에 그 내용을 상기시키는 데에도 유용하였다. 한 사람이 문자로 기록해 놓은 지적 내용은 당사자에게는 물론이요, 그것을 판독할 수 있는 사람이라면 누구에게든지 그것에 담긴 의미를 일깨워줄 수 있고, 그 모든 사람들로 하여금, 적어도 표면상으로는, 원래 그것을 기록한 사람과 동일한 지적 내용을 소유할 수 있게 해 준다. 분리형 두뇌의 제2세대라고 할 수 있는 인쇄술은 문자에 의한 전달의 범위와 속도를 엄청나게 증대시켰다. 종래와 같이 일일이 손으로 베끼는 대신에 이제 인간은 동일한 기계에서 수천 장 수만 장씩 거의 무제한으로 동일한 규격의 기록을 만들어낼 수 있게 되었다. 인쇄술이 나타낸 전달의 효율성은 교육이 본받아야 할 이상적 경지로 여겨졌다. 사실상, 근대 교육학의 선구자로 알려져 있는 코메니우스는, 자신이 제안하는 것과 같은 '발전된 교육방법'을 사용하면 인쇄기에서 수천 장 수만 장씩 깨끗하게 인쇄된 기록이 쏟아져 나오는 것과 같이, 모든 사람에게 모든 지식을 가르칠 수 있다고 말하였다.

그러나 여타의 분리형 도구와는 달리, 분리형 두뇌는 순전한 편의만을 제공해 주는 것이 아니라, 그 이면에 위험을 동반하는 '조건부의' 편의를 제공해 준다. 동서양의 지혜 있는 사람들이 한결같이 경고한 바와 같이, 문자는 두뇌 속에 살아 있는 생각을 바깥으로 분리해 내어서 '냉동된' 상태로 보존한다는 바로 그 점 때문에, 사람들로 하여금 그 냉동된 문자를 소유하는 것이 곧 살아 있는 생각을 소유하는 것이라는 착각을 불러일으킨다. 플라톤이 소크라테스의 입을 빌려 말하고 있는 바와 같이, 그런 착각에 빠져 있는 사람은 '두뇌 속에 지혜는 가지고 있지 않으면서 스스로 지혜가 있다고 생각하는, 상대하기 곤란한 사람'이다. 교육이 문자에 의한 전달을 그 으뜸가는 형태로 하는 한, 이 문자의 위험은 교육이라는 활동 속에 필연적으로 내재해 있다고 보아야 할 것이다.

분리형 두뇌의 위험이 그 편의에 비례한다는 것은 짐작하기 별로 어렵지 않다. 분리형 두뇌의 제3세대인 컴퓨터에서 그 위험은 이제 차원을 달리한다. 컴퓨터는, 인간이 몸에 붙이고 다니지 않는다는 점을 제외하면, 몸속의 두뇌와 모든 본질적인 면에서 동일한 기능을 수행한다. 분리되어 있는 두뇌를 우리 몸에 부착시키는 데 필요한 설비가 있고 그것을 가동시킬 방법만 알고 있다면, 인간은 앞에서 말한 색인 기능은 말할 것도 없고, 종래에는 오직 몸속의 두뇌만이 할 수 있었던 정보처리 기능까지를 컴퓨터에게 대행시킬 수 있다. 완벽에 가까운 '두뇌의 복제물'을 가지고 있는 이상, 이제 인간은, 만약 그렇게 하기로 마음먹는다면, 몸속의 '비분리형' 두뇌를 거의 완전히 쉬게 할 수 있다.

여기서 '완전히 쉬게 한다'는 것은, 물론, 두뇌를 텅 빈 상태로 유지한다는 뜻이다. 그러나, 극단적으로 말하여, 만약 우리가 두뇌를 언제나 텅 빈 상태로 쉬게 한다면, 우리의 두뇌는 무엇에 쓰기 위하여 달고 다니는가? 또한 그 반대편에서 생각하여, 우리는 비분리형 두뇌의 이점 또한 간과하지 말아야 한다. 비록 '암기'가 교육의 가장 나쁜 방법으로 매도되기는 하지만, 우리의 자연적 두뇌에 저장되어 있는 내용을 '색출'하여 '처리'하는 데에는 플러그도 컴퓨터도 필요하지 않다. 우리는 그야말로 一切時一切處일체시일체처에서 지적 활동을 할 수 있다. 그 반면, 만약 우리가 컴퓨터의 편의에만 마음이 팔려서, 그것에 맡길 수 있는 기능과 맡길 수 없는 기능을 가리지 않고, 그야말로 언제나 머리를 빈 상태로 두려고 한다면, 다른 동물에 비하여 인간이 가지고 있는 이점인 '분리형 도구'가 마침내 인간을 다른 동물의 수준으로 전락시키는 재앙을 불러오게 되지나 않을까 염려된다.

4. 양자여, 아, 양자여

孟子맹자는 오늘날 그의 이름과 동일한 제목으로 전해지는 책에서, '楊朱양주와 墨翟묵적의 말이 천하를 가득 채우고 있다. 천하의 공론은 양묵 둘 중의 어느 하나로 갈라져 있다'(滕文公下)고 말하고 있다. 맹자의 입장에서 보면 楊子양자와 墨子묵자는 맹자 자신이 속하고 있는 유가의 가르침에 대한 두 개의 큰 도전이었던 만큼, 천하의 공론이 양자와 묵자 양대 진영으로 갈라져 있다는 그의 말은 다소간 과장되어 있다고 보지 않으면 안 된다. 그러나 이 점을 고려한다 하더라도, 맹자의 그 말은 양자가 묵자와 함께 춘추천국시대의 사상계에 얼마나 큰 영향력을 가지고 있었던가를 짐작하게 해준다.

묵자의 경우에는 그의 이름으로 된 책이 전해지는 데 비하여, 양자의 경우에는, 僞作위작의 의문이 강하게 일고 있는 列子열자에 기록된 것과 淮南子회남자와 呂氏春秋여씨춘추에 간략하게 그의 입장이 요약되어 있는 것을 제외하면, '천하를 가득 채웠던' 그의 말이 어떤 것이었던가를 짐작할 수 있게 하는 유일한 단서는 맹자에 적혀 있는 것뿐이다. 이 책에는 맹자 자신의 말로 다음과 같이 기록되어 있다. '양자는 누구나 각자 자기 자신을 위하여 살라고 가르친다. 그는 터럭 하나를 뽑아서 천하를 이롭게 할 수 있다 하더라도 그것을 하지 않겠다고 말한다. 묵자의 주장은 兼愛겸애이다. 그는 이마를 갈고 발꿈치를 도려내는 한이 있더라도 천하를 이롭게 할 수 있다면 그것을 하겠다고 말한다'(盡心 上). 맹자의 견해에 의하면, 양자가 가르치는 '爲我'위아는 국가를 인정하지 않는 것[無君]이며, 묵자의 주장인 '兼愛'겸애는 혈육을 인정하지 않는 것[無父]이다. 그리고, 국가와 혈육을 인정하지 않는 인간은 금수와 다를 바 없다(滕文公 下).

'터럭 하나를 뽑아서 천하를 이롭게 할 수 있다 하더라도 그것을 하지 않겠다'는 말은, 다소간은 '이마를 갈고 발꿈치를 도려내는 일조차 마다하지 않겠다'는 묵자의 입장과의 대비를 고려하여, 또 다소간은 두 입장의 핵심을 가능한 한 戱化的희화적으로 드러내려는 맹자 자신의 의도에 적합하게, 창안된 것이라고 볼 수 있을 것이다. 그러나 사실 여부는 차치하고, 논의의 편의상 우리는 그 말이 양자 사상의 최말단의 함의를 가장 정확하게 표현한, 양자 자신이 능히 했을 법한 말이요, 나아가서는 그것이 바로 양자 자신의 말이라고 보아도 무방할 것이다. 이때 우리는 그 말을 낳게 한 양자의 사상이라는 것이 과연 어떤 것인가가 당연히 궁금해진다. 오늘날 우리의 관념으로 볼 때 삼척동자라도 능히 코웃음칠 수 있는 그 말을 양자는 어떻게 하나의 사상으로 표방할 수 있었으며, 그보다도 더욱 그 사상이 어떻게 천하를 반분할 정도로 세인의 주목을 끌 수 있었는가? 여기에는 분명히, 그 당시 천하의 절반에 해당하는 그 수많은 사람들이 오늘날의 삼척동자보다 더 유치한 상태에 있었다는 것 이상의 설명이 있어야 한다.

맹자는 양자와 묵자의 입장을 모두 '하나를 드높이고 백을 돌보지 않는 것'[擧一而廢百](盡心 上)이라고 비판하였다. 현대의 용어로 표현하자면, 이 비판은 복잡하고 다면적인 현실에서 추상해 낸 한 가지 이념만을 고집하면서 그 현실을 구성하고 있는 다양한 여건을 도외시한다는 식으로 풀이될 수 있을 것이다. 만약 맹자가 현대적 용어와 개념을 사용할 수 있었더라면, 아마 그는 더 나아가서, 한 가지 추상적 이념을 실천하려고 하다가 보면 그것은 현실의 여러 요인들과 필연적으로 마찰을 일으키게 되며, 따라서 그 추상적 이념은 현실적으로 실천될 가능성이 없다고 말했을지 모른다. 그러나 만약 맹자의 입을 통하여 표현된 양자의 그 말이 참으로 양자의 사상을 정확하게 표현한 것이라면, 그것이 실천될 수 없는 데는 보다 근본적인 이유가 있다. 하나의 생활방식이나 행동지침이 실천 가능한 것이 되기 위해서는 반드시 '이러이러하게 살라'든가 '이러이러하게 행동하라'는 식의 적극적인 형태로 제시되어야 한다. 그러나 '터럭 하나도 뽑지 않겠다'라는 말은 그런 형태로 제시되어 있지 않다. '터럭 하나도 뽑지 않고' 어떻게 하란 말인가? 어떻게 하라는 것이 없는 말은 원칙상 실천 불가능하다. 양자는 결코 '남의 터럭을 뽑아서 나에게 이익이 되도록 하라'고는 말하지 않는다.

양자여, 아아 그대는 참으로 뛰어난 慧眼혜안을 가졌도다. 어떤 의도에서였든 간에, 맹자가 옮긴 그 말 때문에 철모르는 아이에게조차 천추에 코웃음을 당하면서 한마디 항변도 하지 못하는 양자여, 유가에서 亞聖아성으로 떠받드는 맹자인들 그대의 높은 경지를 어떻게 알았으랴. 그대는 알 것이다. 그대를 향한 세상 사람들의 코웃음은 세상 사람들을 향한 그대의 코웃음이 메아리쳐 되돌아오는 것이요, 그대의 침묵은 단순히 말할 입이 없어서가 아니라 백 가지 천 가지 세상의 현실에 몸을 굽히고 끼어들기가 싫어서라는 것을. 그러나 이제 그대에게 입을 주노니, 그 내키지 않는 입을 열어 말해 주기 바란다. 그대의 그 말이 틀림없이 겨냥하였을 세상의 어리석음은 과연 어떤 것이며, 그대는 그 말로 세상이 어떻게 달라지기를 바랐는가?

혹시, 천하를 이롭게 하겠다고 팔을 걷어붙이고 기운을 뽐내는 동안, 사람들은 내심 은근히 남모르는 이익을 도모하면서, 저절로 잘 돌아가는 세상을 공연히 어지럽히고 있던가? 실지로 남의 도움을 받는 사람들 또한, 그 도움을 받기 전부터 이미 추구하고 있던 자신의 이익을 더욱 악착같이 추구하는 것 이외에는 다른 관심이 없이, 결국 사람은 '남을 위해서 살아야 한다'

는, 아무도 진심으로는 믿지 않는 헛소리를 늘어놓으면서, 오로지 자신의 이익을 추구하는 일에만 전념하고 있던가? 자신의 몸과 마음을 기르고 가꾸는 일이 삶의 으뜸가는 목적임을 망각하고, 사람들은 그 일과는 하등 관계없는 남의 일에 쓸데없이 간섭하면서, 마치 그것이 자신의 삶인 양 착각하고 있던가? 올바른 지혜만 있다면 언제 어떤 상황에서든지 건강과 행복을 누릴 수 있는데도, 사람들은 좀더 나은 세상을 만들려고 애를 태우면서 헛되이 심신의 기력을 소모하고 있던가? 현재 자신이 가지고 있는 것이 몸과 마음을 기르고 가꾸는 그 일을 하는 데에 하등 부족할 것이 없는데도, 사람들은 한평생 자신이 가지지 않은 것만 가지려고 허우적거리면서 스스로를 불행의 구렁텅이에 몰아넣고 있던가?

양자여, 그러나 어찌하랴. 예나 이제나 이것이 인간의 삶인 것을. 그대가 취할 수 있는 오직 한 가지 방도는 입을 열지 않은 채, 백 가지 천 가지 인간의 현실과 타협하기를 거부하는 것뿐이다. 양자여, 그대만이라도 편안히 계시라. 양자여, 아아 인간이면서 인간이기를 거부하는 비극적 영웅 양자여.

5. 진짜 궁녀

석가모니가 아직 가비라성의 왕자였을 때의 일이다. 어느 날 새벽에 왕자는 산보를 나가면서 우연히 궁녀들이 자고 있는 방을 지나게 되었다. 흐트러진 옷매무새, 반쯤 지워진 화장에 더러는 침까지 흘리면서 자고 있는 궁녀들의 모습은 낮 동안 고운 단장에 상냥한 웃음으로 시중을 들던 바로 그 궁녀라고는 도저히 믿을 수 없을 정도로 그 모습이 판이하였다. 두 경우의 대조는 너무나 현격하여, 왕자가 참으로 후세에 알려진 그대로 총명하고 생각이 깊었다면, 그 두 가지 대조적인 모습을 한 궁녀 중에서 어느 쪽이 진짜 궁녀인가 하는 의문이 충분히 떠오를 법하였다. 그러나, 물론, 왕자가 실지로 그때 그 질문을 떠올렸는가 아닌가는 중요한 문제가 아니다. 우리는 왕자가 그 후 출가하여 成道성도하였음을 알고 있으며, 위의 그 질문은, 그것에 대한 석가모니의 대답과 마찬가지로, 그 후의 그의 깨달음으로 미루어 회고적으로 재구성된 것이라고 보아도 좋을 것이다.

어쨌든, 이제 그 왕자가 '낮에 내가 본 궁녀와 지금 내가 보고 있는 궁녀 중에서 어느 쪽이 진짜 궁녀인가'라는 질문을 하고 그 대답을 알아내려고 한다고 하자. '둘 다 진짜 궁녀이다'—이 대답은 보통 사람들의 대답이다. 그 보통 사람들은 또 말할 것이다. '낮에 본 궁녀는 낮에 본 궁녀요, 새벽에 보는 궁녀는 새벽에 보는 궁녀라는 것, 그것뿐이다. 도대체 "진짜 궁녀"라는 것이 어디 있으며, 그보다도 어째서 이 궁녀도 저 궁녀도 아닌 "진짜 궁녀"가 있어야 하는가?' 왕자도 다소간은 보통 사람이므로 이 생각은 또한 왕자 자신의 마음속에 있는 생각이기도 하다. 그러나 보통 사람들의 그러한 대답은 왕자가 찾는 궁극적인 대답이 아니다. 양쪽이 모두 진짜 궁녀라면, 우리는 한쪽에 대해서는 좋아하는 마음을 가지게 되고 다른 한쪽에 대해서는 싫어하는 마음을 가지게 된다. 그렇게 되면 우리는 결코 애증의 번뇌에서 벗어날 수 없을 것이다. 뿐만 아니라, 양쪽이 모두 진짜 궁녀라면, 우리는 마찬가지로 생각하여 갓난아이 때의 궁녀도, 호호백발이 된 궁녀도, 심지어 죽어 백골이 된 궁녀까지 진짜 궁녀라고 말해야 한다. 이 궁녀에 관한 생각은 바로 왕자 자신에게도 해당된다. 궁녀가 시시각각으로, 또 세월을 따라 거의 식별할 수 없게 변하는 것과 마찬가지로, 왕자 자신도 시시각각으로 변할 것이다. 이 모든 변화 과정의 하나하나가 진짜 궁녀요 진짜 왕자라면 우리는 언제나 변화의 고통에서 벗어날 수 없을 것이다.

그래서는 안 된다. 이 번뇌와 고통에서 벗어나기 위해서는 순간순간의 변화를 초월하는 '진짜 궁녀'를 찾아야 한다. 그 '진짜 궁녀'는 순간순간의 변화 속에 있는 궁녀, 우리 눈앞에 궁녀의 모습으로 나타나는 궁녀 중의 어느 하나일 수가 없다. 어느 한 순간의 궁녀도 다른 순간의 궁녀에 비하여 진짜 궁녀라고 볼 이유가 없는 것이다. 만약 '진짜 궁녀'라는 것이 있어야 한다면 그것은 아예 궁녀의 모습을 갖추기 이전의 궁녀가 아니면 안 된다. 그러나 궁녀의 모습을 갖추기 이전의 궁녀는 보통의 의미에서의 '궁녀'가 아니다. 이와 같이 궁녀의 모습을 갖추기 이전의 궁녀, 궁녀라고 할 수조차 없는 궁녀, 그것이 바로 '진짜 궁녀'이다. 또한, 그 '진짜 궁녀'는 왕자가 왕자로서의 모습을 갖추기 이전 상태로서의 '진짜 왕자'와 다른 것일 수 없으며, 그와 마찬가지로 우리 눈앞의 모든 사물과 현상이 각각의 모습을 갖추기 이전 상태인 '진짜 그것'과도 다른 것일 수 없다. 우리가 순간순간 우리를 괴롭히는 번뇌와 고통에서 벗어나는 길은, 궁녀는 궁녀로서 왕자는 왕자로서 그 모습을 나타내고 있는 이 상태를 멀리하고, 그 어느 것도 아니면서 동시에 모든 것을 포함하고 있는 '진짜 그것'으로 돌아가는 것뿐이다.

돌아가다니, 어디로 돌아간단 말인가? 여기서 왕자는 인간의 정상적인 지력으로는 도저히 해결할 수 없는 어려운 문제에 부딪힌다. 모든 사물을 그 어느 것도 아닌 상태로 포함하고 있는 '진짜 그것'은 그 사물들이 각각 선명한 형태를 띠고 나타나는 현상의 세계와 별도의 공간을 차지하는 것이 아니며, 따라서 우리는 이 현상의 세계를 두고 달리 '돌아갈' 곳이 없다. 돌아가다니, 어디로 돌아간단 말인가? 인간의 정상적인 지력밖에 가지지 못한 우리는 왕자가 출가한 뒤 6년간의 수행을 통하여 얻은 깨달음에서 그 해답을 배울 수밖에 없다. '진짜 그것'은 모든 사물과 별도로 존재하는 것이 아니라 그 이면이며, 눈앞에 보이는 모든 사물이 우리 마음의 움직임인 것과 같이 '진짜 그것' 또한 우리의 마음일 뿐이다. 우리의 마음은, 말하자면, 동일한 위치에 있으면서 두 개의 상이한 세계에 속하고 있다. 그리고 '진짜 그것'으로 돌아간다는 것은 어딘가 현재의 위치가 아닌 다른 곳으로 돌아간다는 뜻이 아니라, 지금 서 있는 바로 그 자리에서, 사물의 선명한 형태를 보던 우리의 눈을 아무것도 분간되지 않는 '진짜 그것'으로 돌린다는 뜻이다. 이때 우리의 마음은 바로 '진짜 그것'이 된다. 그리고 '진짜 그것'이 된 마음은 '진짜 그것' 이외의 다른 것을 볼 능력이 없다.

가령 위에서 말한 것이 석가모니의 해답을 제대로 표현하고 있다고 하자. 이제 그 해답을 알았으니 우리는 석가모니가 얻은 그 깨달음을 얻었는가? 그렇지 않다. 위의 말은 그 깨달음을 말로 옮겨 놓은 것일 뿐이며, 깨달음 그 자체는 아니다. 전해 오는 바에 의하면 석가모니는 깨달음을 얻은 이후에 다른 사람에게 과연 그것을 전해 주어야 할 것인가 하는 문제를 두고 오랫동안 번민했다고 한다. 당연히 그러했을 것이다. 사람들은 그 말만 전해 듣고 입으로는 '진짜 그것'으로 돌아간다느니 번뇌와 고통에서 벗어난다느니 하면서도, 그 마음속으로는 여전히 낮의 궁녀는 낮의 궁녀, 새벽의 궁녀는 새벽의 궁녀요 한쪽은 아리땁고 한쪽은 징그럽다는 보통 사람들의 생각을 버리지 못할 것이기 때문이다. 이것은 처음부터 '진짜 궁녀'라는 것은 없다는 것을 공공연히 내세우는 쪽보다 더 비열한 지적 사기이다. 우리가 진심으로 석가모니의 가르침을 따르고자 한다면 우리는 무엇보다도 우리의 마음이 '진짜 그것'에서 참으로 얼마나 멀리 떨어져 있는가를 깨달으려고 노력해야 할 것이다. 그것에서 멀리 떨어져 있다는 것을 깨닫는 순간, 우리는 그만큼 그것에 가까워질 수 있을 것이다. 이 말이 황당무계한 것으로 들린다면, 그것은 '진짜 그것'이 우리 마음의 이면임을 망각하고, 그것을 마치 저만치 세워 놓은 푯말과 같은 것으로 생각하기 때문일 것이다.

6. 조선 도로와 롯데 백화점

한 국사학도에게서 전해 들은 바로, 조선 시대에는 전국 방방곡곡에서 도로를 넓히도록 허가해 달라는 상소가 끊임없이 올라왔는데도 조정에서는 한결같이 그 요구를 거절했다고 한다. 그 넓히게 해달라는 것도 오늘날 고속도로만큼 넓히게 해달라는 것이 아니라, 지게를 지고 다니는 도로를 소달구지가 지나갈 정도로 넓히게 해달라는 것이다. 농토가 도로에 잠식당하는 것은 당연히 국가 경제에 손실을 가져오겠지만, 그 정도의 손실을 아까워하여 뭇 백성의 불편을 참으라고 하는 것은 누가 생각하더라도 불합리하다. 그러므로 조정에서 그 백성의 요구를 거절한 데에는 보다 중요한 이유가 있다고 보지 않으면 안 된다.

다시, 앞의 그 국사학도가 들려준 조정의 추리는 참으로 놀라운 것이었다. 즉, 백성들이 지금은 지게를 지고 다니지만, 만약 도로를 넓혀주면 소달구지를 몰고 다닐 것이다. 지게 대신에 소달구지를 몰고 다니려고 하는 데에는 목적이 있다. 소달구지에 실어 나르는 것은 보나마나 백성이 욕심을 낼만한 귀한 물건들이며, 그것을 실어 나르는 것을 보는 백성의 마음속에는 물욕이 자랄 것이다. 백성의 마음에 물욕이 자라는 상태는 지게를 지고 다니느라고 불편을 겪는 상태보다 국가에 더 큰 재앙을 몰고 온다. 그러므로, 안 된다, 도로를 넓혀줄 수 없다, 등등.

이제, 논의의 편의상 그 국사학도의 설명이 사실과 부합한다고 가정하자. 그리하여 누군가 그런 추리와 판단을 할 능력이 있는 한 명 또는 여러 명의 관리가 실지로 그런 추리와 판단을 하는 관직에 올라가 있었다고 가정하자. 우리에게 놀라움을 자아내는 것은 그가 내린 판단—'도로를 넓히는 것은 부당하다'—그 자체라기보다는 그 판단의 기초가 된 고려사항이다. 말하자면, 한 시책의 시행 여부는 그것이 국민의 심성에 미칠 영향을 일차적인 고려사항으로 하여 결정되어야 한다는 것이다.

조선의 도로와 병렬적인 사례로 잠실 롯데백화점의 경우를 생각해 볼 수 있다. 가령 롯데백화점의 경우에도 어딘가 그 설립을 인가해 줄 정부 기관이 있고 누군가 그 자리에 앉아 있어서 인가 여부를 결정한다고 하자. 아마 그 사람도 조선 조정의 관리처럼 추론을 할 것이다. 즉, 어떤 돈 많은 사람이 잠실벌에 초대형 쇼핑센터를 세우려고 한다. 아마 국가 경제를 고려한다면 그 설립을 인가해 주어야 할 것이다. 그런 규모의 쇼핑센터라면 외국 관광객의 소비 욕구를 자극할 수 있을 것이고 따라서 그것은 외화 획득에 도움이 될 것이다. 또한, 그것을 통하여 이루어지는 원활한 재화의 유통은 국민의 생활을 윤택하게 할 수 있을 것이다. 그러나 또 한편, 국민 중에는 화려한 진열대에 널려 있는 값비싼 물건과는 인연이 먼 사람들이 많이 있다. 그 쇼핑센터에는 외국 관광객만 드나드는 것이 아니라, 그런 대다수의 국민들도 드나든다. 많은 국민들에게 채울 길 없는 욕망을 부추기고 소위 부유층과 서민 사이의 위화감을 조성하는 것은 국민 생활에 이로울 것이 없다. 이렇게 생각하면 인가를 해주지 말아야 하고 저렇게 생각하면 인가를 해주어야 한다. 어떻게 해야 하는가?

누군가 실지로 이런 종류의 번민을 한 사람이 있었는가 아닌가는 필자로서는 알 길이 없다. 그러나 만약 그런 사람이 실지로 있었다면 그는 잠을 이룰 수 없었을 것이다. 또한, 결과를 두고 말하자면 그 사람은 국민의 심성보다는 국가의 경제를 우선적인 고려사항으로 삼은 모양이지만, 그의 판단이 명백히 그릇된 것이었다고 단정할 수 있는 사람은 아무도 없다. 중요한 것은 국민 생활의 모든 중요한 측면과 관련하여 그런 종류의 번민으로 잠 못 이루는 사람들이 많이 있어서 각각 적재적소에 배치되어 있어야 한다는 것이다.

7. 직업의 귀천

직업에 귀천이 있는가? 길 가는 사람 백 명을 붙잡고 물어보면 그중 아흔아홉 명은 '없다'고 대답할 것이다. 만약 그 아흔아홉 명에게 '정말 없는가' 또는 '직업에 귀천이 없다는 것을 진심으로 믿는가'라고 다그쳐 물으면 그들은 무엇이라고 대답할 것인가? 아니다. '직업에 귀천이 없다'는 것을 진심으로 믿는 사람은 아무도 없다. 우리가 직업에 귀천이 없다고 말하는 것은 책에 적혀 있는 말을 되뇌는 것일 뿐, 그것을 진심으로 믿어서가 아니다. '직업에 귀천이 없다'는 말을 '원칙상 직업에 귀천이 없어야 한다'든가 '장차 언젠가는 직업에 귀천이 없어지도록 노력해야 한다'는 뜻으로 해석한다면 모르지만, 모든 직업이 귀천이라는 관점에서 그야말로 동일하다고 생각하는 사람은 아무도 없다. 직업에 귀천이 없다는 말은 그냥 책에 적혀 있는 '옳은 말'일 뿐, 그것이 자신의 경우에 의미 있게 적용된다고 생각하는 사람은 아무도 없다.

사정이 이러하다면, 우리는 자라나는 세대에게 우리 자신도 믿지 않는 그 '공인된 거짓말'을 계속해 주어야 하는가? 자라나는 세대가 우리에게서 그 말을 들었다고 한들, 그것을 진심으로는 믿지 않는다는 점에서 그들도 우리와 다를 것이 있는가? 그것보다는 차라리, 직업에는 귀한 직업과 천한 직업이 엄연히 구분된다는 것, 그리고 사람은 누구나 귀한 직업을 가지기 위하여 열심히 노력해야 한다는 것을 정정당당하게 말해주는 편이 옳지 않을까? 문제는 직업에 귀천이 있는가 없는가가 아니라, 직업의 귀천을 가려내는 기준이 무엇인가에 있다. 어떤 직업이 귀한 직업이며 어떤 직업이 천한 직업인가를 가리는 것은 어떤 삶이 고귀한 삶이며 어떤 삶이 비천한 삶인가를 가리기가 어려운 만큼 어렵다. 직업에 귀천이 없다는 말을 되뇌는 동안에도 사람들은 누구나 마음속으로 그것을 가리고 있다. 그리하여 문제는 그 마음속의 생각이 옳은가에 있다.

孟子맹자의 다음과 같은 말은 그 기준을 알아내는 데에 참고가 된다. 가로대 '사람 중에는 마음을 수고롭게 하는 사람도 있고 몸을 수고롭게 하는 사람도 있다. 마음을 수고롭게 하는 사람은 남을 다스리며 몸을 수고롭게 하는 사람은 남에게 다스림을 받는다. 남에게 다스림을 받는 사람은 남을 먹여 살리며 남을 다스리는 사람은 남에게 먹여 살림을 받는다. 이것이 세상의 보편적 원리이다'(或勞心 或勞力 勞心者治人 勞力者治於人 治於人者食[사]人 治人者食於人 天下之通義也 滕文公 上4).

맹자의 이 말은 오늘날 우리의 것과는 완전히 다른 사회체제를 바탕으로 하고 있다는 점을 근거로 하여 그것을 일고의 가치도 없는 것으로 일축하는 것은 그 말이 오늘날의 상황에서 가질 수 있는 중요한 의미를 도외시하는 것이다. 예컨대 맹자가 말한 '마음을 수고롭게 한다'는 것은 무엇을 뜻하며, '남을 다스리는 사람'은 어떤 사람을 가리키는가? 그 사람은 과연 '남을 먹여 살리는 사람'보다 고귀한 일을 한다고 볼 수 있는가? 맹자의 그 말이 일고의 가치도 없는 것으로 생각되는 것은 어쩌면 '마음을 수고롭게 한다'든가 '남을 다스린다'는 말에 대한 우리의 해석이 맹자 자신의 것과 다르기 때문인지도 모른다. 가령 재벌의 총수는 '마음을 수고롭게 하는 사람'이며, 지역구 국회의원은 '남을 다스리는 사람'인가? 또한, '남에게 먹여살림을 받는다'는 것은 그야말로 '힘들이지 않고 편하게 먹고산다'는 뜻인가? 재벌의 총수가 마음을 수고롭게 한다면 그가 하는 '마음을 수고롭게 하는 일'은 구체적으로 어떤 일이며, 지역구 국회의원이 남을 다스린다면 그가 하는 '남을 다스리는 일'은 구체적으로 어떤 일인가?

오늘날 우리의 직업관에 의하면, '남에게 먹여살림을 받는 사람'은 있어서는 안 되는 것으로 되어 있다. 말하자면 우리는 누구나 '남을 먹여 살리는' 일을 해야 하며, 오직 그 일을 함으로써만 '남에게 먹여살림을 받을' 수 있다는 것이다. 과연 '직업에는 귀천이 없다'! 맹자가 말한 '남을 먹여 살리는 일'은, 오늘날의 상황에서는, 흔히 의식주의 필요라는 말로 불리는 실제적 필요를 충족시켜 주는 일을 가리킨다. '몸을 수고롭게 하여 남을 먹여 살리면서 남에게 다스림을 받는' 사람은 결국 그와 같이 실제적 필요 충족을 위한 활동에 종사하는 사람이다. 맹자가 말한 '세상의 보편적 원리'에 의하면, 세상에는 그와는 다른 종류의 활동을 하는 사람이 있다. 그런 사람은 바로 이론적 탐구에 종사하는 사람, 다시 말하여 이 세상이 어떻게 되어 있는가를 알아내고 그것을 남에게 가르치며 남을 바른 길로 이끄는 사람이다. 맹자의 '남을 다스리는(治人) 사람'은 바로 '남을 가르치는(教人) 사람'이다. 그런 사람은 '남을 먹여 살리는 사람'의 그것과 맞바꿀 '유용한 봉사'가 없기 때문에 '남에게 먹여살림을 받을' 수밖에 없다. 여기에 교직의 영광과 비애가 있다.

맹자의 말을 참고하여 우리가 이끌어낼 수 있는 결론—직업의 귀천을 가리는 기준—이 이것이라면, 우리는 이미 그 기준을 자라는 세대에게 가르쳐 주고 있는 셈이 된다. 학교에서 교과를 가르치는 것은 다름 아니라 그 교과 공부에 헌신하면서 사는 것이 가장 고귀한 삶이라는 믿음을 심어 주기 위해서이다. 다만, 그 믿음은 받아들이기도, 받아들이도록 하기도 쉽지 않다. 직업에 귀천이 없다는, 아무도 진심으로 믿지 않는 말을 하면서, 마음속으로는 세상 사람들이 말하는 '좋은' 직업, 부와 권력을 보장하는 직업이 바로 '귀한' 직업이라고 믿는 오늘날의 세태는 그 일을 더욱 어렵게 만들고 있다.

8. 가서 가르치는 교육과 와서 배우는 교육

교육이 잘 되는 데에는 교사가 열심히 가르치는 것도 중요하고 학생이 열심히 배우는 것도 중요하다. 이 두 가지 조건이 한꺼번에 갖추어진다면 그 이상 좋은 일이 없을 것이다. 그러나 만약 이 두 가지 조건 중에서 어느 한 가지밖에 갖추어질 수 없는 형편이라면 우리는 어느 쪽을 택해야 하는가? 마찬가지 질문을 다르게 표현하여, 만약 그 두 가지 조건 중에서 어느 한 가지가 먼저 갖추어지면 나머지 한 가지는 거의 저절로 갖추어진다고 할 때, 그 먼저 갖추어져야 할 조건은 어느 것인가? 교사가 열심히 가르치면 학생도 따라서 열심히 배우게 되는가, 아니면 학생이 열심히 배우면 교사도 따라서 열심히 가르치게 되는가?

물론, '정답'은 '그 두 조건은 다 같이 중요하며 그중에서 어느 것이 먼저고 어느 것이 나중이라는 말은 할 수 없다'는 것이다. 그럼에도 불구하고 이렇게 명백한 정답을 차단해 두고 굳

이 두 가지 '오답' 중에서 한 가지를 선택하라고 하는 것은 그 질문이 교육의 근본원리에 해당하기 때문이다. 그것은 곧 '가서 가르치는 교육'과 '와서 배우는 교육' 중의 어느 것이 우선적인 것이며, 어느 것이 교육의 올바른 모습인가를 생각해 보라는 요청이다.

말 그대로 해석하자면, '가서 가르치는 교육'은 학생의 자리가 정해져 있고 교사가 학생의 자리로 가서 가르치는 것을 뜻하는 반면에, '와서 배우는 교육'은 교사의 자리가 정해져 있고 학생이 교사의 자리로 와서 배우는 것을 뜻한다. 그러나 여기서 '가서 가르친다'든가 '와서 배운다'는 것은 그와 같은 공간적인 이동을 뜻하는 것이 아니다. 오히려 그것은 앞의 질문에 나타나 있는 것과 같은, 교육에 임하는 교사와 학생의 자세를 가리킨다. 교사가 가는가 학생이 오는가와는 관계없이, '가서 가르치는 교육'에서 학생은 마치 교사의 열성과 노력을 짜내는 것이 그의 권리이기라도 한 듯이 버티고 앉아 있고, 교사는 무뚝뚝하고 시무룩한 학생을 어르고 달래고 하여 어떻게 해서든지 그의 '학습'을 이루어 내는 것을 자신의 의무로 받아들인다. 극단적인 경우에 교사는 그가 가르쳐야 할 것을 학생이 배우고 싶어 하는 것으로 바꿔치기도 한다. 이것이야말로 그의 노력이 성과를 얻는 손쉬운 방법이기 때문이다. 이와는 달리, '와서 배우는 교육'에서 버티고 앉아 있는 쪽은 교사이다. 그 교사의 가르침을 받을 자격이 있음을 입증하는 것은 학생의 책임이며,

학생이 그 열성과 노력으로 그것을 입증하지 않는 한, 교사는 그의 가르침을 거부할 수 있다. 이것은 교사로서의 그의 권위에 따르는 당연한 권리이다.

또한, '교사의 열성이 먼저인가 학생의 열성이 먼저인가'라는 질문에서 '먼저'라는 말을 예컨대 초등학교 1학년과 같은 교육의 초기 단계를 가리키는 것으로 해석하여, 그 두 가지 중에서 교사의 열성이 먼저라고 대답하는 것은 옳지 않다. ('먼저'라는 말을 그와 같이 시간적인 의미로 해석하더라도, 초등학교 1학년 아이들이 고등학교 3학년 학생에 비하여 반드시 무뚝뚝하고 시무룩하게 버티고 앉아 있는 것은 아니다. 누구나 알고 있듯이, 초등학교 1학년 아이들에게 교사가 하는 말은 神신의 명령으로 받아들여진다.) 다시 말하여, 위의 그 질문은 교육의 단계와는 무관한 일반적 원리로서 논의될 수 있다.

'가서 가르치는 교육'과 '와서 배우는 교육' 중의 어느 것이 교육의 원리로서 타당한가를 생각해 보기 전에, 현재 우리나라의 교육은 그중의 어느 쪽을 따르고 있는가? '아동 중심', '학생 중심'이라는 교육학의 원리가 널리 받아들여졌기 때문인지는 알 수 없지만, 아마 우리의 교육은 '가서 가르치는 교육' 쪽으로 기울어져 있는 것이 아닌가 하는 짐작이 든다. 말하자면 교육 사태에서 먼저 열성을 나타내어야 하는 쪽은 교사라는 것이다. ('아동 중심', '학생 중심'이라고 할 때의 '중심'이라는 말도 '가서 가르친다'든가 '와서 배운다'는 말과 마찬가지로 공간적인 비유를 나타낸다. 그러나 '중심'이라는 비유가 정확하게 무엇을 뜻하는가는 결코 분명하지 않다.) '교직에의 사명감'이라든가 '학생에 대한 사랑'이라는 말도 '가서 가르치는 교육'을 부추기고 있는 듯하다. 그러나 사명감이나 교육애가 유독 그런 뜻으로 해석되어야 하는가는 의문이다. 학생에 대한 교사의 사랑은 교사의 권위에 손상을 입히지 않는 방식으로, 또 그 범위 내에서 표현되어야 한다.

禮記예기에는 '예법에는 "와서 배운다"는 말은 있어도 "가서 가르친다"는 말은 없다'(禮聞來學 不聞往敎, 曲禮 上 12)라는 말이 적혀 있다. 또한 우리는 높은 선사의 제자로 들어가기 위하여 자신의 팔뚝을 잘라 간절한 마음을 표현했다는 어느 구도승의 이야기나 唱창을 가르쳐 주기를 거절하는 명창의 집 앞에서 밤새도록 빙판에 꿇어앉아 빌었다는 명창 지망생의 이야기를 듣고 있다. 오늘날 교사가 가르치는 교과는 禮예나 禪선이나 唱창과는 그 성격이 근본적으로 다르다든가 옛날과 오늘 사이에는 桑田상전과 碧海벽해의 차이가 가로놓여 있다고 단정하기 전에, 오늘날 우리가 따르고 있는 '가서 가르치는 교육'은 과연 교육의 원리로서 타당한가를 생각해 보아야 할 것이다.

9. 줄 서는 풍속

누구나 느끼고 있겠지만, 얼마 전부터 우리나라에는 줄 서는 것이 하나의 풍속으로 정착되어 가는 듯하다. 가장 쉬운 예로, 지하철에는 열차의 출입문이 와 닿는 자리 땅바닥에 줄 서는 곳이라 하여 발바닥 모양의 그림을 그려 놓고 있고, 지하철 타는 사람들은 타는 순서에 분쟁이 생길 성싶을 정도로 숫자가 많아지면 어느새 그 표시된 곳을 따라 질서정연하게 줄을 선다. 이 경우의 순서는 예외 없이 '선착순'이다. 물론, 이러한 광경은 지하철에서만 볼 수 있는 것이 아니라, 어떤 종류의 것이든지 우선권 분쟁의 소지가 있는 곳에서는 어디서나 목격될 수 있고, 또 어느 경우에나 그 순서는 선착순의 원칙에 따라 결정된다.

이것은 불과 이삼십 년 전만 하더라도 우리나라에서는 보기 드문 광경이었다. 야심 있는 사회심리학자라면 그 변화의 원인을 규명하기 위한 이론적 연구를 구상할 만하다. 아마 거기에는 '질서는 좋은 것, 아름다운 것'이라는 식으로, 질서를 치안의 제1 원리로 삼다시피 한 정부 당국의 노력이 분명히 작용했을 것이다. 또한, 거기에는 외국 여행이 자유로워지면서 국민 중에서 서구 '선진국'의 줄 서는 풍속을 목격한 사람들이 많아졌다는 것도 한 가지 원인이 될 수 있을 것이다. 뿐만 아니라, 거기에는 하등의 확고한 원칙이 없이 우선권을 향하여 아귀다툼을 벌이는 무질서는 누구에게도 이로울 것이 없다는 국민 대다수의 내적 각성도 한몫을 담당했을 것이다. 그 원인이야 어떻든지 간에, 오늘날 우리는 예컨대 지하철의 줄 서는 광경에서 '아름다움'을 느끼는 그런 눈을 가지게 된 것이 사실이다.

그러나 그 눈이 어떤 눈인가, 그것이 과연 '우리의' 눈인가를 생각해 보는 경우는 별로 많지 않은 듯하다. 생각해 보라. 어떤 눈으로 보는가에 따라 지하철의 줄 서는 풍속은, 아무리 그것이 서구 '선진국'을 본뜬 것이라 하더라도, 문명된 풍속이 아니라 가장 야만적인 풍속이요, 아름다운 광경이기는커녕 가장 추한 광경으로 보일 수 있는 것이다. 그것이 '아름답다'고 하는 것은 서로 먼저 타려고 각축전을 벌이던 이삼십 년 전의 세태에 비하여 그렇다는 것뿐이다.

가령 현재의 줄 서는 풍속을 머릿속으로 그려 보고 그것과 나란히 또 하나의 그림을 그려 보라. 이 그림에서는 많은 사람들이 여기저기 '무질서하게' 흩어져서 지하철을 기다리고 있다. 이것만 가지고 보면 그 광경은 이삼십 년 전의 무질서와 다를 것이 없다. 그러나 이제 열차가 도착한다. 그제야 사람들은 출입문 쪽으로 모여 주위를 둘러보면서 노약자나 몸이 불편한 사람과 같이 나보다 먼저 타야 할 사람이 없는가를 살핀다. 먼저 타야 할 사람은 먼저 온 사람이 아니라 먼저 탈 '필요'가 있는 사람이다.

이 두 개의 그림 중에서 어느 쪽이 더 '아름다운' 것인가를 판단하기에 어려움을 겪을 사람은 우리나라 사람 중에는 아마 없을 것이다. 그리고 그와 마찬가지로, 줄 서는 광경을 아름답게 보는 눈이 원래 우리의 눈이 아니라는 것도 누구에게나 분명할 것이다. 왜냐하면 우리의 눈은 孟子맹자의 四端사단에 나와 있는 '사양하는 마음이 없는 사람은 사람이 아니다'(無辭讓之心非人也)라는 말에 오랜 세월을 두고 젖어 온 눈이기 때문이다. 한마디로 말하여, 줄 서는 풍속은 '사양하는 마음이 없는' 사람들, '사람이 아닌' 사람들이 사는 나라에서 생겨난 풍속이며, 그런 풍속은 어떤 기준으로 따지더라도 야만적인 풍속이다.

가파른 세상을 살아오는 동안 우리가 잠깐 그 원래의 눈을 잊어버리기는 했지만, 아직도 우리에게는 그 눈이 가늘게 남아 있다. 그러나 우리가 결코 잊어버리지 말아야 할 중요한 사실은, 줄 서는 것을 아름답게 보는 사태는 그 이면에 삶의 모든 국면에서 사양하는 마음이 사라지고 있다는 것을 드러낸다는 점이다. 들리는 바에 의하면, 요즘 초등학교 반장 선거에서는 후보자가 자신의 이름을 적어 낸다고 한다. 모르기는 해도, 이삼십 년 전, 줄 서지 않고 각축전을 벌일 당시만 해도 선거에서 후보자가 자신에게 투표하는 사태는 상상하기 어려웠던 것이 아닐까 짐작해 본다. 그 사태를 문제로 삼고 의아해하는 필자에게 많은 사람들은 '당연하다'고 말했고, 대학 총장 선거나 대통령 선거도 그와 다르지 않을 것이라고 말했다. 그것이 참으로 당연하다면, 우리는 그야말로 '사람이 아닌' 쪽으로 훨씬 다가가 있는 것이 아닌가?

요즘은 어떤지 모르지만, 얼마 전만 하더라도 명절 귀성 기차표를 사기가 어려울 때, 사람들은 그 전날 밤부터 기차역에 돗자리를 깔고 밤새워 줄 서기를 한다는 말을 들었다. 이것은 추하다 못해 눈물겨운 장면이다. 이런 경우에, 나보다 귀성 기차표를 더 간절히 원하는 사람이 있으면 와서 먼저 사가라고 하고 느지막이 혹시 남은 기차표가 있는가 하고 역으로 나올 수 있도록 세태가 바뀌기를 바라는 것은 과연 무리인가? 이것이야 무리라 하더라도, 이제 지하철 줄 서는 풍속은 거의 정착도 되었으니, 최소한 지하철 땅바닥의 발바닥 그림은 없앨 수 있을 것이다. 특히 그런 것을 처음 보는 외국 관광객에게 그것은 우리나라가 '질서'에 관한 한, 아직 유치원 수준에 있다는 것을 보여주는 명백한 증거일 것이기 때문이다.

〈추기〉 대통령 선거에서 자신에게 투표하는 입후보자에 관하여, 그의 행위는 당연하고 정당하며, 오히려 바로 옆의 다른 입후보자에게 투표하는 것이 명백한 '위선'에 해당한다는 식으로 그를 변호하는 독자가 있을 수 있다. 표면상, 이 변호에는 전혀 반론의 여지가 없어 보인다. 유세하는 동안 입후보자들은 누구나 자신을 '유력한 후보자'로 내세웠고, 때로는 바로 옆의 입후보자들을 깎아내리는 말도 마다하지 않았다는 점을 생각해보면, 투표장에서 자신이 아닌 다른 입후보자에게 표를 던지는 것은 '위선' 이전에, 아무도 납득할 수 없는 '奇行'기행으로 비칠 것이다. 입후보자의 소위 '무사양'과 '몰염치'는 현재와 같은 민주주의 정치제도하에서는 불가피할 뿐만 아니라, 그 제도에 의하여 조장된다고 말할 수 있을 것이다. 그럴지 모른다. 그러나, 아, 만약 이것이 사실이라면, 민주주의 정치제도는, 다른 면에서는 어떨지 모르지만, 적어도 지금 문제 되는 이 면에서는 '야만적인' 제도임을 면할 수 없다. 그런 입후보자들 중의 누군가가 대통령이 되었을 때 그가 국민을 어떻게 이끌어갈지 상상해 보라.

10. 솔기 해어진 선생님의 옷소매

요즘은 그런 광경을 찾아보기 어렵겠지만, 필자가 고등학교에 다닐 때만 하더라도 선생님들 중에는 소맷자락의 솔기가 해어져서 안감이 허옇게 내비치는 윗저고리를 입고 수업하는 경우가 더러 있었다. 수업 장면에서의 교사의 위치나 동작을 상상해 볼 때, 그것이 특히 필자와 같이 앞자리에 앉은 학생에게 목격되지 않을 리가 없고 선생님 또한 그것을 감추려고 하지도 않는다. 수업 시간 중에 학생들이 잠시나마 수업내용으로부터 관심을 돌릴 수 있는 이질적인 자극을 찾고 싶어 하는 것은 그때나 지금이나 다를 바 없다. 그때 학생 중의 누군가가 옆자리 학생의 옆구리를 팔꿈치로 쿡쿡 찌르면서 눈으로 선생님을 가리킨 채 자신의 소맷자락을 손으로 슬슬 문지른다. 선생님의 소맷자락 해어진 것을 보았느냐는 뜻이다.

그때 이 유쾌한 공모자들의 얼굴에 잠깐 동안 스친 표정, 또는 차라리 그 표정의 의미를 독자는 상상할 수 있는가? 윗저고리 하나 새로 사 입을 능력도 없이 소매가 저 지경이 되도록 그대로 입고 다니다니, 참으로 한심한 인간이야, 나는 차라리 굶어 죽을망정 선생 노릇은 하지 않을 테야—이것이 그 표정의 의미였겠는가? 아니다, 결코 그렇지 않다. 필자 자신의 일이어서 분명히 자신 있게 말할 수 있지만, 그것과는 정반대이다. 그 때 각각 상대방의 얼굴에서 순간적으로 확인된 그 표정, 그것이 동일한 의미를 나타내기 때문에 서로서로 강화해준 그 표정은 무엇인가 형언할 수 없는 것에 대한 동경과 찬탄을 나타내고 있었다. 그 이상으로, 그들에게 그것은 눈물을 자아낼 정도의 감격을 안겨다 주었을 것이다. 말할 필요도 없이, 이러한 심리상태는 교사의 존재와 그가 하는 일의 의미—옷의 솔기가 해어지는 것도 아랑곳하지 않고 교과를 가르치는 그의 삶의 방식—에 대한 은밀한 동조에서 빚어지는 것이다.

이와 동일한 시기, 그러니까 필자가 고등학교 학생이었던 시절에, 학생들 사이에는, 특히 경제적으로 여유가 있는 가정의 학생일수록, 말짱한 校帽(학생모)를 면도칼로 난도질하여 재봉틀로 박아서 쓰고 다니는 것이 '멋'으로 되어 있었다. 그것이 어째서 멋인지, 그것이 어디서 유래했는지, 그 학생들은 알려고 하지도 않았고 또 알려고 해야 알 수도 없었을 것이다. 그렇기는 해도, 만약 그 유래를 따져 본다면 가장 가깝게는 그 이전에 일본의 고등학교 학생들의 습관적인 복장—남이 입다가 낡아서 버린 듯한 남루한 옷을 체구에 맞지 않게 헐렁하게 걸치고 다니는 풍속—에서 그 유래를 찾아볼 수 있을 것이다.

이 일본 학생들의 복장은 그들이 창안한 것인가? 놀랍게도 그 유래는 멀리 고대 희랍 시대로 거슬러 올라간다. 필자가 읽은 한 희랍 교육사 책에는 그 당시 희랍의 '철학자들'—愛知者들—은 '넝마'(tribon)라는 이름으로 불리는 옷—거친 천으로 만든 어두운 색깔의 외투—을 그들의 신분을 상징하는 제복처럼 입고 다녔고, 그 옷의 이름이 그대로 그들의 별명으로 되어 있었다고 적혀 있다. 犬儒學派견유학파의 학자들이 이 풍속을 극단적으로 과장하여, 명실공히 넝마를 걸치고 세수도 이발도 하지 않은 채 거지처럼 살았다는 것은 너무나 유명한 이야기이다. 물론, 견유학파의 이러한 생활방식은 한겨울에도 신발을 신지 않고 얼음 위를 맨발로 걸어 다녔다는 그들의 이삼 대 선조인 소크라테스의 외면적인 특징을 모방한 것임에 틀림없다.

이런 점들을 생각해 보면, 복장에 대한 무관심은 동서고금을 막론하고 공부하는 사람들의 공통된 이념을 이루고 있었다고 말할 수 있다. 고등학교 학생들의 모자 찢는 멋과 비교해 보면, 솔기가 해어진 선생님의 소맷자락은 학생들이 인위적으로 실현하는 그 이념을 자연적으로 실현했을 뿐이다. 그리고 그와 마찬가지로, 그분에 대한 학생의 존경과 찬탄은 융(C. Jung)의 용어로 '집단적 무의식'—종족의 핏줄을 타고 전해 내려오는 인간 심리의 심층적 요소—의 발로였을 것이다.

바로 며칠 전에 필자는 대학에서 강의하는 同學동학 한 분에게서 기막힌 이야기를 들었다. 학생들이 매주 교재내용에 관한 짤막한 논평을 제출하는 중에 한 학생이 '우리에게는 늘 새로운 생각을 적어 내라고 하면서 어째서 선생은 매주 똑같은 넥타이를 매고 다니는가'라는 항의를 (서면으로!) 제출했다는 것이다. 융의 집단적, 종족적 무의식이 그 학생의 핏줄만은 피해 갔는지도 모를 일이다. 혹시 그 학생이 반갑지 않은 성의를 발휘하여 이번 스승의 날에 새 넥타이를 선물하는 일이 있더라도, 친애하는 나의 동학이여, 제발 그 압력에 굴복하지 말고 의연히 맞서서, 그 다음 강의 시간에도 똑같은 넥타이를 매고 가기 바란다. 그것은 교사가 패션모델이나 세일즈맨이 아니기 때문에 할 수 있는 일이며, 심지어 교사만이 누릴 수 있는 특권이라고까지 말해도 좋다.

11. 衣食足 而知禮節

보통 '옷과 밥이 넉넉해야 예절을 안다'는 우리말로 번역되는 위의 한문 구절은 원래 管子관자 牧民篇목민편에 나오는 두 구절의 앞뒤를 서로 바꾸어 붙여서 만들어진 것이다. 원래의 구절에서는 '창고가 가득 차 있으면 사람들이 예절을 알고, 옷과 밥이 넉넉하면 사람들이 영욕을 안다'(倉廩實 則知禮節 衣食足 則知榮辱)로 되어 있다. 이 구절에 나와 있는 '則'은 오늘날 우리 입에 오르내리는 구절에서의 '而'보다는 훨씬 조건과 귀결 또는 원인과 결과의 관계를 강하게 암시하며, 그렇기 때문에 '옷과 밥이 넉넉해야 예절을 안다'는 우리말 번역은 관자의 원래 뜻에서 그다지 멀리 벗어난 것이 아니다.

관자에서 나온 그 구절이 한문으로건 국문으로건 그전에 농담으로나마 자주 입에 오르내리던 것에 비하여 요즈음 자주 듣기가 어려운 것은 단순히 젊은 세대들의 '한자 기피증' 때문만은 아닐 것이다. 경제 제1원칙을 내세우는 정부 당국의 '정치철학'과 민심의 자연적 향방의 공동합의하에 이제 그 구절은 그야말로 의심의 여지없는 만고불역의 진리를 나타내는 것으로 생각되고 있다. 그와 같이 자명한 사실은 입에 담을 필요조차 없는 것이다.

그러나 조금만 깊이 생각해 보면, 衣食足의식족과 知禮節지예절을 연결하는 '이라야'라든가 '이면'이라는 조사는 그 이면에 참으로 끔찍한 재앙을 예고하고 있음을 알 수 있다. 이 연결 방식에서 '옷과 밥이 넉넉한 것'과 '예절을 아는 것'은 시간상의 선후관계로 연결되어 있다. 즉, 옷과 밥을 넉넉하게 갖추는 것은 시간상으로 '먼저' 할 일이요, 예절을 아는 것은 그 다음에 할 일이라는 것이다. 수학적인 비유를 써서 말하자면, 그 두 가지는 두 개의 직선이 앞뒤로 붙어 있는 관계 또는 '加法的가법적 관계'에 있다고 말할 수 있다. 물론, 이 관계는 바로 다음 순간에 그것과는 대안적인 관계를 시사한다. 그것은 衣食足과 知禮節이 사각형의 두 변을 이룬다고 볼 때의 관계 또는 '乘法的승법적 관계'이다.

衣食足과 知禮節이 관자의 원래 구절이나 우리말 번역이 나타내는 것처럼 시간상 선후 관계로, 또는 가법적 관계로 연결되어 있다고 보아도 좋은가? 만약 먼저 옷과 밥을 넉넉하게 갖추는 일을 한 뒤에야 예절을 아는 일을 해야 한다면, 앞의 일에서 뒤의 일로 넘어가는 그 경계선이라는 것은 어디쯤인가? 속된 말로 '돈벌이'라고 불릴 수 있는 활동에 직접 종사하는 사람은 말할 것도 없고, 그것이 어떤 활동인지를 아는 사람이라면 누구나 그 경계선은 결코 고정되어 있는 것이 아님을 알 것이다. 아니, 그 이상으로, 그 경계선은 언제나 상향조정하는 쪽으로 이동하는 '연동적' 성격을 띠고 있다.

'예절을 아는 일'이 과연 옷과 밥을 넉넉하게 갖추는 일에 끊임없이 밀려나도 좋고, 이 후자의 일을 하는 동안에는 안심하고 잊어버려도 좋은 그런 것인가? 이 두 가지 일이 사각형의 두 변처럼 승법적 관계로 연결되어 있다고 볼 때에는 그렇지 않다. 만약 '예절을 아는 일'이 참으로 우리에게 필요하다면, 그것은 달리 필요한 것이 아니라 옷과 밥을 넉넉하게 갖추는 그 일이 예절에 맞도록 하는 데에 필요하다. 예절을 아는 것은 아랑곳하지 않고 오로지 옷과 밥을 넉넉하게 갖추는 일을 할 때 그 일이 어떤 모습을 띨 것인가는 우리의 일상생활에서도 충분히 확인될 수 있다. 이렇게 생각해 보면, 관자의 그 구절은 오히려 순서가 거꾸로 되어야 한다. 말하자면 예절을 아는 사람이라야 옷과 밥을 넉넉하게 갖추는 그 일을 (올바른 방식으로) 할 수 있으며, 그렇기 때문에 누구든지 옷과 밥을 넉넉하게 갖추고자 하는 사람은 그에 앞서서, 그보다 먼저, 예절을 알아야 한다는 것이다.

衣食足 而知禮節이라는 구절이 오늘날까지 전해 내려오는 것을 보면, 그것은 옛날부터 오랫동안 人口인구에 膾炙회자되었음을 알 수 있다. 그러나 분명히 말하여, 그것이 우리 민족의

삶을 이끌어 온 일반적인 원칙이었던 것은 아니다. 우리가 역사를 통하여 알 수 있는 바와 같이, '선비'로 불리는 사회 지도층의 인사들은 衣食足은 아랑곳하지 않고 知禮節에 힘을 쏟았고, 또 그들의 삶의 이념은 정도의 차는 있지만 다른 사람들의 삶에 영향을 미쳤을 것이다.

그렇다면 관자에서 나온 원래의 그 말은 하등의 의미를 가질 수 없는가? 그렇지 않다. 가령 극도의 가난에 시달린 나머지, 잠깐 인간의 본분인 예절을 망각하고 옷과 밥을 장만하는 일에 전념한 사람이 있을 경우에, 衣食足 而知禮節은 그러한 행동을 너그럽게 보아주어야 한다는 '소극적인' 의미를 가질 수 있다. 그 말이 몰고 오는 끔찍한 재앙은 그 소극적인 발언을 적극적인 처방으로 내세우면서 그것을 삶의 제 1 원리로 삼는 데에 있다. 그것이 너무나 당연하여 입에 올릴 필요조차 없는 사태를 과연 사람이 사는 세상으로 볼 수 있을지 의문이다.

12. 사람이 하는 하느님의 말

욕심을 부리는 사람을 볼 때 우리는 때로 '욕심을 부리지 말라'고 말한다. 그러나 '욕심을 부리지 말라'는 이 말은 사람이 사람에게 할 수 있는 말이 아니다. 그 말을 할 수 있는 것은 오직 하느님이나 부처님뿐이다. 그 말을 할 때 우리는 마치 하느님이나 부처님인 양 자처하는 셈이 된다. 이것은 가장 지독한 부정직이다.

사람이 사람에게 할 수 있는 말은 '욕심을 부리지 말라'는 말이 아니라 '나는 한심한 욕심쟁이다'라는 말이다. '욕심을 부리지 말라'는 말은 명백히 다른 사람을 겨냥한 것임에 비하여, '나는 한심한 욕심쟁이다'라는 말은, 비록 다른 사람을 향하여 다른 사람이 들으라고 말하는 경우에도, 다른 사람을 겨냥한다기보다는 자기 자신을 겨냥하여 스스로에게 하는 말이라고 보아야 한다. 이때 '나는 한심한 욕심쟁이다'라는 말은 '욕심을 부리지 말라'는 말을 자기 자신에게 할 때와 동일한 의미를 가진다.

자기 자신을 겨냥하여 '나는 한심한 욕심쟁이다'라고 말하는 것은 바로 욕심을 부리지 말라고 자기 자신을 타이르는 것이 된다. 그러므로 '욕심을 부리지 말라'는 말은 다른 사람에게 할 수 있는 말이 아니라 오직 나 자신에게만 할 수 있는 말이라고 보아야 한다. 나 자신에게 '욕심을 부리지 말라'고 말하는 것은, 그 똑같은 말을 다른 사람에게 하는 경우와는 달리, 부정직이 되지 않는다.

그뿐만이 아니다. 욕심을 부리는 사람을 보고 '나는 한심한 욕심쟁이다'라고 말하는 것은 그 사람에게 '욕심을 부리지 말라'고 하는 말을 부정직하지 않게, 사람이 사람에게 해 줄 수 있는 말로 해 주는 유일한 방법이다. '욕심을 부리지 말라'는 말이 다른 사람을 겨냥하여 하는 말이라면, '나는 한심한 욕심쟁이다'라는 말은, 다른 사람을 겨냥한 바로 그 말을 나 자신에게 하는 것이며, 그렇게 함으로써 다른 사람으로 하여금 스스로 자기 자신을 돌아보도록 한다. 생각해 보라. 그 말을 들은 사람도 '사람'인 이상, 그는 자기 자신이 한심한 욕심쟁이임을 누구보다도 잘 알고 있을 것이다. 이 경우에 그 말은 그 사실을 뼈아프게 상기시켜 주는 '기억회복제'가 된다.

대다수의 사람들, 그중에서도 특히 '개방적' 교육이론을 주장하는 사람들은 위에 적힌 말에 대하여 즉각적인 찬동을 보일 것이다. 아마 그들은 항간에 전해 내려오는 '혀짤배기 훈장' 이야기가 자신의 견해에 대하여 의심할 여지가 없이 확실한 근거를 대어준다고 생각할 것이다. 이야기의 훈장은 혀가 짧아서 '바람 風풍'을 '바담 풍'으로 발음하면서, 학생들이 그것을 본받아 '바담 풍'으로 발음하는 것을 볼 때마다 '나는 "바담 풍" 해도 너희들은 "바람 풍" 하라'고 교정 아닌 교정을 해 주었다고 한다.

이 이야기를 입에 올리는 사람들은 아마 틀림없이, 그 혀짤배기 훈장은 종교나 교육과 같이 남을 '가르치는' 위치에 있는 사람이 흔히 저지르는 위선과 부정직을 전형적으로 예시한다고 생각하면서 그 위선과 부정직을 조롱거리로 삼으려고 할 것이다.

그러나 다시 한 번 생각해보라. 그 훈장은 그야말로 '순전한 위선자'로서 모든 사람의 조롱거리가 되어야 하는가? 그렇지 않다. 자신도 할 수 없는 일을 학생에게 강요하는 것이 위선에 해당하는지는 모르지만, 그래도 그 훈장은 자신의 할 일이 무엇인지 알고 있었고, 또 그 일을 하는 것은 자신이 위선자로 비난받는 것과는 비교가 되지 않을 정도로 중요한 일임을 알고 있었다. 짧은 혀를 원망하면서도 학생들의 그릇된 발음을 애써 교정해 주려는 그의 절망적 노력에서 우리는 숭고한 비극감과 일종의 영웅적 자세까지 느낄 수 있다. 적어도 그 훈장은, 우리 자신이 할 수 없는 일을 학생에게 강요해서는 안 된다는 식의, 소위 '개방적' 교육이론을 주장하는 사람들, 자신의 혀가 짧다고 하여 학생들을 모두 혀짤배기로 만들려는 사람들과는 종류가 다르다.

아니다. 그 혀짤배기 훈장은 오히려 남을 가르치는 사람이 본받아야 할 모범을 보여준다. 그는 자신의 결함을 있는 그대로 드러내고 그 결함이 미치지 못하는 '올바른 것'을 학생들에게 전달하고자 애를 썼다. 그 노력의 성공 여부는 고사하고, 그는 학생들이 자신의 결함에서 배움을 얻게 되기를 간절히 바랐다. 우리도 그와 같다. 우리는 우리 자신이 한심한 욕심쟁이임을 다른 사람에게 드러내고 그들로 하여금 거기서 배움을 얻도록 해야 한다. 우리는 사람의 말을 통하여 그 말이 미치지 못하는 '하느님의 말'을 해야 한다.

13. 敎職을 위협하는 세 가지 통념

오늘날 교육에 관심을 가지고 있는 사람들 사이에 널리 받아들여지고 있는 믿음 중에는 교직을 위협하는 것들이 있다. 이렇게 말하는 것은 그러한 믿음이 반드시 교직을 위협하려는 의도에서 발설되고 받아들여진다는 뜻이 아니다. 오히려 그것은 교육에 대한 관심의 표현이며, 그만큼 그러한 믿음을 가지는 사람은 자신이 가지는 믿음대로 교육할 때 교육이 더 잘되리라고 생각한다. 또한, 그러한 믿음이 교직을 위협한다고 말하는 것은 그러한 믿음이 반드시 교직 바깥에 있는 사람들 사이에서 발설되고 받아들여진다는 뜻이 아니다. 교직에 종사하고 있는 사람들도 교육에 대한 관심에 있어서는 바깥에 있는 사람에 못지않으며, 그들도 그 관심의 표현인 통념에 동조하고 나아가서는 그것을 적극적으로 고취하기까지 한다. 다만 그들은 바깥 사람들과 마찬가지로 그 믿음이 자신이 몸담고 있는 교직과 관련하여 어떤 의미를 가지는지, 자신이 하고 있는 교육에 궁극적으로 어떤 결과를 초래하는지를 생각해 보려고 하지 않는다.

이 글에서는 그러한 통념 세 가지를 예시하고자 한다. 만약 이하에 예시되는 통념들이 참으로 위에서 말한 것과 같은 성격의 것이라면 그것은 교직에 대한 명백한 위협으로 여겨지지 않는다는 바로 그 점 때문에 명시적으로 진술되고 거론되지 않으면 안 된다. 다른 모든 경우가 그렇듯이 이 경우에도 가장 타파하기 어려운 적은 내부에 있다.

첫째, 교육은 학교에서만 일어나는 것이 아니라는 믿음

오늘날 교육에 관하여 만인이 공유하는 한 가지 믿음이 있다면 바로 이것이라고 말할 정도로, 교육은 학교에서만 일어나는 것이 아니라는 이 믿음은 교육에 관한 가장 자명하면서도 심오한 진리를 나타내는 것으로 생각되고 있다. 그러나 만인에게 자명한 진리로 통하는 말은 대체로 그 의미가 결코 분명하지 않다. 우선, 표면상의 진술로 보면 이 말은, 교육은 학교에서도 일어나고 학교 바깥에서도 일어난다는 것을 말하고 있다. ('학교'를 '교실'이나 '수업시간'으로 바꾸어도 형편은 마찬가지이다.) 그러나 그 두 곳에서 일어난다는 '교육'은 동일한 것인가, 상이한 것인가? 이것은 그 자명한 진리의 내용을 분명히 하려고 할 때 반드시 제기해야 할 가장 초보적인 질문이다.

만약 그 두 교육이 동일한 것이라면 위의 말은 학교에서 일어나는 것과 동일한 종류의 교육이 학교가 아닌 곳에서도 일어난다는 것을 말하는 것에 지나지 않는다. 물론 이 경우에 학교 바깥에서 일어나는 교육을 '교육'이라고 부르는 것은 그것이 학교에서 일어나는 교육과 동일한 것이기 때문이다. 위의 말이 단순히 이 점을 지적하는 것이라면 그것은 그야말로 특별히 입에 올릴 필요조차 없을 것이다. 그러나 만약 두 교육이 동일한 것이 아니라면, 그 두 가지 상이한 종류의 일을 '교육'이라는 동일한 이름으로 부를 수 있는 근거는 무엇인가? 이런 곳에서 일어나는 이런 교육과 저런 곳에서 일어나는 저런 교육이라는 두 가지 '교육'이 있다면, 그 각각은 어떤 종류의 일이며, 그 두 가지 중에서 더 중요한 것은 어느 것인가?

아마 '교육은 학교에서만 일어나는 것이 아니다'라고 말하는 사람들 자신은 학교에서 일어나는 교육이 어떤 종류의 일인가를 잘 알고 있다고 생각할 것이다. 그들은 십여 년간 그 교육을 받아보았으며, 일부는 현재 그 교육을 하고 있다. 그들이 보기에 그것이 어떤 일인가 하는 것은 너무도 뻔하다. 훌륭한 인간을 기른다는 투의, 교육학 책에서나 볼 수 있는 허황한 미사여구와는 딴판으로 학교에서 하는 일은 아무짝에도 쓸모없는 '단편적 지식'을 가르쳐서 대학 입시와 출세를 위한 준비를 시켜주는 것이 아닌가? 그들이 보기에 이것은 '교육'이 아니며, '중요한' 교육은 더욱 아니다. 그리하여 그들은 학교가 아닌 다른 곳에서 '중요한' 교육, '진정한' 교육을 찾으려고 한다.

그러나 과연 그들은 학교에서 일어나는 교육이 어떤 것인지 알고 있는가? 학교에서 일어나는 교육은 그들이 생각하는 대로 대학 입시와 출세를 위한 준비 이외의 아무것도 아닌가? 그렇지 않다. 그들의 눈에 아무짝에도 쓸모없어 보이는 학교의 교과는 학교라는 제도가 생긴 이래로 인류가 가르쳐 오던 교과와 본질상 다름이 없다. 만약 이 사실을 중요시한다면, 전 인류가 그토록 오랫동안 입시와 출세 준비에 심혈을 기울였다고 볼 수 없는 이상, 그들은 자신의 판단에 그토록 절대적인 확신을 가질 수 없을 것이다. 오히려 교육학 책에 나오는 '훌륭한 인간'은 바로 학교의 교과—문학과 역사, 과학과 수학—를 가르치고 배우는 것 이외의 다른 방법으로는 길러질 수 없다고 보아야 한다.

'교육은 학교에서만 일어나는 것이 아니다'라는 말에 깔려있는 위와 같은 생각이 그 자체의 흐름을 따라 '중요한 교육은 학교 바깥에서 일어난다'는 생각으로, 그리고 심지어 '학교는 교육을 하는 곳이 아니다'라는 생각으로 발전하리라는 것은 충분히 예상된다. 학교가 교육을 하는 곳이 아니라면 거기서 일하는 교사들은 무엇을 하고 있는 사람들인가? 그러나 혹시 학교에서 '교육'을 찾지 못하는 사람은 비유컨대 오페라가 무엇인지 알아보려고 오페라 하우스에 가서 화장실을 들여다보는 사람이나 아닌지 모를 일이다. (오페라 하우스에는 어디에나 화장실이 있다) 오페라가 무엇인지 모르는 사람에게는 오페라가 생리적 부담을 해소하는 일로 보일 수도 있는 것이다.

둘째, 교육에서 교사는 필수불가결한 존재가 아니며, 나아가서 교사의 적극적인 개입은 학생의 성장에 해를 끼친다는 믿음

만약 이 둘째 통념이 이와 같이 명시적으로 진술된다면 그것이 교직에 위협적인 요소가 된다는 것은 당장 식별될 수 있을 것이다. 그러나 이 둘째 통념은 오늘날 대부분의 사람들이 교육의 묘방으로 여기고 있는 두 가지 처방에 암시적으로 들어 있다. 그 교육의 묘방이라는 것은 '컴퓨터 교육'과 '열린 교육'이다. 컴퓨터 교육은, 그것을 주장하는 사람들이 의식하든지 않든지 간에, 그 밑바닥에 '살아 있는 교사가 하는 일은 기계도 할 수 있으며 흔히는 더 잘 할 수 있다'는 믿음을 깔고 있다. 그리고 '열린 교육'은, 그것이 구체적으로 어떤 형태를 띠든지 간에, '열려 있다'는 말이 가지고 있는 의미론적 마력을 奇貨기화로 하여 이때까지 교사들이 해 오던 것과 같은 '닫힌 교육'—교사가 자신의 지식과 신념을 적극적으로 전달하는 일—에 무엇인가 불건전하고 사악한 면이 있다는 느낌을 고취하고 조장한다.

위의 두 가지 묘방에 깔려 있는 믿음은 교사의 역할, 그리고 그것을 중심으로 전개되는 교수와 학습의 의미에 관하여 하나의 일관된 견해를 나타내고 있다. 말하자면 교사가 학생에게 가르치는 것은 컴퓨터의 키를 두드릴 때 스크린에 나타나는 것과 조금도 다름이 없는 '정보'라는 것, 그러면서도 교사가 제공하는 정보가 그의 私的사적인 선택과 조직을 통하여 걸러지는 것에 비하여, 컴퓨터가 제공하는 정보는 누구나 필요에 따라

얻어낼 수 있는 공적, 객관적 지위를 가진다는 것, 이 점에서 학생 자신이 선택하고 조직하는 정보가 교사의 그것에 비하여 더 열등하다고 볼 이유가 없다는 것, 그럼에도 불구하고 교사 자신의 정보를 학생에게 강요하는 것은 학생 자신의 자율과 자유를 구속하는 부당한 처사라는 것, 그리고 나아가서 컴퓨터는 한 인간으로서의 교사가 불가피하게 가지고 있는 모든 개인적 제약을 초월하여 당대 최고의 知的지적 산물을 거의 무제한으로 제공할 수 있다는 것 등등이다.

컴퓨터 교육과 열린 교육을 주장하거나 환영하는 사람들은 모두 학교에서 교사의 가르침을 받은 사람들이다. 그리하여 그들은 위에 기술된 것과 같은 견해는 바로 그들 자신의 경험에 의하여 확인된다고 생각할 것이다. 그러나 마음을 가라앉히고 차분히 따져보면 위에 나열된 견해에는 어느 한 항목도 명백하게 옳다고 할 만한 것이 없다. 우선, 그들이 교사에게서 배운 것은 과연 컴퓨터 스크린에 나오는 그런 종류의 '정보'이며 그 이외의 아무것도 아닌가? 이것이 그럴듯하게 생각되는 것은 그들이 교사가 가르친 '정보'를, 그 정보를 가르치는 교사로부터 '머릿속으로' 분리해 내기 때문이다. 교사의 가르침으로부터 분리해 낸 정보는 그야말로 컴퓨터의 그것과 다르지 않다. 그러나 그들에게 그 정보는 애당초 살아 있는 교사에 의하여 예시된 상태로 주어진 것이다. 교사에게서 배운 것이 정보 이외의 아무것도 아니라고 생각할 때, 그들은 교사에게서 배운 많은 것, 참으로 중요한 것을 마치 그것이 처음부터 없었던 것인 양 묵살해 버린다.

이렇게 말하는 것은, 교사는 지식을 가르칠 뿐만 아니라 '인격적 감화'를 준다는 투의, 오늘날 아무도 진심으로 믿지 않는 상투적인 말을 하려는 것이 아니다. 이른바 인격적 감화는 교사가 아닌 부모나 다른 어른들도 줄 수 있다. 만약 교사의 가르침을 '인격적 감화'로 표현할 수 있다면 그 인격적 감화는 바로 자신의 몸과 마음으로 정보를 예시하는 것, 그리고 그렇게 함으로써 학생들로 하여금 학생 자신의 몸과 마음으로 그것을 받아들이도록 하는 것 이외의 다른 것이 될 수 없다. 이 과정을 통하여 가르쳐지는 것을 '인격적 감화'라고 부르든지 않든지 간에, 교사가 정보 이외의 많은 것을 가르치고 있다는 것은 의심할 여지가 없다.

물론, 교사가 학생에게 예시하는 정보는 교사가 그것을 '소유'하고 있다는 뜻에서 '교사의 것'이라고 말할 수 있을 것이다. 그러나 그것은 문자 그대로 '교사의 것'이 아니다. 교사가 예시하는 '정보'—즉, 지식과 신념—는 인류의 공적 유산이며, 교사가 현재 그것을 소유하게 된 것은 그 유산을 물려받았기 때문이다. 교사기 학생에게 그것을 '강요'함으로써 교사가 모종의 집단적 이익을 얻는다고 생각하는 것은 교사의 지식과 신념이 교사의 사적 소유물이라고 생각할 경우에나 있을 수 있다. 아닌 게 아니라, 교육은 이제 '노동집약적 산업'에서 탈피하여

'기술집약적 산업'으로 나아가야 한다든지, 교육은 '수요자 중심'을 원칙으로 삼아야 한다는 투의 말이 아무렇지도 않게 나돌아 다니는 것을 보면, 교육이라는 것은 이제 自家工場자가공장에서 생산된 물건을 수요자의 요구에 따라 분배하는 것과 하등 다를 것이 없는 '산업사회'의 일로 전락한 것이 아닌가 하는 느낌이 든다. 이런 식의 사고방식이 짓밟는 것은 다른 것이 아니라, 살아있는 뇌세포를 통하여 지적 유산을 전수하는 일로서의 교육의 특이한 성격, 그리고 그 일을 하는 사람으로서의 교사의 특이한 역할이다.

셋째, 교직도 하나의 직업이라는 믿음

다른 모든 통념 중에서, 어째서 이것이 교직을 위협한다고 말할 수 있는가? 뿐만 아니라, 교직을 위협하건 않건 간에, 교직도 하나의 직업이라는 것은 어느 누구도 부정할 수 없는 엄연한 사실이 아닌가?―그러나 분명히 말하여, 이 통념은 교직에 대한 모든 위협의 밑바닥에 들어 있는 가장 근본적인 위협으로서 그 밖의 다른 위협들을 더욱 심각한 것으로 만드는 근본적인 원인이 된다.

교직이 예컨대 인구 통계에서 직업 항목 중의 하나로 분류된다는 점에서 보면 교직도 하나의 직업이라는 것은 아마 '사실'이라고 보아야 할 것이다. 이 '사실'에 입각해서 보면, 교직은 의사 일이나 변호사 일, 노점 상인이나 환경미화원의 일과 다름없이 각각 맡은 분야에서 유용한 봉사를 하고 그 대가로 자신의 생계를 유지하는 생계의 수단으로 간주된다. 교직이 특이하다는 것은 백 가지 직업이 서로 구분된다는 것 이상의 특별한 의미를 가지지 못한다. 각각의 조직적인 직업 단체가 그렇게 하듯이, 그 봉사에 상응하는 대가가 주어지지 않는다고 판단될 때 교직이 그 사태의 시정을 요구하는 체계적이고 적극적인 노력을 기울이는 것은 하등 기이한 일이 아니다. 때로 교직을 일컫는 '聖職성직'이라는 용어는 교직을 아래로 내려다보는 자리에서 거기에 종사하는 사람들을 가상히 또는 가련히 여기는 사람들이 교직의 정당한 권리 주장을 억압하려는 의도에서 건성으로 갖다 붙이는 허울 좋은 이름에 불과하다, 등등. 이 모든 것이 위의 그 '사실'에서 누구나 자연스럽게 이끌어낼 수 있는 교직의 의미일 것이다.

그러나 교직이 진정으로 그 권리를 주장하려고 하면 교직은 '교직도 하나의 직업'이라는 그 사실과 그것을 기초로 하여 도출되는 '교직의 의미'를 경계해야 한다. 왜냐하면 위의 사실은 교직을 명실공히 '성직'으로 만드는 교직의 핵심적 의미—교직을 다른 직업에 대하여, 단순히 백 가지 직업이 각각 서로 구분된다는 그런 뜻에서가 아니라 '범주적으로' (즉, '교직과 그 밖의 아흔아홉 가지 직업') 특이하게 만드는 교직의 의미—를 가리고 있기 때문이다. 만약 이 의미를 완전히 파악한다면 교직에 종사하는 사람들은 자신에게 그 직업을 택하도록 허락한 운명에 대하여 눈물겹도록 감사를 느낄 것이다.

표면상으로 보면 교사는 유용한 봉사를 하고 그 대가를 받는다는 점에서 예컨대 수도 수선공과 전혀 구분되지 않는 것처럼 보인다. 그러나 두 경우의 '봉사'는 그 성격에 있어서 정반대라고 할 만큼 현격한 차이를 나타내고 있다. 교사 이외의 모든 직업인이 제공하는 봉사는 그 '유용성'에 대한 명백한 인식을 전제로 하는 반면에, 교사가 제공하는 봉사는 그 '유용성'이 봉사에 의하여 비로소 알려진다. 수도 수선공이 받는 보수가 그의 봉사에 대한 '사후 보상'이라면 교사의 봉급은 그 봉사의 '사전 보장'이다. 흔히 '賃金임금'으로 지칭되는 앞의 것은 노동의 양과 질에 상응하는 반면에 '謝禮사례'로 지칭되는 뒤의 것은 아무리 많아도 많은 것이 아니며 또 극단적으로 말하자면 없어도 무방하다.

이것은 곧 교사가 하는 일은 현재 그와 더불어 살고 있는 어느 특정한 개인이나 집단을 위한 것이 아님을 뜻한다. 교사의 '봉사'는 인류 전체의 정신적 존속을 위한 것이며, 교사에 대한 사례는 그것을 위한 사전 보장으로 주어진다. 바로 이 점 때문에 교직에 대한 위협은 단순히 교사 개개인에 대한 위협이 아니라 그 이상으로 전 인류에 대한 위협이다. 그러나 또한 바로 이 점 때문에 그것은 아무에게도 위협으로 느껴지지 않는다.

14. 세계적인 석학

'온 세상을 떠들썩하게 할 碩學석학이 못 될 바에야 차라리 여행이라도 많이 다닐걸'—이런 생각을 하는 사람이 '세상을 떠들썩하게 하는 석학'이 되지 못하였다면 그것은 바로 그 생각 때문이다. 그 사람은 공부하는 것과 대등하게 좋은 것, 또는 심지어 공부하는 것보다 더 좋은 것이 있다고 생각하는 것이다. 이런 식으로 공부와 '다른 좋은 것들'을 저울질하는 사람이 어떤 방식으로 공부를 했을까는 짐작하기 어렵지 않다. 그의 마음은 언제나 '콩밭에' 가 있으며 때로는 마음이 콩밭으로 달려갈 기회를 적극적으로 추구하기도 한다. 물론, 그런 저울질을 하지 않는다고 해서 반드시 세계적인 석학이 되는 것은 아니다. 그러나 그런 저울질을 해서 세계적인 석학이 될 수 없다는 것은 불을 보듯이 명백하다.

15. 朝聞道 夕死 可矣

‘아침에 도를 들으면 저녁에 죽어도 좋다’—論語논어에 적혀 전해 내려오는 孔子공자의 이 말은 흔히 道도의 중요성을 나타내는 말로 이해되고 있다. 말하자면, 道를 듣고 그것을 이해하는 것은 인생의 목적에 해당하며, 아침에 도를 들은 사람은 이미 인생의 목적을 달성하였기 때문에 저녁에 죽어도 좋다는 것이다.

이 해석이 그릇되다고 생각할 사람은 아무도 없을 것이다. 그러나 만약 공자가 그 말을 통하여 보통 사람들이 하기 쉬운, 그리고 대체로는 하고 있는 생각이 그릇되다는 것을 경계하려고 했다고 생각해 보면, 인생에서 道가 중요하다는 식의 해석은 위의 말에 들어 있는 깊은 의미를 충분히 드러내었다고 보기 어렵다. 오히려 공자는 단순히 인생에서 道가 중요하다는 것을 말하고자 한 것이 아니라, 만약 그것이 중요하다면 어떤 점에서 중요한가를 말하고자 한 것이다.

공자가 말하는 도는 반드시 道家도가에서 말하는 것과 같은 심오하고 현묘한 진리를 가리키는 것이 아니라, 수준 여하를 막론하고 우리가 흔히 진선미성이라는 말로 나타내는 옳은 것, 가치 있는 것 모두를 가리킨다. 그리하여 '도를 듣는 것' 또한 반드시 이름난 道師도사에게서 우주의 비밀을 전해 듣는 것을 가리키는 것이 아니다. 공자가 말한 의미에서 보면, 책 한 줄을 읽고 거기서 무엇인가 옳은 것, 가치 있는 것을 배웠다면 그것은 '도를 들은 것'이다.

'도를 듣는 것'이 이런 것이라고 할 때, 공자의 그 말을 따라, 어떤 사람이 아침에 책 한 줄을 읽고 거기서 옳은 것, 가치 있는 것을 배운 뒤에 저녁에 죽었다고 하자. 공자가 '그래도 좋다'(可矣)고 말한 이 사태에 대하여 보통 사람들이라면 어떻게 생각하겠는가? '그래도 좋다'는 말을 '그래도 어쩔 수 없다'는 뜻으로 해석한다면 모르되, 그렇지 않은 이상, 공자의 그 말에 찬성할 사람은 아마 그리 많지 않을 것이다. 보통 사람들이라면 십중팔구 '아깝다'든가 '헛수고를 했다'고 말할 것이다. 공자의 그 말이 문제 삼는 것은 이 '아깝다'든가 '헛수고였다'는 말이 정확하게 무슨 생각을 나타내는가, 그것이 '도를 듣는 것'에 관한 통념으로서 얼마나 그릇된 것인가 하는 것이다.

통념상으로 볼 때, 책을 읽고 거기서 옳은 것, 가치 있는 것을 배웠다면 그것은 어딘가에 쓸모가 있어야 한다. 물론, 그 '어딘가'가 반드시 실용적인 목적을 가리킬 필요는 없다. 그러나 그렇다고 하더라도, 마치 '아침에 도를 듣고 저녁에 죽는 것' 처럼, 아무것에도 쓰이지 않는다면 그 도는 '아까운' 것이며 그 도를 듣는 데에 들인 수고는 '헛수고'가 된다. 燕巖연암의 許生傳허생전에 나오는 허생의 부인처럼, 책을 읽는 것이 어떤 것인지에 관하여 전혀 이해하지 못하는 사람은 언제나 '책은 읽어서 무엇을 하려고 하는가'라든가, '책에서 밥이 나오느냐 옷이 나오느냐'라고 말한다. '아침에 도를 들으면 저녁에 죽어도 좋다'는 공자의 말은 여기에 대하여 분명한 대답을 주고 있다.

그러나 그 대답은 통념과의 엄청난 거리로 말미암아 자명하게 옳은 대답으로 받아들여지기 어렵다. 보통 사람들에게 그것은 그냥 듣기 좋은 말에 지나지 않는다. 공자의 그 말에 깔려있는 믿음은 아무나 쉽게 가질 수 있는 것이 아니라 한평생 피눈물 나는 노력을 기울여야 비로소 가질 수 있다. 가장 쉬운 예로, 한평생 공부를 했다는 정년퇴직 교수들 중에 '이제 와서 책을 본들, 글을 쓴들 무엇을 하겠는가' 하는 투로 말하는 사람이 상당수 있는 것을 보면 그 믿음을 가지기가 얼마나 어려운지 짐작할 수 있다.

16. 上帝의 거짓말

아득히 먼 옛날에 하늘에 상제가 있었다. 이 상제가 인간을 창조한 뒤에 그 인간에게 인간 백사를 가르쳐 주려고 하였다. 상제는 백 명의 下帝하제를 거느리고 있었다. 이 백 명의 하제를 불러서, 상제는 인간 백사를 하나씩 맡기면서 인간에게 그것을 가르쳐 주고 오라고 명령하였다. 백 명의 하제는 인간 세계에 내려와서 각각 맡은 일을 인간에게 설명해 주기 시작했다. 대장장이 일을 맡은 하제는 낫이나 호미 등, 여러 가지 연장을 만들어 풀 베고 김매는 법을 가르쳐 주었다. 고기잡이 일을 맡은 하제는 그물을 떠서 고기를 잡는 법을 가르쳐 주었다.

백 명의 하제 중에는 교육을 맡은 하제도 있었다. 그런데, 다른 모든 하제들과는 달리, 이 교육을 맡은 하제는 인간 세계에 내려가자마자 일을 시작하기도 전에 상제에게 되돌아왔다. 이 하제가 하는 말인즉, 대장장이 일이나 고기잡이 일의 경우에는 인간이 그 일을 해 보기 전에도 그것이 어디에 쓰이며 그것이 없으면 어떤 불편이 생기는지를 쉽게 설명할 수 있었고 인간은 곧 그 설명을 알아듣는다는 것이었다. 그런데, 교육의 경우에는 교육을 아직 받아본 일이 없는 인간들에게 교육의 의미와 중요성을 설명하기가 전혀 불가능하였다. 교육을 맡은 하제가 일을 시작하기도 전에 상제에게 되돌아온 것은 이 때문이었다.

상제는 생각을 해 보았다—과연 그렇겠다. 나는 미처 거기까지는 생각을 못 했구나. 결국 교육을 맡은 하제가 곧 되돌아온 것은 순전히 상제 자신의 실수 때문이었다. 상제는 다시 생각했다. 상제는 교육을 맡은 하제에게 '그러면 할 수 없지, 그만두라'고 말할 수도 있었다. 그러나 만약 상제가 교육을 맡은 하제를 다시 인간 세계로 내려보내지 않으면 인간은 영영 교육을 하지 않은 채 살게 될 것이다. 상제는 그럴 수는 없다고 생각했다. 인간백사 중에서 교육은 대장장이 일이나 고기잡이 일, 또는 그 밖의 다른 모든 일과는 비교가 되지 않을 만큼 중요한 일이었다. 교육은 상제 자신이 인간을 만든 의도의 핵심을 이루고 있었고, 따라서 만약 인간이 교육을 받지 않는다면 상제의 그 의도 자체가 수포로 돌아갈 지경이었다.

상제는 머리를 짜내었다. 인간도 神性신성의 일부를 부여받은 이상, 그에게 순전한 거짓말은 통하지 않을 것이다. 한 번도 교육을 받아본 일이 없는 인간에게 교육의 중요성을 알리는 방법은 인간의 지혜로 보더라도 사실과 거의 분간하기 어려운 그럴듯한 거짓말이어야 하고, 또 다소간은 인간 자신의 노력에 의하여 점점 더 사실에 가까운 것으로 만들 수도 있는 그런 거짓말이어야 한다. 무슨 좋은 방법이 없을까? 여러 가지로 궁리하던 끝에, 상제는 교육을 맡은 하제에게 다음과 같이 명령하였다—'다시 가서, 나 상제의 말이라고 하고 인간에게 전하라. 교육을 받지 않은 어떤 개인도 사회적 지위를 누리지 못할 것이며, 교육을 받지 않은 어떤 집단도 물질적 번영을 누리지 못할 것이다.'

이 명령을 받고 다시 인간 세계에 내려간 하제는 무사히 임무를 수행하고 돌아왔다. 개인의 사회적 지위와 집단의 물질적 번영, 더 간단하게 말하여, 부와 권력으로 교육의 중요성을 설명하니까, 인간은 곧 교육의 중요성을 납득하였던 것이다. 그리하여 인간은 그 후 오늘날까지 열심히 교육을 하고 또 받아오면서, 상제의 거짓말을 점점 더 사실에 가까운 것으로 만들어 왔다.

17. 下帝의 눈물

아득히 먼 옛날에, 하늘의 상제가 인간을 창조한 뒤에 인간이 각각 생계를 유지할 수 있도록 직업을 나누어 주려고 하였다. 상제는 백 명의 하제를 불러서 하나씩 직업을 배당하면서, 인간 세계로 내려가서 그 직업을 가르쳐 주라고 명령하였다. 그 백 명의 하제 중에는 농부 일을 맡은 하제도 있었고, 어부 일을 맡은 하제도 있었다. 또 그중에는 의사 일을 맡은 하제, 실업가 일을 맡은 하제, 심지어 정치가 일을 맡은 하제까지 있었다. 상제가 아흔아홉째 하제에게 직업을 배당해 주고 나니까, 어렵쇼, 이것이 어찌 된 일인가? 상제에게는 직업이 하나도 남아 있지 않았다. 이제 백 번째 하제가 직업을 배당받으려고 기다리고 있지만, 상제는 더 배당할 직업이 없었다. 생각다 못하여 상제는 그 백 번째 하제에게 이렇게 말하였다 — '자네에게는 더 배당할 직업이 없네. 내려가서 다른 하제들 하는 일을 구경이나 하게. 그러고 나서 자네 마음대로 무엇이든지 할 만

한 일이 있으면 하게.'

백 번째 하제가 세상에 내려와 보니 과연 가관이었다. 아흔아홉 명의 하제는 각각 무리를 거느리고 열심히 직업을 가르치고 있었다. 하제들은 직업에 필요한 기술만 가르치는 것이 아니라, 그 기술로 생계를 버는 방법도 가르치고 있었다. 백 번째 하제는 이것을 구경하다가, 달리 할 일이 없어서 이따금 질문을 하였다. 이를테면 농부들에게는 '비는 어째서 옵니까', '왜 여름에는 덥고 겨울에는 춥습니까' 하고 물어보았다. 다른 직업에 종사하는 사람들에게도 각각 관련된 질문을 하였다. 물론, 질문 중에는 직업에 관계없이 누구에게나 해당되는 것들도 있었다. '삶의 의미는 무엇입니까', '어떻게 사는 것이 올바르게 사는 것입니까' 하는 질문이 그런 것이었다. 얼마간 이런 식으로 질문을 하다가 보니까, 놀랍게도 백 번째 하제에게도 무리가 따르고 있었다. 이 무리들도 백 번째 하제 자신과 마찬가지로 아무 하는 일도 없이 질문을 하고 다니는 것이었다.

이윽고 하제들이 일을 끝내고 상제에게 보고를 하러 하늘나라에 올라갈 때가 되었다. 하제들은 인간이 모두 생계의 수단을 가지게 되었다는 것을 알고 흡족해하였다. 오직 백 번째 하제만은 그렇지 않았다. 이 하제는 그 무리에게 아무런 생계의 수단도 제공해 주지 않았다. 이 하제는 그 무리의 생존에 큰 책임을 느꼈다. 그리하여 하늘로 올라가기 전에, 아흔아홉 동료에게 자기 무리의 생계를 위하여 무슨 조치든지 취해 달라고 부탁하였다. 결국, 백 번째 하제와 다른 하제들 사이에 합의가 이루어졌다. 즉, 백 번째 하제의 무리가 '질문하는 일'을 계속한다는 조건으로, 아흔아홉 하제의 무리들이 각각 수입의 얼마씩을 걷어서 백 번째 하제의 무리로 하여금 생계를 이어갈 수 있도록 한다는 것이었다.

하제들의 보고를 들은 상제는 대단히 기뻐했다. 그중에서도 상제는 백 번째 하제가 한 일, 그리고 다른 아흔아홉 하제들이 백 번째 하제의 무리를 위하여 취해준 조치에 대하여 특히 기뻐했다. 상제가 보기에, 그 백 번째 하제의 무리는 상제 자신의 진정한 아들딸이었다. 그 무리는 자기 자신의 생계도 돌보지 않고 상제가 인간을 창조했을 때 의도했던 인간의 참모습을 실현하고 있었던 것이다. 상제가 그 무리의 복지에 특히 관심을 가진 것은 전혀 기이한 일이 아니다. 그런 만큼 상제의 마음 한구석에는 그 무리의 복지에 대한 염려가 스며드는 것을 어찌할 수 없었다.

아니나 다를까, 머잖아 상제의 염려는 현실로 화하고 말았다. 아흔아홉 가지 '직업인'들이 소위 '입으로만 먹고사는 사람들'에게 생계의 수단을 대주어야 한다는 데에 대하여 불평을 하기 시작했던 것이다. 그 아흔아홉 가지 직업인들이 보기에 '입으로만 먹고사는 사람들'의 봉사는 전혀 반가운 것이 아니었고, 흔히는 거북한 느낌을 자아내기까지 하는 것이었다. 그도 그럴 것이, 예를 들면 '비는 어째서 오는가' 하는 질문을 받는 것이

농부가 농사짓는 데에 무슨 도움이 된단 말인가? 그뿐만 아니라, 아흔아홉 가지 직업인들로서 가장 참기 어려웠던 것은 젊은이들이, 분명히 그 '입으로만 먹고사는 사람들'의 영향을 받은 결과이겠지만, 삶의 의미가 어떠니, 올바르게 사는 것이 어떠니 하는 따위의, 전혀 '쓸모없는' 입씨름을 하느라고 온통 시간을 낭비하면서, 어른들의 직업 세계와 질서에 대하여 무모한 반항을 하고 있다는 점이었다. 그런데, 참으로 알 수 없는 일은, 이런 식의 불평들이 그런 '쓸모없는' 일로 시간을 더 많이 낭비한 사람들 사이에서 더 심하다는 것이었다. 어쨌든, 아흔아홉 가지 직업인들의 불평은 흔히 공공연한 협박으로 변하여, '입으로만 먹고사는 사람들'이 자신들처럼 '유용한' 일을 하지 않으면 생활비를 더 이상 대줄 수 없다는 소리까지 나오게 되었다. 그리하여, '입으로만 먹고사는 사람들' 중에는 그 협박에 완전히 기가 질려서, '직업인'으로 전향하는 사람들도 드물지 않게 나왔다.

백 번째 하제는 곧 이 서글픈 상황을 알아차렸다. 이 하제는 상제를 찾아가서 조력을 구했지만, 상제 자신도 여기에 대해서는 전혀 속수무책이었다. 한참 생각 끝에 상제는 이렇게 말했다—'우리 神신들로서는 달리 방도가 없네. 이것은 인간의 일로 미루는 수밖에 없겠네. 결국, 아흔아홉 가지 직업인들 중에서 자네 무리의 봉사를 소중하게 생각하는 사람들로만 자네 무리를 먹여 살리도록 해야 할 걸세. 자네 무리의 봉사를 소중하게 생각하는 그만큼 자네 무리를 보살피도록 하세.' 이것이 상제의 '해결책'이었다.

훨씬 지난 뒤에 들리는 이야기로는, 그때 상제의 전당에서 물러나 나와서 문턱에 홀로 섰을 때, 백 번째 하제는 몰래 소맷자락으로 눈시울을 닦았다고 한다.

18. 사범형 인간

직업에 따라서 그 직업에 종사하는 사람들에 늘 따라붙는 '상투적 고정관념'—스테레오타이프—이라는 것이 있다. 교직은 아마 그 대표적인 경우일 것이다. 교사에 대한 상투적 고정관념은 일반적으로 '사범형 인간'이라고 불리고 있다. 이 '사범형 인간'이라는 칭호는 다분히 경멸조를 띠고 있다고 생각되지만, 경멸을 받아 마땅하건 어떻건 간에, 그 칭호로 불리는 인간형을 좀더 구체적으로 기술하자면 아마 다음과 같을 것이다.

겉으로 나타나는 것으로 보면, 사범형 인간은 우선 가난하다. 그는 옷차림부터가 최신 유행과는 거리가 멀고, 수수하다 못하여 꾀죄죄하다고 말해도 좋을 정도이다. 그는 세상 물정에 어둡고, 일상생활의 문제에 관한 한, 백치에 가깝다. 우리나라에도 '피(稊稗) 멍석 떠내려 보낸 선비'[1)]는 전통적인 선비의 상을 나타내는 이야기로 전해 내려오고 있고, 서양에도, 별을 쳐다보다가 웅덩이에 빠지는 탈레스를 보고 '하늘의 별은 보면서 바로 발밑의 웅덩이는 보지 못하는 멍청이'라고 야유했다는 이야기는 너무나 유명하다. 사범형 인간도 이들과 비슷하다. 그는 바깥일에 관한 한, 세상이 어떻게 돌아가는지 잘 모르고 또 알려고 하지도 않는다. 그의 이러한 특징 때문에 사범형 인간은 남을 사기 칠 기회를 엿보는 사람들에게 최우선적으로 손쉬운 표적이 된다. 그는 아이들처럼 순진해서, 약삭빠른 세상 사람들이 보기에는 거의 철없이 보일 정도이다. 그는 일을 추진해 나가는 데에 박력이 없고, 어디 가나 큰소리 한 번 제대로 치지 못한다. 그는 많은 사람들로부터 존경을 받지도 못할뿐더러 받으려고 하지도 않는다. 톨스토이의 이야기, '사람에게는 얼마만 한 땅이 필요한가'에서의 교훈과 비슷하게, 그는 그가 가르치는 학생-심지어 그중의 소수-의 존경만으로 충분하다고 생각한다. 그는 융통성이라고는 약에 쓰려고 해도 찾아볼 수 없이 고지식하게 곧이곧대로 살려고 한다. 그는 타협할 줄 모르고, '되어먹지 않은 인간들'과 적당히 어울려 지낼 줄 모른다. 그가 남에게 뒤지지 않는 것이라고는 고집과 오기뿐이다. 남에게 쉽게 등쳐먹히는 것에 비하면, 그는 남을 등쳐먹을 줄 모른다. 바로 이 점 때문에 그는 때로 사람들 사이에 환영을 받을지 모르지만, 결코 그의 부인에게는 환영을 받지 못한다. 교사로서 그 부인에게 환영과 존경을 받는 사람이 있다면 그는 타고난 행운아라고 말할 수 있다. 소크라테스의 부인 크산티페는 결코 예외적인 인물이었다고만은 할 수 없다, 등등.

어떤가, 사범형 인간은 과연 경멸의 대상이 되어야 하는가? 다른 직업에 종사하는 사람들이 위의 기술에 대하여 어떻게 생각하는가 하는 것은 교직에 종사하는 교사들이 그것에 대하여 어떤 반응을 보이는가에 비하면 별로 중요하지 않다. 필자의 견해에 의하면, 만약 교사 자신이 위의 기술에 나타난 '사범형 인간'에서 아름다움을 느끼지 못한다든지, 어떤 점에서든 그것이 자신의 모습과 닮아 있다는 데에 대하여 자랑스럽게 여기지 못한다면, 그는 그 자신 교육을 잘못 받았을 뿐만 아니라 현재 잘못 교육하고 있다. 왜냐하면, 필자가 보기에 위의 기술은 교육받은 사람의 모습을 가장 구체적으로—또 다소간은 과장해서—보여주기 때문이다. 교사는 자신이 그 모습으로 살아가면서 학생들이 자신의 그 모습을 닮도록 가르치는 사람이다.

필자가 전해 들은 바로, 일제시대에는 바깥사람들이 師範學校사범학교 학생들을 야유하는 말로—또 때로는 사범학교 학생들이 자신의 처지에 대한 自嘲자조의 의미로—'반쯤 죽은 사람들의 학교(死半學校)에 다니는 사람'이라는 말을 했다고 한다.(師範사범과 死半사반은 일본어 발음으로 다 같이 '시항'이다.) 그 사람들의 의도야 어떻든지 간에, '반쯤 죽은 사람들이 다니는 학교'는 사범학교에 대한 야유라기보다는 최고의 찬사라고 볼 수 있다. 플라톤은 그의 대화편 「파이돈」에서 소크라테스의 입을 빌려, '철학자는 죽음을 연습—또는 실천—하는 사람'이라고 말하였다. 플라톤이 말하는 '철학자'는 대학에서 철학을 강의하는 사람이 아니라, '지혜를 사랑하는 사람', 즉 잘 교육받은 사람을 가리킨다. 일제시대 '반쯤 죽은 사람들의 학교'에 다닌 사람들은 바로 플라톤이 말한 '시체처럼 사는 것'을 이상으로 삼았던 사람들이다.

---

1) 피 멍석 떠내려 보낸 선비 이야기: 옛날에 糊口之策호구지책이 없이 글만 읽는 선비가 있었다. 선비는 부인이 남의 논에서 훑어 온 피로 연명하고 있었다. 어느 날, 부인이 피를 훑으러 나가면서 그 전날 훑어 온 피를 멍석에 널어놓고 선비더러 소나기가 오거든 멍석을 걷으라고 신신당부하였다. 부인이 돌아와 본즉, 소나기로 피가 모두 떠내려갔다. 부인은 다른 데로 시집을 갔다. 그 후 과거에 급제하여 지방 순찰을 다니던 선비는 옛날의 그 부인이 여전히 피를 훑고 있는 것을 보았다.

19. 고등학교 수재의 지망학과

고등학교 3학년의 1등짜리는 어느 학과에 지망해야 하는가—거기에 대한 대답은 너무나 자명하여 그것을 묻는 질문 자체가 무의미할 정도이다. 그 대답은, 물론, 무슨 고려에 의하여 그런 결정을 내렸든지 간에, 당사자인 학생 자신이 원하는 학과에 지망해야 한다는 것이다. 분야 여하를 막론하고 인재는 어디에나 필요하며, 따라서 고등학교 3학년의 1등짜리가 지망해서는 안 될 학과, 지망하지 말아야 할 학과라는 것은 있을 수 없다. 지망학과는 학생 자신이 결정해야 한다는 이 원칙은—다시, 그 결정이 어떤 고려에 의하여 내려지게 된 것이든지 간에—거의 절대적인 것이어서, 아무도 그것에 대하여 왈가왈부할 수 없을 것이다. 필자 또한 그럴 생각이 없다. '고등학교 3학년 1등짜리는 어느 학과에 지망해야 하는가'라는 질문을 내걸고 필자가 생각해 보고자 하는 것은 다만, 이 면에서의 우리 사회의 관행이 국가 전체에 어떤 영향을 끼쳐 왔으며 앞으로 어떤 영향을 끼치게 될 것인가 하는 것이다.

누구나 알고 있는 바와 같이, 우리나라에 대학이 설립된 이후 오늘날까지 고등학교 1등짜리가 지망하는 학과는, 극소수의 예외를 제외하고는, 몇몇 '인기 있는' 학과에 국한되어 있었다. 말하자면, 의학과 법학 분야의 학과와 공학의 몇몇 특수한 학과들이 그러한 '인기 있는' 학과였다. 사실상, 서양 중세에 대학이 처음으로 설립되었을 때 가장 먼저 생겼으면서 또한 그 후에 생긴 다른 학과에 비하여 권위를 자랑한 학과들은 의학과 법학과 신학 분야의 학과들이었다는 점에 비추어 보면, 우리의 그 관행은 별로 기이하다고 말할 수도 없다. (다만, 신학의 예외적인 경우는 주목의 대상이 된다.) 그런 학과를 졸업한 사람들이 수행하는 사회적 기능을 생각해 보더라도 아마 마찬가지로 말할 수 있을 것이다. 의학과 법학은 각기 다른 측면에서 사람의 생명을 다루며, 보다 현대에 와서 공학은 생활을 편리하게 하는 '문명의 이기'를 생산하는 데에 괄목할 만한 기여를 하고 있다.

다시 한 번 말하지만, 이러한 사회적 기능은 하나같이 인재를 필요로 하는 중요한 기능이며, 따라서 고등학교 1등짜리가 그런 학과에 들어가서 안 될 이유는 없다. 그러나 한 가지 어김없는 사실은, '고등학교 1등짜리'는, 그 용어의 정의상, 무제한으로 배출되는 인재가 아니라는 점이다. 만약 고등학교 1등짜리들이 모조리 의학, 법학, 공학 분야의 학과에 입학한다면, 이른바 '文史哲문사철'—문학, 역사학, 철학—로 대표되는 인문학 분야의 학과에는 1등짜리가 입학할 수 없다. 그러므로 문제는, 당사자인 학생의 입장을 떠나서 국가 전체의 '이익'이라는 관점에서 볼 때, 고등학교 1등짜리가 예컨대 인문학 분야의 학과가 아닌, 의학, 법학, 공학 분야의 학과에 지망하는, 대학의 '전통'이 되다시피 한 오래된 관행이 장기적으로 어떤 결과를 초래할 것인가 하는 데에 있다.

어려운 수술을 하여 죽어가는 사람을 살리는 데에, 법을 어긴 사람을 사형대에 올려 세워야 하는가를 판결하는 데에, 또는 기발한 컴퓨터 프로그램을 개발하는 데에 '머리 좋은' 사람이 필요한 것은 말할 필요가 없다. 그러나 거기에 '고등학교 1등짜리'의 머리가 필요한가? 이 문제에 대한 판단은 순전히 '주관적인' 것일 필요가 없다. 사실상, 그런 분야에 종사하는 필자의 지인들 중에는, 만약 자신이 해야 하는 일이 그런 종류의 일이라는 것을 옛날에 미리 알았더라면 자신은 그 학과에 진학하지 않았을 것이라고 말하는 사람들이 여러 명 있었다. 여기에 비하면 인문학 분야의 학과는 예컨대 수술을 받아 살아난 사람이 사는 삶, 무죄 방면된 무고한 사람이 사는 삶, 편리한 전자기기를 사용하면서 사는 삶 등등을 포함하여 사람들이 사는 삶이 무엇을 위한 것이며 어떤 의미를 가지고 있는가를 드러내는 '기능'을 수행한다. 이 분야의 학과를 졸업한 사람들이 얼마나 어렵고 중요한 일을 하는가가 사람들에게 쉽게 인식되지 않는 것은 오직 그 일을 잘하고 못하고가 앞의 다른 학과의 경우처럼 즉각적으로 식별되지 않기 때문이다. 그러나 그것이 식별되지 않는다고 해서 그 곤란도나 중요성이 부정되는 것은 아니다. 그 학과의 졸업생들은 '생활'을 하는 사람들의 눈에는 대체로 가려져 있는, 또 그 점에서는 이때까지 없었던, 삶의 의미를 창출하는 위치에 있다.

그렇다면 사범대학의 경우는 어떠한가? 국가 전체의 이익으로 보면 고등학교 1등짜리는 인문학 분야의 학과에 지망해야 마땅하다는 위의 주장에 찬성하는 사람 중에도—아마 그런 사람은 별로 많지 않을 것이다—그런 학생들이 사범대학에 들어가야 한다는 주장에는 찬성하지 않을 것이다. 그들의 관점에서 보면, 교사는 의사나, 법관, 공학자나 인문학자만큼 '머리 좋은' 사람일 필요가 없으며, 초등학교에서 고등학교에 이르기까지 학생들에게 '교과'—교과서에 나와 있는 지식—를 가르치는 일은 넉넉잡아 평균 정도의 지능만 갖추면 능히 해낼 수 있을 것으로 생각된다. 그러나 이러한 생각은 교사가 하는 일의 성격을 전연 이해하지 못하는 데서나 나올 수 있다. '교과서에 나와 있는 지식'을 가르쳐서 그 지식의 이면에 내재해 있는 '정신'을 학생의 마음속에 불어넣는 일은 예컨대 두뇌 수술을 성공적으로 하는 것과는 비교가 되지 않는다. 원칙상으로 말하여, 거기에는 한 국가가 발휘할 수 있는 최고 수준의 지능이 필요하다. 그뿐만 아니라, 교사가 그 일을 잘하느냐 못하느냐에 따라 의

사나 법관, 공학자와 인문학자가 그 일을 올바르게 하느냐 못하느냐가 결정된다.

믿을 만한 사람에게서 들은 바에 의하면, 불란서의 '고등 사범학교'(Ecole Normale Supérieure)에는 불란서 최고의 수재들이 아니면 들어갈 수 없다. 불란서가 배출한 세계적인 학자들은 대부분 그 학교를 졸업하고 한때 고등학교에서 교편을 잡았다고 한다. 그 학교 학생들에게는 각자의 방에 자신만의 도서관이 주어진다고 한다. 불란서가 세계의 1등 국가로서 부족한 점이 있다면, 그것은 오직 모든 고등학교 교사들을 '고등 사범학교'에서 하는 방식대로 양성하지 않았기 때문일 것이다. 그와 마찬가지로, 우리나라가 1등 국가로 발돋움하기 위해서는 우선 교사는 평균 정도의 지능만으로 능히 그 일을 해낼 수 있다는 '상식'을 버려야 한다.

필자는 고등학교 1등짜리에게 사범대학에 들어가라고 충고나 애원을 할 생각이 없다. 그것은 위에서 말한 내용이 그릇되다고 생각하기 때문이 아니라 그 충고나 애원이 부질없다는 것을 알기 때문이다. 그렇기는 해도, 한 가지 바람이 있다면, 그것은 어쩌다가 1등짜리가 상식을 어기면서 사범대학에 진학하겠다고 나설 때, '진학 지도'를 하는 교사들이 그것을 막지나 말았으면 하는 것이다.

20. 영어의 존댓말

독자들 중에는, 학생 시절의 필자와 마찬가지로, 영어에는 존댓말이라는 것이 없고, 그렇기 때문에 영어를 모국어로 사용하는 사람들은 적어도 말을 통해서는 상대방에 대한 존경을 표현하는 방법이 없다고 생각하는 사람들이 있을 것이다. 누구나 알고 있듯이, 영어에는 '이다'와 '입니다', 또는 '인가'와 '입니까'의 구분이 없다. 이 구분이 없기 때문에, 영어에서는 상대방이 윗사람이건 아랫사람이건 관계없이 누구에게나 우리말의 '이다'와 '인가'에 해당하는 말을 쓰게 되어 있다는 생각이 나올 수 있다. 뿐만 아니라, 영어에는 우리가 상대방을 높여 부르거나 낮춰 부르는 데에 사용하고 있는, 외국인들이 보기에는 불필요하게 세밀하고 복잡한 것으로 보일 수밖에 없는, 다양한 칭호들의 구분이 없고, 특별히 예외적인 경우가 아닌 한, 언제나 you라는 한 단어로 통용된다. 때로 예민한 사람들은 이 사실에서 '사회철학적' 함의를 이끌어내면서, 말로 상대방의 높낮이를 구분할 줄 모르는 민족은 영락없는 '야만인'이라든지, 아니면 그 반대로, 말로 신분의 고하를 구분하는 것은 '비민주적인' 사고 방식의 전형적인 표현이라고 생각하기도 한다. (예컨대 불란서 혁명 당시, 불란서에서는 일체의 차별적인 칭호를 citoyen-'시민'-이라는 하나로 통일하였고, 이러한 관행은 현대에 와서 몇몇 공산주의 사회가 답습한 선례로 되었다.)

미국에서의 유학 생활은 필자에게 필자가 학생 시절에 어른들에게서 들었던 그 말-영어에는 존댓말이 없다는 것-이 전혀 사실이 아니라는 것을 깨닫게 해 주었다. (필자에게 그 말을 해 준 어른들이 영어의 어법-일상생활에서 그 말이 사용되는 방법-을 자세하게 알았을 리가 없다. 그들이 아는 영어는 중고등학교 교과서에 나오는 '책의 영어'였다.) 존댓말을 쓰는 것, 즉 말로써 상대방에 대한 존경을 표현할 줄 아는 것이 문명인과 야만인을 구별하는 한 가지 척도가 된다고 할 때-이 척도는 모든, 또는 적어도 대부분의 문명사회가 받아들이는 척도인 만큼, 그것을 간단하게 부정할 수는 없을 것이다-미국 사람들이라고 하여 그런 방법을 가지고 있지 않다는 것은, 따지고 보면, 말이 되지 않는다. 예컨대 강의실에서 학생들이 교수에게 질문하는 것을 들어보면, 그 질문의 '본문' 앞뒤에 '만약 내 생각이 그릇되지 않는다면'이라든가 '이런이런 말의 뜻을 설명해 줄 친절을 베풀어 줄 수 있는가'라는 식의, 친구들 사이에서라면 농담으로밖에 하지 않는 말을 덧붙인다는 것을 알게 된다.

말하자면, 우리와 미국 사람들의 차이는 말—단어—로써 존경을 표하는가 아닌가에 있는 것이 아니라 존경을 표하는 방법이 다르다는 데에 있다. 그들은 그들 나름으로 상대방에 대한 존경을 표현하는 적절한 어법을 확립해 왔으며, 그 사회에서 생활하는 사람들—특히 자라나는 아이들—에게 그 어법을 전수해 왔다. 그리하여 만약 어떤 사람이 그 어법을 제대로 학습하지 못한 나머지 그것을 준수하지 못한다면 그는 영락없는 '야만인' 취급을 받는다.

유학 생활을 마치고 대학 교단에 서서 학생들에게서 질문을 받을 때 필자는 말로 다 할 수 없는 충격을 받았다. (유학하러 갔을 때, 영어에도 존댓말이 있다는 것을 깨달았을 때의 충격은 이것에 비하면 아무것도 아니었다.) 학생의 질문은 어김없이 '입니까'로 끝나지만, 그 '어법'은 별로 과장이라고 할 것도 없이, 시장 바닥에서 멱살 잡고 싸울 때의 어법과 다를 것이 없었다. 학생들을 나무랄 수도 없는 것이, 그들은 앞의 말이야 어떻게 하든지 간에 '입니까'로 끝나면 그것이 '존댓말'이라고 배운 것이다. 필자는 차라리 끝을 '입니까'가 아닌 '인가'로 하면서 좀더 정중하게, 좀더 예의를 갖추어 질문하는 편이 더 나을 것이라고 생각했다. (필자를 더욱 곤혹스럽게 한 것은, 필자 자신도, 만약 '영어의 존댓말'에 접할 기회가 없었더라면, 학생들과 동일하게 '好戰的호전적'인 어법을 사용했으리라는 것이었다.)

요즘의 세태는 어떠한가? 우리말에 '입니다'와 '입니까'가 있는 것은 사실이지만, 상대방에 대한 존경을 표현하는 어법은 여기에 국한되지 않는다. 우리 조상들은 오랜 세월을 두고 그것 이외에 완고하고 정중하게 의사를 표현하는 방법을 여러 가지로 확립해 왔다. (흔히 하는 말로, 우리나라는 東方禮儀之國동방예의지국이다.) 필자가 느끼기로는 그 전통적인 어법이 우리 생활에서 점점 사라져 가고 있는 듯하다. 그렇게 된 데에는 여러 가지 원인이 복합적으로 작용했겠지만, 그런 복잡한 분석 이전에, 요즘 자라나는 아이들이 어법을 배우는 주된 통로가 무엇인가를 생각해 보면 그것은 충분히 예상되는 결과이다. 아이들은 대부분 또래와의 교섭에서 어법을 습득하며, 여기에 '입니까'로 끝나면 그것이 바로 '존댓말'이라는 고정관념까지 가세하여, 친구에게 하는 말을, 만약 끝에 '입니다'를 붙이기만 하면, 그대로 어른에게도 할 수 있다고 생각한다.

분명히 말하여, 어법은, 자세나 걸음걸이와 마찬가지로, 교과서에서 배울 수 있는 것이 아니다. 어법이 '망가지는' 데는 한 세대면 충분하지만, 그것을 회복하는 데는, 온 국민이 합심하여 노력하더라도, 그것의 세 배가 걸린다. '교육은 百年之大計백년지대계'―백 년은 약 3개 세대이다―라는 말의 몸서리쳐지는 교훈이 여기에 있다고 해야 할 것이다.

21. 항공사의 영어 번역

국제선 여객기를 타 본 사람은 누구나 경험하는 일이지만, 승객은 비행기가 이륙하자마자 승무원들의 시범을 곁들여 비상시의 대처 요령에 관한 설명을 몇 개 국어로 듣게 된다. 한때 필자가 탑승한 항공기에서는 그 설명이 영어와 국어와 일본어로 주어졌다. 그 설명 중에 'Your life-belt such as this one is under your seat.'라는 문장이 나온다. 이 문장이 한국어로는 '이와 똑같은 여러분의 구명조끼는 좌석 밑에 있습니다'로 번역되었고 일본어로는 (우리말로 옮기자면) '여러분의 구명조끼는 이와 똑같은 것이(皆様の 救命胴衣は これと 同じい ものが) 좌석 밑에 있습니다'로 번역되었다. 여기서 주목의 대상이 되는 것은 '이와 똑같은 여러분의 구명조끼는...'이라는 국어 번역과 '여러분의 구명조끼는 이와 똑같은 것이...'라는 일본어 번역의 차이이다.

얼른 보기에 지극히 사소하다고밖에 말할 수 없는 이 하나의 사례는 우리의 영어교육—또는, 일반적으로 언어 교육—에 관한 매우 중요한 일면을 말해 주고 있다. 첫째로, 우리가 안심하고 믿을 수 있는 것은, 일본의 항공사나 우리의 항공사가 영어로 된 비상시 대처 요령을 번역하는 일을 일류 영문학자에게 위촉하지는 않았으리라는 것이다. 짐작건대 항공사는 영어를 웬만큼 안다고 생각되는 직원에게 그 일을 맡겼을 것이고, 그 결과가 위와 같이 다르게 나타났던 것이다. 둘째로, 문법의 개념에 관하여 특수한—이른바 '진보적인'—견해를 가진 사람들은 다르게 생각할지 모르지만, '이와 똑같은 여러분의 구명조끼는'으로 시작하는 문장과 '여러분의 구명조끼는 이와 똑같은 것이'로 시작하는 문장은 문법적으로 동일한 것이 아니다. (필자의 견해에 의하면 앞의 문장은 국어의 문장이 아니라 영어의 서투른 국문번역이다.) 물론, 앞의 문장처럼 말한다고 해서 못 알아들을 사람은 없다. 그러나 사람들이 알아들을 수 있는 말과 문법적으로 정확한 말은 구분되어야 한다. 예의 '진보적인' 문법관을 가진 사람들은 '문법적 정확성'의 기준을 그 적용이 무의미할 정도로 무한히 확대하여, 문법적으로 정확한 문장을 사람들이 알아들을 수 있는 문장과 동일한 것으로 생각한다. 모르기는 해도, 그런 사람들은 앞의 구명조끼에 관한 설명과는 달리, 엄밀한 의미에서의 문법적 정확성이 요구되는 경우에도 문법적으로 부정확한 문장을 태연자약하게 써낼 가능성이 있다.

어째서 일본 항공사의 직원은, 우리나라 항공사의 직원과는 달리, 문법적으로 정확한 번역 문장을 써낼 수 있었는가? (이것은 결코 두 나라 항공사 직원의 영어 번역 실력을 비교하자는 것이 아니다.) 아마 틀림없이, 일본의 그 직원은 학교에서 영어를 배우는 동안에 영어와 일본어가 통사론적 측면에서 나타내는 결정적인 차이—보다 구체적으로는, 문장에 있어서의 '는(은)'의 통사론적 역할—를 배울 기회가 있었을 것이다. 영어에는 '는'이라는 助詞조사가 없으며, 그렇기 때문에 영어 문장은 '는' 또는 '가'의 역할이라는 관점에서 볼 때 애매성을 나타낼 수 밖에 없다.

한 가지 아주 사소한 예를 들어 보겠다. 가령 'I am going to school'이라는 영어 문장을 우리말로 옮기자면 무엇이라고 해야 하는가? '나는 학교에 간다'고 해야 하는가, 아니면 '내가 학교에 간다'고 해야 하는가? 엄밀한 문법적 기준에 의하면 이 두 개의 우리 문장은 동일한 문장이 아니다. 앞의 문장은 영어로 'Where are you going?'에 대한 대답이며, 뒤의 문장은 'Who is going to school?'에 대한 대답이다. 그러나 영어의 경우에는 이 두 가지 상이한 대답이 'I am going to school'이라는 하나의 동일한 문장으로 주어진다. 우리로서 참으로 알 수 없는 일은, 영어를 쓰는 사람들은 어떻게 그 하나의 동일한 문장에서 두 가지 상이한 의미를 구분하여 읽어낼 수 있는가, 그리고 만약 그것이 불편을 초래한다면 그들은 어떻게 그 불편을 견뎌낼 수 있는가 하는 것이다.

영어와 우리말(또는 일본어) 사이에 있는 이러한 통사론적 차이는 최근 영어 교육의 접근법으로 떠들썩하게 각광을 받고 있는 '말하기-듣기 중심의 방법'(oral-aural method)으로는 가르쳐질 수 없다. (참고 삼아 말하자면, 일상의 대화에서는 'Where are you going?'이나 'Who is going to school?'에 대하여 'I am going to school'이라고 대답할 사람은 거의 없고, 단순히 '(To) school' 또는 'I(me)'로 충분한 대답이 된다.) 필자는 영어 교육의 전문가는 아니지만, 비전문가의 의견을 말하자면, 영어 교육은 종래의 '번역-문법 중심의 방법'(translation-grammar method)을 근간으로 삼아야 한다고 생각한다. 이 방법에 의하여 확고한 기반이 형성된 사람은 꼭 필요한 경우에는 다소간 머뭇거리고 더듬거리기는 해도 충분히 의사를 전달할 수 있다. 한국에서 고등학교나 대학 교육을 마친 사람들이 영어를 세일즈맨처럼 유창하게—더구나 세일즈맨이 전달할 만한 수준의 내용을—말할 수 없는 것은 전혀 부끄러운 일이 아니다.

그보다도, 영어 교육에서 중요한 것은 번역-문법 중심의 방법을 통하여 학생들에게 우리말과 영어의 문법적 차이를 알게 하는 것이다. 영어—또는 일반적으로 印歐語인구어—원문으로 된 번역서들이 '逆飜譯역번역'으로 원문을 상상하지 않고는 이해되지 않고 급기야 독자에게 외면당하는 가장 중요한 원인은 '여러분의 구명조끼는 이와 똑같은 것이...'로 번역해야 할 문장을 '이와 똑같은 여러분의 구명조끼는...'이라는, 영어도 국어도 아닌 문장으로 번역하는 데서 찾아볼 수 있다. 문제의 심각성은 바로, '영어 교육을 6년씩이나 받고도 영어 한 마디 할 줄 모르는' 문제점과는 달리, 이 면에서의 문제점은 별로 심각하게 인식되지 않는다는 데에 있다.

22. 독자를 위하는 그 마음

대학에서 가르치면서, 장차 공부할 가능성이 있어 보이는 학생을 볼 때 필자가 이따금 해 주는 말이 있다. 앞으로 다른 사람들보다 약간이라도 두드러지게 공부할 생각이 있으면 신구문화사에서 필자가 한 것과 같은 경험을 하라는 것이다. 물론, 필자는 돈을 받아 가면서 그런 경험을 했지만, 그것은 돈을 주고 사서라도 해야 할 경험이다. 이것은 필자가 현재 남보다 두드러지게 공부하고 있다는 것을 내세우려고 하는 말이 아니다. 필자가 현재 이만큼이라도 된 것이 대부분 그 경험 덕택이라는 뜻이요, 다른 사람은 돈 주고 사야 하는 경험을 돈 받고 얻었으니 더욱 고맙다는 뜻이다. 돌이켜보면 필자가 신구와 관련을 맺은 것은 그런 경험을 하기 위해서였던 것 같고, 또 그 경험이 웬만큼 쌓였다 싶었을 때 필자는 신구를 떠났다. 그리하여 필자가 알고 있는 이 학장님은 신구전문대학의 학장님으로서가 아니라 신구문화사 사장님으로서이다.

이십 년에서 한 해가 모자라는 오래전, 대학을 졸업하고 군에서 제대한 뒤에 필자는 아무 하는 일이 없이 시간을 보내고 있었다. 그때 어떤 아는 분을 통하여 원고 한 꼭지를 고쳐 써보라는 요청을 받았다. 그것이 사실은 '입사 시험'이었고, 그것을 통하여 필자는 신구의 몸이 되었다. 여기서 '신구의 몸'이라는 것은 순전히 비유적인 뜻으로 하는 말이 아니다. 그때 사옥은 지금의 시청 뒤에 있었고, 필자가 일해야 했던 곳은 그 옆의 작은 여관방이었다. 그 여관에는 중학교 교과서를 만드는 작업에 관여하는 사람들이 여러 개의 방을 쓰고 있었고, 필자도 그 중의 하나를 차지하고 있었다. 다른 사람들과 필자 사이에 차이가 있었다면, 그들은 따로 생활의 기지가 있었던 데 비하여 필자는 바로 거기가 직장임과 동시에 생활의 근거지라는 것이었다. 이것은 곧 필자에게는 사는 것과 직장 일을 하는 것이 구분되지 않음을 의미하였고, 더 정확하게는 소위 '생활'이라는 것이 따로 없음을 의미하였다. 필자는 그야말로 문자 그대로 '신구의 몸'이 된 것이다.

필자가 하게 되어 있었던 일은 교과서의 원고를 고쳐 쓰는 일이었다. 신구에서는 그것을 영어로 '리라이팅'이라고 불렀다. 필자가 기억하기에, 그때 제작 중이었던 교과서는 작문 · 한문 · 가정 · 미술 · 음악의 다섯 가지였고, 이 다섯 가지 교과서에 관하여 필자가 한 일은 한 가지로, 교과서 저자들이 써온 원고를 학생의 학습에 가장 알맞은 형태로 고쳐 쓰는 일, 즉

'리라이팅'이었다.

필자는 그 일에 필자가 할 수 있는 모든 정력을 쏟고 모든 능력을 짜냈다. 그것은 필자의 평생에 봉급대장에 이름이 올라가 있었던 최초의 직장이었다. 한 토막의 교과 내용을 중학교 학생들에게 의미 있는 형태로 고쳐 쓰는 일은 대학 때의 필자의 전공 배경인 교육학과 전혀 무관한 것도 아니었다. 그러나 필자가 그 일에 혼신의 힘을 기울인 것은 비단 이런 고려 때문만이 아니었다. 오히려, 그런 것들보다 더 중요한 것으로서, 다른 사람의 아이디어를 자신이 적합하다고 생각하는 형태로 고쳐 쓰는 일 자체가 재미있었던 것이다. 필자는 거기서 동일한 생각이 상이한 논리로 표현될 수 있다는 것을 배웠다. 필자는 자신이 바로 그 일을 위해서 태어났다고 생각할 정도로 그 일에 몰두하였다.

그러므로 앞에서 필자가, 시청 뒤 여관방에서 자신의 '생활'이라고 할 만한 것이 따로 없었다고 말한 것은 별로 과장이 아니다. 필자에게는 거의 24시간이 근무 시간이었다. 먹는 일만은 여관이나 식당의 스케줄을 따를 수밖에 없었지만, 잠자는 것은 언제나 필자 마음대로였다. 신구에서는 그 신입사원을 감독하는 눈치가 전연 없었다. 필자는 그 여관에서 일하는 동안 이 사장님을 위시하여 신구의 경영진과 대면한 기억이 없다. 그렇지만 이상하게도, 필자는 그들로부터 대단한 내심의 격려를 받고 있다고 생각하였다. 혹시 그것은 필자 자신의 열성에 대한 심리적 投射투사였는지도 모른다. 어쨌든 교과서 작업이 거의 끝나갈 무렵 어느 날, 저녁을 먹으러 바깥에 나왔을 때 필자는 오른편 坐骨좌골에 통증 비슷한 것을 느꼈다. 그것은 여관방 앉은뱅이 交子床교자상 앞에 앉았을 때는 느끼지 못했던 것이지만, 거기서 유래한 것임은 분명하다고 생각하였다.

신구에서 필자는 중학교와 고등학교, 각각 한 차례씩, 두 번의 교과서 작업을 치렀다. 어느 경우에나, 문교부의 검인정 과정에서 어느 교과서가 통과되고 어느 교과서가 통과되지 못했는가 하는 것은 필자가 관심을 가질 문제도 아니었고, 또 필자에게 흥미 있는 문제도 아니었다. 필자에게 중요한 것은 오직 그 일, 교과 내용을 학생들에게 친절한 형태로 고쳐 쓰는 일뿐이었다. 필자의 그 일은 교과서 심사본이 문교부에 들어가는 것과 함께 끝났다.

아마 두 번의 교과서 작업 사이에 있었던 일이라고 생각되는 것으로서, 필자는 또한 「한국의 인간상」 제작에도 관여하여 마찬가지로 '리라이팅' 일을 하였다. 앞의 중학교 교과서 일을 했을 때와는 달리, 이제는 필자에게도 생활의 基地기지라는 것이 생겼다. 그러나 이 생활의 기지가 거의 유명무실할 정도로, 「한국의 인간상」 원고를 고쳐 쓰는 동안은 일요일 없이 거의 매일 야근이었다. 아침 9시부터 밤 9시까지 필자는 매일, 대부분의 경우 사계의 권위자라고 할 만한 사람들이 쓴 글을 개작하는 일을 하였다. 글이 개작되는 정도는 경우에 따라 달랐지만, 심한 경우에는 사정없는 가위질로 첫머리가 꼬리에 붙고 가운데 토막이 잘리어 나가는 등, 글의 조직 전체가 달라지는 수도 있었다.

하루 열두 시간 일요일도 없이 근무하였다는 말을 들으면 사람들은 그때 필자의 생활이 극도로 비참하였다거나, 신구가 필자를 심하게 부렸다고 생각할지 모르지만, 사실은 전혀 그렇지 않다. 필자의 한평생을 통틀어 그토록 순수하게 행복한 나날을 보낸 때는 이때까지 없었고, 앞으로도 있을 것 같지 않다.

필자의 주위에는 필자와 같이 '리라이팅' 일을 하는 동료 사원들이 있었다. 그들은 생각을 정확하게 표현하는 일이 중요하다는 확신을 나누어 가지고 있었고, 또 그 방면에 있어서는 모두 필자보다 뛰어난 역량을 가지고 있었다. 그들의 승인과 격려가 필자에게는 행복의 가장 중요한 원천이었다. 말하자면 그들은 논리의 훈련에 있어서 필자의 동료요 스승들이었다. 때로 그들의 격려는 필자에게 蠻勇만용에 가까운 것을 발휘하도록 이끌었다. 저자들 중에는 자기가 쓴 글에 대단히 까다로워서 한 획의 개작도 용납하지 않는 사람들이 있었다. 그들의 글도 우리의 '리라이팅 서클'에서는 살아남지 않아야 한다. 누가 가위질을 할 것인가? 그것은 언제나 필자였다. 필자가 그 저자들에게서 그 후 야단을 맞지 않은 것은 필자가 고친 글이 그들의 마음에 썩 들었기 때문이라기보다는 필자의 만용을 적절하게 다룰 방도가 그들에게 없었기 때문이었을 것이다. 어쨌든 필자는 자신이 대단히 중요하고 또 심지어 영광스러운 일을 하고 있다고 생각하게 되었다. 필자의 그 생각은 도서출판에 있어서의 이 사장님의 제일 원칙이라고 할 만한 것에 대한 은밀한 동조를 표현하는 것이었다. 필자는 그때 신구에서 출판된 책 중에 저자의 원고 그대로 조판된 것이 거의 없다는 것을 알았다. 책은 독자가 읽어서 이해할 수 있어야 한다는 것이다.

그전의 교과서 일을 했을 때와는 달리, 「한국의 인간상」 일을 할 때에는 사장님을 멀리서 혹은 가까이서 목격할 기회가 더러 있었지만, 그 사장님은 표면에 나서는 '보스'가 아니라, 언제나 뒤에 숨어 있는 '그림자'였다. 그러나 그 그림자는 독자를 위해야 한다는 한 가지 원칙에만은 절대로 양보함이 없었고, 자신이 그 원칙을 실현하는 일에 늘 골몰하는 것 같았다.

통상적인 관례로 말하면, 필자가 쓰고 있는 이 글은 이 사장님의 칭송을 위한 것이어야 한다. 그러나 이때까지, 어차피 이기적인 글이 되어 버렸으니, 곧장 그 방향으로 내달아 시종일관 필자에 관한 이야기를 할까 생각한다.

미국에서 박사학위 논문을 쓰는 중에, 제1장의 초고를 지도교수에게 맡기고 난 지 일주일 후에 찾아갔을 때, 그 지도교수는 "솔직히 말하여 놀랐다"라고 말했다. "무슨 뜻입니까?"라고 묻는 말에 그는, "그토록 전혀 다른 언어권에서 생활해 온 사람으로서 영어를 이렇게 쓸 수 있다는 것은 믿어지지 않는다"라고 대답했다. "찬사라고 생각해도 좋습니까?" 하고 필자가 다그

치자 그는 한참 만에 "뭐, 그런 뜻이다"라고 얼버무리는 투로 대답했다. 논문 심사가 끝나고 저녁 대접을 하는 자리에서 밝혀진 사실이지만, 그때 그 지도교수의 말은 '순전한 찬사'가 아니었다. 그는 그 한 장을 과연 필자가 썼는지 의심을 했다는 것이다. 이 고백을 하고 난 뒤에, 지도교수는 필자가 특별히 글 쓰는 훈련을 받은 일이 있는가를 물었다.

그때, 잠깐 생각하는 필자의 머리에 신구에서 '리라이팅'하던 시절이 그 편집실의 모든 분위기와 함께 뚜렷한 이미지로 떠올랐다.—물론입니다, 교수님. 나는 이래도 신구문화사라는 한국의 한 출판사에서 세계 어느 곳에서도 경험할 수 없는 철저한 논리 훈련을 근 1년 동안이나 받은 일이 있습니다. 나는 하루 열두 시간씩, 때로는 낮을 밤으로 이어가며, 다른 사람이 쓴 원고를 고쳐 쓰는 일을 했습니다. 거기서 나는 세계 어느 곳에 내어놓아도 손색이 없을 표현 기술의 대가들로부터 지도와 격려를 받았습니다. 그곳에서는, 글이라는 것은 남이 읽어서 이해하도록 써야 한다는 것이 공동의 이념으로 되어 있었습니다. 그러니 교수님, 제발 나를 당신네 학생들, 글을 남의 논리에 빗대어 갈고닦아 본 일이라고는 없는 당신네 학생들과 동일선상에서 비교하지 말아 주십시오—이것은 필자 혼자만의 말이었다. 지도교수가 실지로 들은 말은, "혹시, 내가 잠깐 출판사에 근무한 일이 있었는데, 그것이 도움이 되었는지 모르겠습니다"라는 것이었다. 지도교수는 "그러면 그렇지"라고 말했다.

필자가 신구 이 사장님으로부터 입은 은혜로 가장 큰 것은 아마 다른 데서 찾아야 할 것이다. 필자가 신구를 떠나 서울대학교 사범대학 조교로 들어가려고 사표를 내었을 때였다. 그때 만약 사장님이 출판사의 형편을 말하고 필자가 거기서 해야 할 역할을 들어서 1, 2년을 더 일해 달라고 만류하였더라면, 아마 필자는 십중팔구 주저앉고 말았을 것이다. 그러나 사장님의 만류는 그 근거가 달랐다. 필자가 배수진을 치지 않고는 그 파고들기 어려운 대학교수직에 도저히 들어갈 수 없으리라는 것을 아셨던 것일까? "당신이 사범대학으로 가는 것은 교수를 하겠다는 뜻인가 본데, 그것이 어디 그리 쉬운 일인가?" 이 말씀은 필자의 退路퇴로를 완전히 차단하였다.

삶의 流轉유전으로, 이제 필자는 교수로 교직에 몸담고 있다. 그러나 어떤 삶의 길을 걷든지, 옛날 신구문화사 사장님으로서, 독자를 위하던 그 마음은 누구나 소중히 여겨야 할 것이다.

23. 국어 문법혁명은 계속되려는가

순전히 생물학적인 면에서 보면 현재 필자의 나이는 作故작고 당시 李鍾翊 사장의 연세보다 사오 년이나 위이지만, 그분을 생각할 때 필자는 어쩔 수 없이 일개 철부지 말단 편집사원이 사장을 대면하는 자리에 서게 된다. 여기서 '대면'이라고 하는 것은 獨對독대가 아니라 거의 언제나 간부진과 몇몇 사원들과의 동석을 뜻한다. 누군가 바깥사람의 눈으로 볼 때, 그런 모임에서 굴지의 출판사 사장을 외모로 판별해 내기는 거의 완전히 불가능하였을 것이다. 사장으로 '군림'하는 자세는 그분에게서는 눈을 씻고도 찾아볼 수 없었다. 그분의 습관적인 복장은 회색 계통의 점퍼 차림이었고, 윗사람들에게 쉽게 달라붙는 長廣舌장광설은 그분과는 인연이 멀었나. 버리가 두 어깨 속으로 약간 가라앉은 듯이 꾸부정한 자세와 감기에 걸려 인후가 불편한 듯한 목소리로, 그런 자리에서 그분은 몇 마디 짤막짤막한 의견을 내어놓을 뿐이었다. 그런데도 화제가 기획이나 편집 문제에 다다르면, 그 질린 듯한 목소리는 밑바닥에 '잘 알아서 해, 그렇지 않으면 재미없을 테니까' 하는 투의 으름장 같은 것을 틀림없이 깔고 있었다. '노랭이'라는, 필자로서는 그 진위를 확인할 기회를 가질 수 없었던, 그분에 대한 세평까지 어우러져서 이러한 그분의 처신은 통틀어 그분의 특이한 멋이라고나 할까 인간미를 자아내고 있었다.

필자와 그분의 관계로 보나, 필자가 신구문화사에서 근무한 1년 남짓한 짧은 기간으로 보나, 그분에 관한 에피소드로서 세상에 털어놓을 만한 것이 필자에게 있을 리가 없다. 사실상, 필자는 그분이 작고하신 이듬해에 간행된 추모문집('출판과 교육에 바친 열정')에 글을 한 꼭지 보탠 일이 있다. 그 글은 그 출판사에서 필자가 하던 일이 그 후 필자 개인의 인생에 얼마나 큰 의의를 가졌던가에 관한 고백을 담고 있다. 그 당시 필자가 하던 일은 속칭 '리라이팅 팀'의 일이었고, 이 일은 비공식적으로 비공개적으로 알려진 그분의 社是사시—'어떤 원고도 필자에게서 온 그대로 독자에게 넘어가서는 안 된다'—로 말미암아 팀에게 부과된 일이었다. 이제, 이 문집에 또다시 보태려고 하는 이 한 꼭지의 글은 말하자면 이전 꼭지의 속편에 해당한다. 이 글은 그분의 그 사시가 필자 개인의 인생에서 의의를 가졌다는 것 이상으로, 그보다 더 크게, 우리 민족 전체에 대하여 문화사적인 의의를 가지고 있다는 것을 말하기 위한 것이다.

이 점을 설명하기 위해서는 우리의 국어가 역사적으로 유례

없이 특이한 언어사회학적 배경을 가지고 있다는 사실을 확인할 필요가 있다. 언어는 그것이 사용되는 목적 또는 용도에 따라 두 가지 語法어법으로 구분될 수 있다. 하나는 옛날 중국 사람들이 사용하던 원래의 의미로서의 '小說소설'의 어법이다. 이 원래의 의미로서의 '소설'은 오늘날 우리가 사용하는, 영어의 novel의 번역어가 아니라, 문자 그대로 '작은 언설'—아이(小人)의 말—을 뜻하였다. (그 원래의 의미대로라면, 오늘날의 '소설'은 10부까지 가는 대하소설조차도 어김없는 '작은 언설'이다.) 가령 '귀신소설'은 귀신에 관한 철학적, 형이상학적 논술이 아니라 귀신을 '아이들도 알아들을 수 있는 말'로 설명해 놓은 것을 가리킨다. 그리하여 '소설의 어법'은 일상적인 경험을 가지고 있는 사람이라면 누구나 그 말이나 글이 어떤 사태를 기술하는지를 직접 간접으로 확인할 수 있고, 또 대체로는 그것을 이미 알고 있는 경우에 사용된다. 이것을 다른 말로 '사실기술의 어법'이라고 부를 수 있을 것이다. 위의 규정에 이미 시사되어 있듯이, 그것의 대안적인 어법은 중국 사람들이 실지로 쓰지는 않았던 용어를 빌려 '大說대설의 어법'이라고 불러도 좋을 것이다. 이 어법은 원칙상 話者화자 자신도 처음으로 해보는 말—일상적인 경험이 아니라 사변적, 관념적인 내용을 표현하는 말—을 하는 경우에 사용된다. 앞의 '사실기술의 어법'에 대하여 이것은 '이론창출의 어법'이라고 부를 수 있을 것이다.

누구나 알고 있듯이, 개화기 이전의 우리나라에서 '대설'은 거의 전적으로 한문에 의존하였으며, 국문—'諺文언문'—은 한문 원전의 국역본을 제외하고는 오로지 '소설'의 어법으로만 사용되었다. (물론, 중국 사람들은 한문을 두 가지 어법에 다 같이 사용하였다.) 옛날의 학자들—'漢學者한학자'들—이 학문적 전달의 매체로서 국문이 아닌 한문을 사용한 것은 흔히 생각하듯이 단순히 한문에 대한 맹목적인 존경심이나 事大사대 慕華思想모화사상 때문이 아니었다. 그들의 이론적 원천은 한문으로 되어 있었고 그들이 학문을 전수받은 것도 한문을 통해서였으며, 그렇기 때문에 그들에게는 달리 선택의 여지가 없었다.

일제 강점기를 거쳐 조국 광복을 맞이한 이후 오늘에 이르기까지 우리는 국문을 두 가지 어법에 다 같이 사용하고 있다. 말하자면 종래에 소설의 어법에만 사용되던 국문을, 한문에 의존하던 대설의 어법에도 사용하게 된 것이다. 이것이 언어생활에 얼마나 심각한 변화를 초래하는가는 단순히 한문을 이루고 있는 한자는 表意文字표의문자요 국문을 이루고 있는 한글은 表音文字표음문자이며, 한문을 국문으로 바꾸는 것은 단순히 '뜻글'(表意文)을 '소리글'(表音文)로 바꾸는 것에 지나지 않는다는 사고방식으로는 결코 온전하게 파악되지 않는다. 뜻글과 소리글은 문법적 특성에 있어서 천양지차를 나타낸다. 이 차이에 비추어 보면, 국문은 한문보다는 서양 말—印歐語인구어—에 더 가깝다. 그러므로 우리의 국문을 이론창출의 목적으로 사용하기 위해서는 서양 사람들이 오랜 기간을 두고 정련해 온 그들의 어법을 참고하지 않으면 안 된다. (서양 사람들도 중국 사람과 마찬가지로 동일한 언어를 두 가지 어법에 사용하고 있다.) 다시 말하여, 국문을 이론창출의 목적으로 사용하기 위해서는 한문도 서양 말도 아닌 '새로운 文法문법'—'大說 諺文대설 언문'—을 만들어내지 않으면 안 된다. 이것은 '문법 혁명'이라는 말이 아니고는 달리 표현할 길이 없는 근본적인 변화이다. 다만, 그 혁명은 보통의 혁명과는 달리 일조일석의 성공이나 실패로 끝나는 것이 아니라 계속적으로 진행되어야 하는 일상적 과업이다.

위에서 한 말이 국문은 원칙상 이론창출의 언어로서 적합하지 않다는 뜻으로 들린다면 그것은 필자의 의도가 아니다. 오히려 그 반대이다. 여기서 구구하게 예시를 할 수는 없지만, 국문은 문법체계로 보아 이론창출의 언어로서 어떤 서양 말도 가질 수 없는 막강한 잠재력을 가지고 있다. 다만, 우리가 그 목적에 맞는 어법을 정련시키지 못할 때, 우리는, 비유컨대, 서양 사람들이 원시적인 모노 레코드판을 하이파이 오디오 시스템에 걸었을 때 나는 소리보다 더 질 나쁜 소리를 최첨단 스테레오 레코드판을 옛날 축음기에 틀어서 내는 셈이 된다.

사실기술의 언어라고 하여 정확한 문법적 규칙을 따르는 것이 중요하지 않은 것은 아니지만, 이론창출의 언어에서는 그것이 결정적인, 또는 차라리 '치명적인' 중요성을 띤다. 예컨대 판소리 흥보가에서 흥부가 하는 돈타령—'돈 돈 돈 돈 봐라, 못난 사람도 잘난 돈, 잘난 사람은 더 잘난 돈'—이나, 심청가에서 심청이 비는 말—'하나님이 日月일월 두기 사람의 안목이라, 일월이 없사오면 무삼 분별 하오리까'—이 문법적 규칙을 어기고 있다고 하여 그것을 못 알아들을 사람이 있겠는가? 그러나 이론 창출의 언어에서는 그 의미가 오로지 문법적 규칙—통사론적 규칙과 의미론적 규칙—에 달려 있으며, 그렇기 때문에 규칙에 맞지 않는 말은 단순히 무의미한 말, 뜻이 통하지 않는 말로 되고 만다.

그 당시 李鍾翊 사장의 그 사시 덕택으로 조직 운영되던 리라이팅 팀은 위에서 말한 것과 같은 의미에서의 '국어 문법혁명'의 産室산실이었다. 필자는 일개 수련생에 지나지 않았지만 그 밖의 오륙 명 팀 멤버들은 명실공히 문법의 대가요 혁명의 기수들이었다. 현재의 시점에서 그 혁명의 씨앗이 새삼 그리워지는 이유는 오늘날 학문과 교육에서 국어가 어떤 대우를 받고 있는가에 조금이라도 민감한 사람이라면 누구나 짐작할 수 있을 것이다. 단적인 예로, 대학 강의의 언어를 영어로 하도록 하는 방침이, 강의자에 대한 부가 혜택을 곁들여서, 광범하게 권장, 채택되고 있다. 국문으로 쓴 논문에 비하여 영문으로 쓴 논문이, 단순히 영문으로 쓰였다는 이유에서, 더 우수한 것으로 간주되고 그것에 높은 프레미엄이 주어지고 있다. 뿐만 아니라, 연령이나 학력 수준에 관계없이 전 국민의 영어 학습 열기가 거의 광란으로 치닫고 있다. 이와 같이 전 국민을 영어에 '몰입'시키기로 작정한 사람들은 그들대로 명분을 가지고 있겠지만, 만약 그 방침이 국어에 절실히 요청되는 문법혁명의 씨앗을 싹도 트기 전에 짓밟아 버리는 결과를 초래한다면, 그것은 어떠한 명분으로도 정당화되기 어렵다. 우리들 중의 대다수는 중학교 국어 교과서에 실려 있던 알퐁스 도데의 '마지막 수업'에서의 아멜 선생의 말—'비록 한 민족이 예속의 상태로 떨어지더라도 그 언어를 저버리지 않는 한, 그것은 감옥의 죄수가 열쇠를 가지고 있는 것과 같다'—을 기억하고 있다.

모르기는 해도, 전 국민을 영어에 '몰입'시키기로 작정한 사람들은 한자를 폐지하고 한글 전용을 해야 한다고 주장한 사람들과 동일 인물일 가능성이 높다. 수년 전 국내 유수의 매스콤 기관에서 한자 부활을 위한 캠페인을 벌이면서 그 주된 논거를, 한자를 아는 사원들은 기업체에서 더 창의적인 능력을 발휘한다는 데서 찾으려고 한 일이 있다. 만약 이것이 한자에 대하여 편견을 가지고 있는 당국자의 마음을 돌려 보기 위한 편의적인 수법이라면 모르되, 그렇지 않고 진심에서 우러난 것이라면, 그것이야말로 나무에 올라가서 물고기를 잡겠다는 격이다. 한자를 쓰지 않는 데서 따라오는 '손실'은 기업체의 경영 실적과는 비교가 될 수 없는 것이다. '영어를 모국어처럼' 사용하도록 해야 한다는 주장이나 한자를 써야 한다거나 한글 전용을 해야 한다는 주장이 어떤 명분에 입각해 있는지는 모르지만, 당연히 한자를 배우는 데 쏟아야 할 열정을 영어 공부에 쏟는 데서 따라오는 '손실'은 바로 민족의 넋 이외의 아무것도 아니다. 그리고, 물론, 민족의 넋과 바꿀 수 있는 것은, 국제 무역의 수지나 기업 경영의 실적을 포함하여, 아무것도 없다. 아닌 게 아니라, 판소리를 그 辭說사설의 의미대로 이해하지 못하고 오직 名唱명창 名鼓명고들의 '공연' 정도로만 이해하는 상태는 민족의 넋이 반쯤은 나가 있는 상태라고 말해도 좋다.

비나이다. 李鐘翊 사장의 英靈영령이시여, 굽어살피소서. 제가 언설의 부족으로 못다 한 말을, 말로서가 아니라 뜻으로서, 전 국민의 마음속에 불같이 바람같이 불어넣어 주소서.

24. 입학 축하와 당선사례

신입생 여러분, 우리 학과에 입학한 것을 환영합니다. 여러분이 대학에 들어와서 듣는 첫 시간의 수업을 제가 하게 되었으니, 한편으로는 영광스러운 일이지만 또 한편으로는 그 무거운 부담에 겁도 납니다. 그래서 공부를 시작하기 전에 먼저, 오늘 이 기회에 걸맞게 대학 입학의 의미에 관하여 잠깐 생각을 해볼까 합니다.

아까 저는 우리 학과에 들어온 것을 '환영'한다고 말했지, '축하'한다고는 말하지 않았습니다. 최근에 여러분은 '대학 입학을 축하한다'는 말을 많이 들었을 것입니다. 그것은 '인사'입니다. 우리나라에서는 대학 입학시험에 합격하여 입학을 하는 사람에 대해서 누구나 그런 식으로 인사를 합니다. 그러나 이제, 그것이 인사가 아닌, 보통의 말이라고 생각해 봅시다. 대학 입학은 과연 '축하'받을 만한 일인가, 그 축하라는 것은 무엇에 대한 축하인가, 그것이 문제인 것입니다.

아마 여러분은 이 질문에 대하여 길게 생각할 필요가 없을지 모르겠습니다. 원래 '축하'라는 것은 본인이 간절히 바라는 것을 이루었을 때 주어지는 것이며, 이 경우에 '본인이 간절히 바라는 것'은 대학 입학이기 때문에 대학 입학은 축하받을 만한 일이라는 것입니다. 그러나 이것은 충분한 대답이 될 수 없습니다. 만약 본인이 간절히 바라는 것이 바랄 만한 것이 아닌 것 또는 바라서는 안 되는 것이라면 어떻겠습니까? 다시, 여기에 대해서도 여러분은 대학 입학은 단순히 여러분이 바라는 것이 아니라, '좋은 것', 바라야 마땅한 것이라고 대답할 것입니다. 그러나 대학 입학이 '좋은 것'이라고 할 때 그 '좋다'는 말은 무슨 뜻이겠습니까? 대학 입학의 의미를 따지려고 하는 우리는 그 말의 의미를 막연하게 얼버무릴 것이 아니라 가장 철저하게 밝혀야 할 것입니다.

이 문제에 대해서도 여러분은 길게 생각할 필요가 없을 것입니다. 대학 입학이 왜 좋은가 하는 것은 누구나 다 알고 있습니다. 그 누구나 다 아는 것을 제가 대신 말해 본다면, 대학 입학이 좋은 것은 그것이 흔히 하는 말로 '출세'를 위한 첫걸음을 떼어 놓는 것이 되기 때문일 것입니다. 이 생각대로라면, 여러분은 이제 출세를 향한 첫 관문을 통과한 셈입니다. 이제 여러분의 앞에는 탄탄대로가 놓여 있고, 만약 모든 것이 순조롭다면 여러분의 인생은 순풍에 돛을 단 것과 마찬가지일 것입니다.

아까도 말씀드린 바와 같이, 우리 사회에서 '대학 입학 축하'

는 인사입니다. 그 축하를 그냥 인사로 주고받는다면 거기에는 아무 문제가 없습니다. 그러나 그렇지 않고, 만약 그 축하를 하는 사람이나 받는 사람이 그것을 보통의 말—진심이 담긴 말—로 생각할 때, 그 축하의 의미가, 방금 제가 말씀드린 것과 같이, 대학 입학이 많은 사람들에게 선망의 대상이 되는 부와 권력을 약속해 준다는 데에 있다고 보아도 좋겠습니까? 제가 이렇게 말하는 것은 그러한 생각이 여러분이 대학에 들어와서 해야 할 일과 잘 맞아떨어지는지, 또는 더 구체적으로 말하여, 여러분이 대학에 들어와서 해야 할 일이 과연 부와 권력을 향한 출세의 기초를 닦는 일인지가 분명하지 않기 때문입니다.

이와 비슷한 경우를 들어보면 저의 그 생각을 이해하는 데에 도움이 될 것입니다. 예컨대 국회의원 선거가 끝난 후에 당선된 사람은 그 선거구 내의 벽보판에 군데군데 '당선사례'라는 벽보를 붙이는 경우가 흔히 있습니다. 제가 생각하기에 그것은 아마 '인사'일 것입니다. 그 벽보를 붙인 사람은 선거에 당선된 것이 과연 선거구민에게 감사해야 할 일인지 깊이 생각해 보고 그 벽보를 붙이는 것이 아닙니다. 우리 사회에서는 선거에 당선된 사람이 사례를 표하는 것은 관례로 되어 있는 것입니다. 그러나 앞의 입학 축하에서처럼 그것이 그냥 인사가 아닌, 진심에서 우러난 보통의 말이라고 생각해 보면 어떻게 되겠습니까? 그 사람은 무엇 때문에 선거구민이 자기를 뽑아준 데 대하여 고맙게 생각하는 것입니까? 거기에 고맙게 생각해야 할 점이 있다면 그것은 무엇이겠습니까?

이런 생각을 할 때마다 저는 선거철에 여기저기 나붙는 '당선사례' 벽보를 전율 없이는 바라볼 수가 없습니다. 만약 그 당선자가 국회의원으로서 그가 누릴 특혜를 생각하는 대신에 국회의원으로서 그가 해야 할 임무를 먼저 생각한다면, 그의 당선은 고맙게 생각해야 할 것과는 거리가 멀 것입니다. '선거구민 여러분, 분하고 억울합니다. 제 옆의 기호 2에 투표하지 않고, 어쩌자고 기호 1에 투표하셔서 저에게 그토록 무거운 짐을 감당하라고 하십니까'-차라리 그는 이렇게 생각할 것입니다. 저는 여러분이 무슨 생각을 하는지 잘 알고 있습니다. 우리 사회에는 그런 생각을 할 당선자가 단 한 사람도 없으리라는 것입니다. 그러나 만약 그 '있을 수 없는' 당선자가 단 한 사람이라도 있다고 가정할 때, '당선사례' 벽보를 아무런 고민 없이 내다 붙이는 당선자와 이 가상의 당선자 중에서 어느 쪽이 국회의원으로서 할 일을 더 잘하겠습니까?

'입학 축하'에 대해서도 이와 똑같은 말을 할 수 있습니다. 만약 여러분이 그 축하를 받을 때, 대학 입학이 최종적으로 여러분에게 가져다주리라고 모든 사람들이 기대하는 그 '좋은 결과'를 머릿속에 떠올리기 전에, 대학에 들어오고 난 뒤에 여러분이 해야 할 일을 먼저 생각한다면, 여러분은 그 축하를 그냥 편안한 마음으로 받아들일 수 없을 것입니다. 차라리 여러분은 마음속으로 '총장님, 분하고 억울합니다. 어찌하여 저를 합격시켜서 저로 하여금 그 누구도 하고 싶어 하지 않는 공부를 밤을 낮으로 이어가면서 평생을 두고 하도록 하셨습니까? 제가 짊어져야 할 그 무거운 짐은 제 바로 옆자리에서 시험 치던 그 수험생이 질 수도 있었을 것입니다'라고 생각할 것입니다. 아닌 게 아니라, 이때까지 대학에 입학한 학생들 중에는 대학이 무엇을 하는 곳인지에 관하여 전혀 엉뚱한 생각을 하는 사람들이 습관적으로 입에 올리는 '젊음과 낭만이 꽃 피는 곳'이라는 투의 말을 곧이곧대로 믿는 학생들이 많이 있었습니다. 그런 학생들이 대학에 들어와서 대학을 '정부 예산으로 운영되는 값비싼 유원지'로 만드는 것을 저는 수도 없이 보아 왔습니다. 이 학생들이야말로 옆자리의 수험생을 대신 합격시켰어야 할 사람들입니다.

이 모든 것을 인정하고 난 뒤에도 '입학 축하'는 진정한 의미를 가질 수 있을 것입니다. '입학 축하'의 인사 밑바닥에 깔려 있는 그 진정한 의미를 제가 말해 본다면 아마 다음과 같을 것입니다.—'장하다, 젊은이여, 그대는 장차 피를 말리고 살을 깎는 무거운 짐을 지려고 옆자리의 수험생을 물리치고 대학에 입학하였다. 그대가 하고자 하는 일에 확신을 가지고 용기 있게 정진하라. 한 학문을 할 수 있는 데까지 발전시켜서 그것을 다음 세대에 전수해 주는 일은 사람이 할 수 있는 일 중에서 가장 값진 일임을 잊어버리지 말라.' 제가 첫머리에, 우리 학과에 입학한 것을 '환영'한다고 말한 것은 여러분을 그 일에 동참할 사람으로 보았기 때문입니다.

25. 응원동작

학생 여러분, 오늘 저는 강의를 하기 전에, 이 강의실에 앉아 있는 우리는 각각 개별적으로, 그리고 또 서로서로에 대하여 어떤 존재인가 하는 문제에 관하여 잠깐 생각을 해 보고자 합니다. 이렇게만 말해서는 그 문제가 무엇을 묻는 것인지 얼른 생각이 떠오르지 않을 것입니다. 제가 이따금 말하는 대로, 질문의 용어는 대답의 방향을 결정하며, 그 반대로 대답의 용어는 질문의 의미를 규정합니다. 그렇기 때문에 저는 곧장 그 질문에 대한 저의 대답을 말해 보겠습니다.

특히 까다롭고 힘든 가위질을 할 때, 우리는 흔히 입도 덩달아 가위질을 하는 경우가 있습니다. 말하자면 입이 가위질을 하듯이 아래위 턱을 놀리는 것입니다. 이 '입 가위질'이 손으로 하는 '손 가위질'에 도움이 되겠습니까? 입과 손이 신체의 상이한 부분인 만큼 한쪽이 다른 쪽에 도움이 될 리 만무하다고 생각될지 모르지만, 그래도 우리는 입 가위질을 합니다. 당구를 하는 사람을 보면, 당구 막대기로 공을 가격하고 난 뒤에 공이 아슬아슬한 진로를 따라 굴러가는 동안에 그 사람은 혼신의 힘을 모아 온몸으로 매우 정교한 몸동작을 합니다. 그 사람은 마치 자신의 그 '몸 당구'로 당구공의 진로에 영향을 미칠 수 있으리라고 생각하는 듯합니다. 그러나 당구 막대기 끝을 떠난 공은 오로지 물리적 역학의 법칙에 따라 굴러갈 뿐이라고 생각하면, 몸에서 떨어진 공에 '몸 당구'가 영향을 미친다는 것은 앞의 '입 가위질'의 경우보다 더 불가능할 것처럼 생각됩니다. 이 문제에 관해서 여러분은 각각 의견을 가지고 있을 것입니다마는 그 의견이 어떤 것인가는 여기서 중요하지 않습니다.

서양의 한 심리학자는 원숭이를 대상으로 하여 입 가위질이나 몸 당구보다 한 단계 더 먼 거리에서의 가설적 영향력을 과학적으로 확인하기 위한 연구를 하였습니다. 그 심리학자는 철창 속에 든 한 마리의 원숭이에게 원숭이로서는 약간 힘든 과제—예컨대 블로크의 구멍에 막대기를 꽂는 것 등—를 수행하도록 하면서 철창 바깥에 있는 여러 마리의 원숭이들이 그 한 마리 원숭이가 하는 일을 볼 수 있도록 하였습니다. 물론, 철창 안의 원숭이도 바깥의 동료 원숭이들을 볼 수 있습니다. 이러한 상황에서 원숭이들이 어떤 행동을 할 것인가를 예상하기는 그다지 어렵지 않을 것입니다. 심리학자가 예상했던 대로 철창 바깥의 원숭이들은 일제히, 블로크도 막대기도 주어지지 않은 채 빈 손으로, 마치 자기 자신이 그 일을 직접 하듯이 혼신의 힘을 다하여 철창 안의 원숭이가 하는 것과 동일한 동작을 하는 것이었습니다. 심리학자가 이 실험에서 알아내려고 했던 것은 철창 바깥에 있는 동료 원숭이들의 '흉내 내기'가 있는가 없는가가 철창 안의 원숭이의 과제 수행에 영향을 미치는가 하는 것이었습니다.

입 가위질이 입과 동일한 신체에 붙어있는 손 가위질에 영향을 주려는 경우, 그리고 몸 당구가 몸에서 완전히 떨어져 나간 공의 진로에 영향을 주려는 경우에 해당한다면, 바깥 원숭이들의 흉내 내기는—만약 그것이 안의 원숭이의 과제 수행에 영향을 미친다면—한 유기체가 완전히 중립적인 공간을 사이에 둔 다른 유기체의 과제 수행에 영향을 주려는 경우에 해당합니다. 그리하여 다른 요인은 고려하지 않고, 순전히 공간상의 거리만을 고려한다면, 원숭이의 흉내 내기는 앞의 두 경우에 비하여 영향력의 거리가 더 멀어져 있다고 말할 수 있습니다. 앞의 두 경우에서의 영향력 유무는 각자의 개인적 의견에 관한 문제로 돌린다 하더라도, 이 셋째 경우에 관해서는 심리학자의 과학적 실험 결과를 받아들이는 것이 안전할 것입니다. 몇 차례의 통제된 실험의 결과로 그 심리학자는 바깥 원숭이의 흉내 내기가 있을 때의 원숭이는 그것이 없을 때에 비하여 월등하게 효율적인 과제 수행을 보여준다는 사실을 확인하였습니다. 그 심리학자는 이 실험에서 확인된 바깥 원숭이의 흉내 내기를 우리말의 '응원 동작'으로 더 잘 번역될 수 있는 용어

—kinesthetic gestures—로 규정하였습니다.

이 실험 결과를 원숭이가 아닌 인간의 상황으로 고쳐 해석할 때, 그것이 첫머리에 제가 내건 질문에 어떤 대답을 시사하는가 하는 것은 짐작하기 어렵지 않습니다. 까다롭고 힘든 일을 할 때, 자기 자신 이외의 많은 사람들이 자신과 동일한 일을 하고 있고 또 그 사람들이 자신의 일을 관심 있게 지켜보고 있다는 것을 느낄 때, 노력과 능력을 최대한으로 발휘하지 않을 사람이 있겠습니까? 그가 그 노력과 능력을 발휘하는 이유는 그 밖의 많은 사람들이 똑같이 노력과 능력을 발휘하고 있다는 것으로 충분하며, 다른 이유는 필요하지 않습니다. 아니, 그 정도가 아닙니다. 사실상, 인간이 하는 일 중에서 즉각적으로 유용한 것, 그 실용성이 당사자에게 당장 분명한 것을 제외한 모든 일은 바로 그러한 '집단적 응원 동작'에 힘입어 이루어진다고 말할 수 있습니다. 모든 것을 개인의 관심사로 삼는 사람들은 여러분이 이 강의실에서 하고 있는 일을 '경쟁'으로 해석할지 모르지만, 또 다른 관점에서 보면 그것은 서로서로 힘과 용기를 북돋아 주는 응원동작으로 보일 수도 있는 것입니다.

이제, 이 응원의 거리를 한 단계 더 멀리 떼어놓는다면 어떻게 되겠습니까? 원숭이의 응원 동작은 현재 살아 있는 유기체 사이의 영향을 목적으로 하고 있습니다. 살아 있는 사람들 사이에서보다 더 먼 거리에서 응원 동작을 하는 경우를 상상할 수 있겠습니까? 만약 그런 경우가 있을 수 있다면, 그것은 틀림없이 이 세상을 떠난, 죽은 사람의 영혼이 산 사람에게 응원 동작을 하는 경우일 것입니다. 영혼이 하는 응원 동작! 과학적인 방법으로 입증되는 것 이외에는 아무것도 믿으려 들지 않는 현대인에게 영혼이 응원 동작을 한다는 것은 몸 당구가 공의 진로에 영향을 미칠 수 있다는 것보다 더 믿어지기 어려울지 모르겠습니다. 기껏해야 그것은, 한때 우리나라 극장가를 떠들썩하게 했던 '사랑과 영혼'이라는 영화, 또는 적어도 우리나라에서는 그처럼 떠들썩하지는 않았지만 그보다 더 여실한 스필버그 감독의 '영혼은 그대 곁에'라는 영화의 소재로서나 적합한 이야깃거리에 불과할 것입니다.

그렇다면 그것은 그야말로 '믿거나 말거나'에 관한 문제라고 하여 안심하고 내팽개쳐도 좋은 것입니까? 예컨대 '영혼은 그대 곁에'에서, 죽은 소방 비행기 조종사가 한 풋내기 조종사를 자신의 대행인으로 지목하여 그로 하여금 未亡미망의 그의 애인과의 못다 이룬 사랑을 대신 이루도록 하고 그 애인으로 하여금 위험천만한 비행을 무사히 끝낼 수 있도록 '응원 동작'을 하는 것을 보고 감동을 받는다면, 그것은 우리가 사실과 환상을 구분 못 할 정도로 정신을 잃었기 때문입니까? 그러나 한 가지 분명한 사실은, 스필버그건 누구건 간에 그러한 영화를 만들 수 있었던 것은 한 개인의 鬼才귀재 때문이 아니라 인류의 전 역사를 통하여 수많은 사람들이 그런 생각을 마음속에 품고 있었고 그 생각을 세대에서 세대로 전해 주었기 때문이라는 것입니다. 우리가 그 영화에서 감동을 받는 것도 이와 마찬가지 방식으로 설명되지 않으면 안 됩니다. 말하자면 영혼이 그야말로 幽明유명을 달리하는 먼 거리에서 우리에게 응원 동작을 할 수 있다는 믿음은 거의 우리의 신경섬유의 한 성분을 이루고 있다고 말할 수 있습니다.

만약 영혼의 응원 동작을 '사실'로서 받아들인다면, 우리가 이 강의실에서 하는 일은 일상적인 관념에서 파악되는 것과는 매우 다른 양상을 띠게 됩니다. 물리학이나 역사학, 철학이나 교육학, 또는 그 밖의 어떤 학문에 우리가 마음이 끌린다면, 그것은 흥미나 적성 등 개인적인 고려에서 우리가 독자적으로 선택한 것이 아니라, 생전에 그 분야를 공부하다가 그 공부에 대한 애착을 恨한처럼 품은 채 죽은 한 영혼 또는 수많은 영혼들이 우리를 그 대행인으로 지목하여 응원 동작을 하기 때문입니다. 물론, 영혼은 영화에서 영혼이 비행기 조종을 직접 할 수 없는 것과 마찬가지로, 우리가 하는 것과 동일한 방식으로는 물리학을 할 수 없고, 오직 산 사람의 몸을 빌려 물리학을 할 수 있습니다. 또한, 영혼의 응원 동작은 우리의 5관에 감지되지 않으며, 그렇기 때문에 그것에 대하여 적절한 반응을 하는 것은 전적으로 우리 개개인의 능력과 노력에 달려 있습니다. 우리가 어떤 이유에서든지 영혼의 그 처절할 만큼 간절한 응원 동작을 응원 동작으로 알아보지 못하고 그것을 외면한다고 생각해 봅시다. 그런 사태를 당할 때, '사랑과 영혼'을 본 수많은 관객이 그러했듯이, 울지 않을 영혼이 있겠습니까? 물론, 우리도 언젠가는 현재 우리에게 응원 동작을 하는 그 영혼과 동일한 처지에 있게 됩니다. 그때 우리가 누구를 대행인으로 지목하여 그에게 어떤 종류의 응원 동작을 하게 될 것인가는 현재 우리가 우리를 대행인으로 지목한 영혼의 응원 동작에 얼마나 적절하게 반응하는가에 달려 있습니다.

26. 눈물겨운 스승의 날

학생 여러분, 아까 강의실에 들어서는 순간, 그 뜻밖의 환대를 받고 제가 어떤 느낌을 받았는지, 여러분은 상상하기 어려울 것입니다. 오늘이 스승의 날이라고 하여, 여러분은 강의를 시작하기 전에 제 가슴에 카네이션을 꽂아주고 기립한 자세로 '스승의 날' 노래를 제창해 주었습니다. 저는 여러분을 마주보고 서서 거의 울먹이는 심정으로 그 노래를 끝까지 들을 수밖에 없었습니다.

이 사태를 당하여 저는 제가 읽은 소설의 한 대목을 떠올리지 않을 수 없었습니다. 거기에는 미모의 여성과 연애 중인 한 청년이 주인공으로 등장합니다. 그런데 그 주인공은 우연한 기회에, 그가 보기에 한 여인의 사랑을 받을 가망이 전혀 없어 보이는, 모든 면에서 그와 대조되는 한 청년이 그와 마찬가지로 연애 중이라는 사실을 알게 됩니다. 그 주인공은 생각합니다—'저렇게 보잘것없는 인간에게도 애인이 있다니! 저런 인간을 사랑하는 여인은 얼마나 가련한가! 그 여인은 완전히 눈이 멀었거나 바보가 아닌가!' 우리의 주인공처럼 특별히 교만한 사람이 아니더라도, 그런 상황에서라면 누구나 그런 생각을 할 수 있을 것입니다.

제가 왜 이 소설의 대목을 떠올렸겠습니까? 가령 아까 여러분이 한 것처럼 저에게 카네이션을 꽂아주고 '스승의 날' 노래를 불러 주었을 때, 저 창 바깥에서 저와는 모든 면에서 대조되는, 참으로 훌륭한 선생, '선생'이라는 이름에 조금도 부끄러울 것이 없는 선생이 그 광경을 목격했다고 생각해 봅시다. 특별히 교만한 사람일 필요가 없이, 그 훌륭한 선생은 마음속으로 생각했을 것입니다—'저렇게 보잘것없는 선생도 선생이라고 학생들이 스승의 날에 가슴에 카네이션을 꽂아 주고 "스승의 날" 노래를 불러주다니! 저런 사람을 선생으로 받드는 학생은 얼마나 가련한가! 과연 저 학생들은 진심으로 저 사람을 선생으로 존경해 주고 있는 것일까!'

아까 잠깐 동안 저의 머리를 번개처럼 스치고 간 그 생각을 말로 표현하려고 하는 이 순간, 저는 목이 메입니다. 그것은 단순히 이 보잘것없는 선생을 선생으로 받아들여 주는 여러분에 대한 고마움 때문은 아닙니다. 그것은 감사와 후회가 뒤엉킨, 무엇이라고 말할 수 없는 착잡한 심정 때문입니다. 만약 제가 그전에 선생으로서 합당한 자질을 갖추기 위하여 좀더 열심히 노력했더라면, 저는 창밖의 그 가상적인 선생의 비난과 야유를 적어도 지금처럼 두려워할 필요는 없었을 것입니다. 그리하여, 저는 똑같이 목멘 어조로 여러분에게 부탁합니다. 부디 여러분은 저와 똑같이 곤란한 처지에 놓이는 일이 없도록, 훗날 여러분의 학생들이 오늘 여러분이 저에게 해 준 것처럼 카네이션을 꽂아 주고 '스승의 날' 노래를 불러 줄 때, 좀더 편안한 마음으로 그 환대를 받아들일 수 있도록, 선생의 자질을 갖추기 위한 노력을 게을리하지 말기를 바랍니다.

분명히 말씀드립니다마는 위와 같은 생각과 느낌이 제 마음속에 얼마동안 자리 잡고 있었던 것은 틀림없는 사실입니다. 그런데 노래가 거의 끝날 무렵에 저는 또 하나의 생각을 가지게 되었습니다. 이 나중의 생각에 비추어 보면 앞의 생각은 분명히 저의 짧은 소견에서 나온 것이라고 말할 수 있습니다. 그때까지 저는 여러분의 그 모든 환대가 일개 자연인으로서의 저에 대한 것이었다고 생각했습니다. 여러분이 의식하든지 않든지 간에, 여러분의 환대는 그런 것이 아니었는지도 모릅니다. 아니, 확실히 그런 것이 아니었다고 말해야 합니다. 이미 선생이 되어 있는 저나 앞으로 선생이 될 여러분을 포함하여 이 세상의 모든 선생에 대한 환대와 존경은 자연인으로서의 그 선생 개인에게 주어지는 것이 아니라, 그 선생의 '뒤에' 있는 것, 그 선생이 대표하고 있는 道도 또는 학문에 대한 것이라고 보아야 합니다.

論語논어에 나와 있는 孔子공자에 대한 顔淵안연의 태도는 이

점을 가장 감동적으로 보여 주고 있습니다. 논어에 적혀 있는 대로, 안연은 하늘을 우러러 탄식하면서 다음과 같이 말하였습니다—'우리 선생님의 道가 높으심은 이를 우러러볼수록 높고 높아 끝닿을 곳이 없고 송곳으로 뚫으려 하면 뚫을수록 더욱 단단해져서 도저히 파고 들어갈 수가 없습니다. 얼핏 보면 바로 앞에 계신 듯하다가도 홀연히 뒤에 계셔서 선생님은 참으로 포착하기 어렵습니다. 선생님은 차근차근 순서에 따라서 우리를 잘 이끌어 주십니다. 선생님은 문장으로 우리의 식견을 넓혀 주시고 예절로 우리의 마음을 가다듬어 주십니다. 내가 배움을 그만두려 해도 도저히 그만둘 수 없습니다. 나의 재능을 다하여 열심히 배우려고 하지만, 선생님은 멀리 우뚝 서계시며, 그 높은 경지에 가까이 가려고 해도 나는 도저히 미치지 못합니다'(子罕).

논어의 구절 여기저기에 나와 있는 안연(回)에 관한 언급으로 미루어, 공자는 안연이 자기 자신을 능가한다는 것을 잘 알고 있었습니다. 안연이 '한 소쿠리의 밥과 한 바가지의 물만으로 비위생적인 집에서 살다가'(雍也) 때 이른 죽음을 맞이했을 때, 공자는 '아, 하늘이 나를 죽였다. 하늘이 나를 죽였다'고 탄식했습니다(先進). 공자가 말을 할 때, 안연은 만면에 기쁜 빛을 머금고 묵묵히 듣고 있었습니다. 이것을 본 공자는 안연이 아무런 질문도 하지 않는다고 하여 '안연은 나를 도와주지 않는구나'라고 말했습니다(先進). 공자가 자신을 찬양하는 안연의 말을 들었다면 그는 분명히 그것은 자연인으로서의 공자 자신을 향한 것이 아니라고 생각했을 것입니다. 플라톤의 대화편 「향연」에 나오는, 소크라테스에 대한 알키비아데스의 찬양도 이와 다르지 않을 것입니다.

그렇다면 이 나중의 생각은 앞의 생각을 무효화하거나 희석하는 것이겠습니까? 오히려 그 반대입니다. 선생에 대한 존경은 선생 개인에 대한 것이 아니라 그가 대표하고 있는 학문에 대한 것임을 알 때, 이 세상의 모든 선생은 더욱 선생의 자질을 갖추는 일에 분발하고 정진하게 될 것입니다.

27. 신부님, 아, 신부님

학생 여러분, 4년 동안 교육학을 공부하고 난 뒤에 졸업을 눈앞에 둔 이 시점에서 여러분은 장차 여러분에게 도움이 될 만한 말이 없는가를 저에게 물어왔습니다. 따지고 보면 이 요청은 한때 여러분과 똑같이 대학에서 교육학을 공부했고 지금 교육학을 가르치고 있는 형편에서 제가 제 자신에게 해줄 수 있는 말이 무엇인가를 말하라는 요청과 같은 것입니다. 이 요청에 부응하기 위하여 저는 길게 생각할 필요가 없습니다. 저는 다만 제가 제 자신에게 거의 매일 다짐하는 말, 그렇기 때문에 의식의 맨 꼭대기에 노출되어 있는 말을 입으로 발설하기만 하면 되는 것입니다.

꽤 오래전 일입니다마는, 저의 동료 한 분이 라디오 방송에서 들은 한 신부님과의 인터뷰 내용을 저에게 이야기해 준 일이 있습니다. 여러 가지 말을 주고받는 중에, 방송 기자는 신부님에게 '신부님께서는 신부가 되었다는 것을 후회한 적이 없으십니까' 하고 물었습니다. 방송 기자로서는 충분히 할 수 있는 질문입니다. 그 질문에 대하여 신부님은 한 마디로 '없습니다'라고 대답했습니다. 잠깐의 시간 간격을 두고 그 기자는 재차 물었습니다. '정말 없습니까?' 신부님은 다시, 아까보다 더 확고한 어조로 '정말 없습니다'라고 대답했습니다. 이 이야기를 들었을 때 저는 즉각적으로, 만약 누군가가 그 방송 기자처럼 저에게 '선생은 교육학을 공부한 데 대하여 후회한 적이 없습니까'라고 물었다면 제가 무엇이라고 대답했을까를 생각해 보았습니다.

저는 그 신부님이 어떤 분인지 알지 못하고, 그렇기 때문에 그분이 사실은 이따금 신부가 된 것을 후회하면서도 신부로서는 응당 그렇게 대답해야 한다고 생각했는지 아니면 '정말로' 후회한 적이 없었는지 알 수가 없습니다. 오히려 저는 신부가 되기까지 그분이 거친 수련이나 현재 그분이 하는 일의 성격으로 미루어 그분이 진심을 말했다고 믿는 편입니다. 그런데 첫 번째 대답에 대하여 또다시 똑같은 질문을 한 것을 보면, 방송 기자는 그것을 믿을 수 없었던 모양입니다. 맨 처음 질문의 경우도 다소간 그렇습니다마는, 그것에 대한 대답을 듣고 난 뒤에 두 번째 질문을 했을 때, 그 기자의 마음속에 들어 있었던 생각을 바깥으로 드러내어 말해 본다면 아마 이렇게 될 것입니다—'신부님, 저는 신부님의 그 대답을 믿을 수가 없습니다. 때로 신부님들 자신의 입에서 나오는 말과 같이, "신부도 사람"입니다. 사람들 사이에서는 이 세상에서 좋은 것이 어떤 것인가에 관해서 대체적인 합의가 이루어져 있습니다. 사람이라면 누구나 마음 맞는 사람과 결혼을 하여 자녀를 낳아 기르고 싶어 합니다. 또한, 사람이라면 누구나 각자 자신의 능력이 허락하는 범위 내에서 부와 권력을 추구하면서 남이 부러워하는 행복한 삶을 누리고 싶어 합니다. 이와는 달리, 신부님은 자신의 선택에 의하여 이런 것들과 담을 쌓고 살아야 합니다. 그런데도 신부가 된 것을 후회한 적이 없다고 말씀하십니까?'

신부도 그야말로 '사람이기' 때문에, 신부님이 기자의 질문에 분명히 깔려 있는 그 생각을 읽어내지 못했을 리가 없습니다. 미리 말해 둡니다마는, '신부도 사람이다'라는 말은, 그것이 특히 신부의 입을 통하여 발설될 때에는, 어김없는 '사실'을 나타내기는커녕 엄청난 개념적 혼란을 나타내고 있고 이 개념적 혼란은 곧장 돌이킬 수 없는 재앙으로 연결됩니다. 이렇게 말하는 것은 신부가 사람이 아니라는 뜻이 아니라, 사람이면서 신부이며, 차라리 '신부로서' 사람이라는 뜻입니다. 물론, 그는 사람이 아니고서는 신부가 될 수 없지만, 그와 똑같은 논리로, 신부가 아니고서는 사람이 될 수 없습니다. '신부도 사람'이라는 말은 이 명백한 '개념적 사실'을 부정합니다.

만약 그 신부님이 기자의 질문에 깔려 있는 생각을 읽어 내었더라면 어떤 대답을 했을까—저는 이 생각을 할 때마다 신부님을 위하여 애석한 마음을 떨쳐 버릴 수가 없습니다—'후회하지 않을 리가 있겠어요? 남들은 다 예쁜 여자를 만나 결혼도

하고 가정을 이루어 행복하게 살고 있는데, 또 웬만큼 돈도 벌고 때로는 권력을 휘두르면서 보란 듯이 잘 살고 있는데, 어쩌자고 나는 신부가 되어서 이 지경으로 살아가고 있는지, 하루에도 열두 번씩 후회합니다.' 제가 아쉽게 생각하는 것은 어째서 신부님이 이렇게 대답할 생각을 하지 못했던가 하는 점입니다. 라디오 방송에서처럼 '후회한 적이 없다'는 대답을 했을 때, 기자는 그 대답을 믿을 수 없다고 생각했습니다. 그렇다면 여기서처럼 '하루에도 열두 번씩 후회한다'고 대답했더라면, 기자는 그 대답을 곧이곧대로 믿었겠습니까?

저는 그렇게 생각하지 않습니다. 웬만큼 센스가 있는 기자라면—센스가 없이는 기자가 될 수 없습니다—그는 신부님이 그 질문을 하는 자신의 마음속을 꿰뚫어 보고 그를 조롱한다고 생각했을 것입니다.—'나는 당신이 무슨 생각을 하는지 다 알아, 그러니 그런 쓸데없는 질문 그만두고 당신 마음대로 생각해, 나는 당신의 그 생각에는 관심이 없어.' 게다가, 만약 그 기자가 약간 뛰어난 센스를 가지고 있었더라면, 그는 그 신부님이야말로 자신이 하고 있는 일이 참으로 어떤 일인지 알고 있는 '신부다운 신부'요, 기자인 자기 자신으로서는 닿을 수 없는 높은 경지에 서 있는 훌륭한 신부라고 생각했을 것입니다.

이와 비슷하게, 만약 누군가가 저에게 '선생은 교육학을 공부한 데 대하여 후회한 적이 없는가'라고 묻는다면 저의 대답은 이렇습니다.—'후회한 적이 없다니요! 하루에도 열두 번씩 후회합니다. 세상에 나와 있는 학문 중에는 사람들이 누구나 가지고 싶어 하는 부와 권력을 추구하는 것을 목적으로 삼는 학문도 있고, 그렇지는 않다 하더라도, 그 학문에 종사하는 동안에 마음속에 아무 거리낌 없이 부와 권력을 추구할 수 있는 그런 학문이 널려 있는데, 어쩌다가 그런 학문은 다 마다하고 그것과는 반대되는 쪽을 바라보아야 하는 교육학, 양심에 거리낌 없이는 세상 사람들이 좋아하는 것을 추구할 수 없는 교육학을 공부하게 되었던가, 참으로 후회막급입니다. 아무리 생각해도 교육학은 내가 공부할 수 있는 학문이 아닌 듯합니다.'

분명히 말씀드립니다마는, 저의 이 대답에는 제가 매일 공부하고 가르치는 교육학이 어떤 것인가에 관한 제 자신의 인식이 반영되어 있습니다. 교육은, 적어도 제가 아는 바에 의하면, 세상 사람들 사이에 널리 합의되는 '좋은 것'이 아닌, 그것과는 차원을 달리하는 '좋은 것'이 있다는 것을 사람들에게 일깨우는 일입니다. 앞의 것을 '사람의 법'이라고 부른다면 뒤의 것은 '하늘의 법'이라고 부를 수 있을 것입니다. 교육이 사람의 법이 아닌 하늘의 법을 따르도록 가르치면서, 그것을 학문적으로 연구하는 사람들이 마음의 거리낌 없이 사람의 법을 따른다면 그것은 가장 가증스러운 자기모순입니다. 교육학을 공부하는 사람들은 하늘의 법을 드러내고 전파하는 일을 한다는 바로 그 점에서 가톨릭 사제와 다를 것이 없습니다.

앞의 라디오 방송에 나온 신부님은 사실상 하늘의 법을 대표하는 사람으로서 세상의 법과 결투를 벌이고 있습니다. 제가 생각하기에, 그 신부님은 약간 전략이 부족했던 듯합니다. 세상의 법은 교활하여 이른바 '正攻法정공법'으로는 그것을 무찌르기 어렵습니다. 이제 대학 4년 과정을 마친 여러분을 내어보내는 저의 심정은 여러분을 그 세상의 법과의 결투장으로 내어보내는 심정입니다. 그 결투는 반드시 남을 상대로 하여 벌이는 것이 아니라 여러분 자신을 상대로 하기도 합니다. 제발 그 결투에 승자가 되기를 바랍니다.

28. 史略圖와 歌鬪

제목에 나와 있는 두 가지는 필자의 어렸을 때의 놀이 중에서 특히 기억에 남아 있는 것들을 지칭한다. 그것들이 기억에 남아 있는 것은, 물론, 그 밖의 다른 이유와 함께, 필자가 그 당시 기회가 있을 때—이른바 '놀이 시간'—마다 그것에 몰두했기 때문이다. 필자에게 그것은 요즈음 아이들에게 컴퓨터 게임이 가지는 것과 완전히 동일한 의미를 가지고 있었다.

우리들 '놀이꾼' 사이에서 약칭 '史略圖'사략도로 불리던 것의 정식 명칭은 '朝鮮史 略圖'조선사 약도였다. 우선 그 놀이의 대강을 설명해 보겠다. (이하에서 말할 바와 같이, 오늘날 그 놀이를 알고 있는 사람은 아무도 없을 것이다.) 놀이 도구는 全紙전지만 한 크기의 종이에 '神市時代'신시시대와 그 다음의 '단군왕검'을 출발점으로 하고 '해방'을 종착점으로 하여 국사의 주요 사항들—사건과 인물—을 동그라미나 네모에 적어 넣어 배열한 것과 옥수수 모양으로 된 일종의 주사위—1에서 5까지의 눈금이 새겨져 있어서 굴리면 그중의 하나가 위로 올라오게 되어 있는, 다섯 개의 모로 된 木製목제 주사위—이다. 동그라미나 네모 안에는 그것이 나타내는 사항의 이름—예컨대 '임진왜란'—아래에 1에서 5까지의 번호로 '사략도'에 포함되어 있는 다른 사항들의 이름이 적혀 있다. 놀이꾼들은 차례로 주사위를 굴려 눈금이 지시하는 사항으로 말을 옮기면서, 먼저 '해방'에 다다르는 사람이 승자가 된다. 1에서 5까지의 사항 중에는 때로 '휴게', '금족' 등이 있어서 말이 진행될 수 없는 경우도 있고, 그중에는 앞으로 전진하도록 하는 것만 아니라 뒤로 후퇴하도록 하는 것들도 있다.

그 다음, '歌鬪'가투라는 것은 서양의 트럼프만 한 크기의 카드 각 100장씩 두 벌이 있어서, 한 벌의 카드에는 시조의 초·중·종장 전체가 적혀 있고 또 한 벌의 카드에는 종장만 적혀 있는 것을 가리킨다. 놀이는 종장만 적혀 있는 카드를 표면이 위에 드러나도록 방바닥에 늘어놓고 누군가 놀이를 집전하는 사람이 시조 전체가 적힌 카드를 들고 초장부터 종장까지를 읽으면 놀이꾼은 방바닥에 널려 있는 해당 종장을 집는 방식으로 진행된다. 놀이의 집전자는 반드시 최연장자일 필요가 없다. 놀이의 승자는, 물론, 집은 종장 카드가 많은 사람이다. 이 경우에 초장의 첫 부분만 듣고도 종장을 아는 놀이꾼은 다른 사람보다 먼저 그 카드를 찾기 시작할 수 있기 때문에 유리한 위치에 있다. 다시 말하여, 승자가 되기 위해서는 방바닥에 널려 있는 종장을 빨리 읽어야 할 뿐만 아니라 시조 전체를 외우지 않으면 안 된다. 이 놀이가 놀이에 합당한 열기를 띠려면 적어도 너댓 명의 놀이꾼이 필요하다. 필자가 기억하는 한, 이 놀이는 출가 이전의 고모와 함께—그러니까 필자가 초등학교에 들어가기 이전부터—우리 '식구들끼리', 또는 그것에서 재미를 느낄 만한 손님 한두 명과 함께, 상당히 자주 우리의 열정을 불러일으켰다. (우리 식구들은 모두 '기억술'의 대가들이었다.) 현재 필자가 기억하고 있는 고시조의 대부분은 그때의 가투 놀이에서 '강압적인 열정'에 의하여 습득된 것들이다.

위의 두 가지 놀이 도구는 말하자면 '상업용'으로 제작된 것들이며, 그렇기 때문에 필자의 동년배라면 그 놀이를 해보았거나 적어도 그것이 어떤 것인지 알 만하다. 필자의 동년배들 사이에서 어렸을 때의 놀이에 관한 이야기가 나올 때, 가투에 관해서는 비록 필자만큼의 열정은 표현하지 않더라도 그 존재를 인정하는 사람이 더러 있었지만, 사략도에 관해서 알고 있는 사람은 아직 만나 본 일이 없다. 이 불가사의에 관하여 필자는 매우 특별한 느낌을 가지고 있다.

필자가 사략도를 입수한 것은 초등학교 1학년 때, 즉 해방 직후 미군정 당시였다. 필자가 다니던 학교는 서울 한복판에 있었던 것이 아니라 경주 '계림국민학교'였다. 어떤 경위로 그렇게 되었는지는 알 수 없지만, 필자는 어느 날 담임선생님이 주시는 커다란 종이봉투 하나를 받아 집에 가지고 왔고, 그것이 그 사략도였다. 필자는 우리 반 아이 중의 몇 명이 그 봉투를 받아갔는지 알지 못하지만, 군정청 문교부에서 전국의 각 초등학교의 각 학급에 '무상으로' 배포된 것으로 미루어 보면, 한 반에 두 명 이상은 결코 될 수 없었을 것이다. 필자가 그 기념할 만한 영광을 누릴 수 있었던 것은 오로지 '공부를 제일 잘하는 아이'였기 때문이었을 것이다.

미군정 당시의 우리나라 문교 행정이 특히 예산 면에서 어떤 형편에 있었을 것인가는 누구나 쉽게 짐작할 수 있을 것이다. 중요한 사실은, 누군가 역사에 이름도 남아있지 않은 사람 또는 사람들이 '조선사 약도'라는 이름의 아이들 놀이를 창안하고 제작하여 전국의 학교 교실에 배포할 생각을 했다는 것, 그리고 그 사람들은 그 일을 성사시키기 위하여 마음 내키지 않는 예산 담당관이 돈줄을 풀어 놓을 때까지 조르고 보채었다는 것이다. 그들은 기미 독립선언문에 나와 있는 대로 '민족의 항구여일한 자유 발전을 위하여' 그들이 가진 지혜를 있는 대로 다 짜내었을 것이다.

사략도의 지판에 사용된 종이는 보통의 종이가 아니라 약간 황토빛을 띤, 그 당시 여건으로서는 가장 질긴 종이였다. 그럼에도 그 지판은 접고 펴기를 수없이 되풀이하는 동안 접힌 부분이 해어져서 나달거렸고, 마침내 필자의 선친은 뒷면에 한지를 덧발라 보강하지 않으면 안 되었다. 그리하여 6학년이 되어 국사를 처음 배우게 되었을 때, 거기에 나오는 사건과 인물들은 모두 사략도 놀이를 통하여 완전히 익숙해진 것들이었다. (물론, 사략도에는 6학년 교과서에 나오지 않는 사항들도 꽤 여러 개 들어 있었다.)

요새 아이들이 컴퓨터 게임 대신에 사략도나 가투 놀이를 필자가 했던 것만큼 열심히 할 수 있을 것인가? 컴퓨터 게임에서 배우는 신체적, 정신적 '순발력'은 사략도나 가투 놀이에서 배울 수 있는 것과 어떻게 비교되는가? 그리고 무엇보다도, 오늘날에도 옛날의 사략도를 만든 무명의 애국자들이 우리 사회에 얼마나 있는가? 어렸을 적의 그 놀이를 생각할 때 필자가 가지게 되는 의문은 이런 것들이다.

29. 세상에 빚진 사람과 빚 준 사람

노자 道德經도덕경(79장)에는 聖人성인을 기술하는 말로 '執左契 而不責於人'집좌계 이불책어인이라는 말이 나와 있고 이 말을 해석하는 방식에는 학자들 사이에 의견의 불일치가 있다. '성인'을 자세하게 규정하지 않더라도, 성인은 일반적으로 '세상을 올바르게 사는 사람'을 가리킨다고 볼 수 있다면, 노자의 그 구절에 관한 의견의 불일치는 결국 세상을 올바르게 사는 방법에 관한 의견의 불일치를 반영하는 만큼 가볍게 얼버무리고 넘어갈 수 있는 문제가 아니다.

먼저, 앞의 '집좌계'에 관하여 생각해 보겠다. 옛날 중국에서는 두 사람이 채무 관계를 맺을 때 둥근 대나무 통의 양쪽—'왼쪽'과 '오른쪽'—에 똑같은 계약서를 써서 채권자와 채무자에게 각각 한 쪽씩을 보관하도록 했다고 한다. '집좌계'에서 '좌계'는 그 왼쪽 계약서를 가리킨다. 그러나 쉽게 짐작할 수 있다시피, 둥근 대나무에서 왼쪽과 오른쪽은 '객관적으로' 결정되어 있는 것이 아니다. 어느 쪽에서 볼 때 '왼쪽'이란 말인가? 한쪽에서 볼 때 '왼쪽'은 반대쪽에서는 '오른쪽'이 된다. 그렇기 때문에 후세 학자들 사이에 '집좌계'—'왼쪽 계약서를 집는다'—가 채권자를 가리키는지 채무자를 가리키는지에 관한 의견 차이가 생기는 것은 당연하다고 말할 수 있다. 필자가 참고한 여러 번역본에서는 '집좌계'를 채권자로 해석하는 쪽과 채무자로 해석하는 쪽이 대략 반반으로 갈라져 있었다.

위의 두 마디 중에서 뒤의 '불책어인'은, '於'가 문법상 受動的수동적 의미를 나타낸다는 점에서 보면, 그 뜻이 매우 분명한 것으로 보인다. 이렇게 볼 때 그 말은 '남에게 독촉이나 책망을 받지 않는다'는 뜻으로 해석될 수 있다. 그러나 반드시 그런 것만은 아니다. 이 경우에 '於'는 '于'와 같은 뜻으로, 수동적인 의미가 아닌 능동적인 의미를 나타내며, 그렇게 되면 '불책어인'은 '남에게 책망을 하지 않는다'는 뜻으로 해석된다. (사실상, 필자가 참고한 어떤 판본에는 아예 '於' 대신에 '于'로 찍혀 있는 것도 있었다.)

이렇게 생각해 보면, 어조사 '而'로 연결된 앞뒤 두 마디 말 중에서 앞의 말은 채권자의 위치에 있는가 아니면 채무자의 위치에 있는가 하는 관점에서, 그리고 뒤의 말은 남에게 독촉을 받지 않는가 아니면 남에게 독촉을 하지 않는가 하는 관점에서 상반된 의미로 해석될 수 있고, 따라서 '聖人 執左契 而不責於人'이라는 노자의 말은 단순한 2×2 분류에 의하여 '세상을 살아가는 방식'에 관한 네 가지 가능한 유형을 시사한다. 즉, 1) 세상에 빚 준 사람처럼 살면서 남에게 독촉을 받지 않는 사람, 2) 세상에 빚 준 사람처럼 살면서(도) 남에게 독촉을 하지 않는 사람, 3) 세상에 빚진 사람처럼 살면서(도) 남에게 독촉을 받지 않는 사람, 그리고 4) 세상에 빚진 사람처럼 살면서 남에게 독촉을 하지 않는 사람이 그것이다.

노자가 생각한 성인이 이 네 가지 유형 중의 어느 것을 지칭하는가를 가리는 것이 중요하지 않은 것은 아니지만, 그보다도 우리에게 중요한 것은 우리가 생각하는 '세상을 사는 올바른 방식'은 어떤 것인가, 또 그보다도 오늘날 우리의 삶은 그중의 어느 것을 따르도록 사람들을 가르치고 있는가 하는 것이다. 사람들에게 올바른 삶의 방식을 가르치는 것은 입으로 이러이러하게 사는 것이 올바르게 사는 것이라고 말해서 되는 일이 아니다. 사람들이 입으로는 그렇게 말하면서도 실지로는 완전히 그것과 반대되는 방식으로 산다면 그것은 거짓말이며, 그 거짓말은 모든 사람에게 '거짓말'로 인정된다.

오늘날 우리는 혹시 위의 유형 (1)에 나와 있는 것처럼 '세상에 빚 준 사람처럼 살면서 남에게 독촉을 받지 않는' 정도가 아니라 그 이상으로 '남에게 독촉하는' 사람으로 살도록 가르치는 것은 아닌가? 사실을 두고 말하자면, 우리가 '세상에 빚 준' 것은 아무것도 없고 모든 것을 '세상에 빚지면서' 살고 있다. '세상에 빚진 사람'은 세상에 대하여 주장할 권리가 없다. 그런데도 우리는 마치 세상에 대하여 우리에게 진 빚을 갚으라고 독촉하는 사람처럼 모든 권리를 주장할 수 있다고 생각하는 것이 아닌가? 노자 당시의 삶은 어떠했는지 모르지만, 만약 노자가 오늘날 우리의 삶을 조금이라도 자세하게 관찰한다면, 그는 아마 틀림없이, 오늘날 우리는 위의 유형 (4)에 나와 있는 것처럼 '세상에 빚진 사람처럼 살면서 남에게 독촉을 하지 않는 사람'으로 사는 것이 아니라 그것과는 정반대의 삶을 살고 있다고 생각할 것이다.

30. 노인의 교육관

교육의 효과가 하루 이틀에 나타나는 것이 아니라는 말은 결국 교육자들이 현재 자기들이 하고 있는 교육이 제구실을 못하고 있다는 것을 듣기 좋게 둘러대려는 수작이 아닌가—이렇게 다그치는 젊은 교사에게 노인은 다음과 같이 말한다.

아니, 그렇지 않네. 하루 이틀이 아니라는 것이 얼마나 긴 세월을 두고 하는 말이냐가 문제이겠네마는, 나더러 말하라고 하면, 한 사람이 늙어서 이제는 아무에게도 쓸모가 없는 사람이 되었을 때 그때 교육의 효과가 나타난다고 말하겠네. 젊었을 때에는 누군가 그 사람의 도움을 필요로 하는 사람이 있고, 또 그런 만큼 자기의 힘이 미치는 한 다른 사람을 위해서 좋은 일을 할 수가 있네. 여기에도 교육의 효과가 없는 것은 아니지만 그것은 아무에게도 도움이 안 되는 때에 비하면 도저히 비교도 안 될 만큼 사소한 것이네.

늙었을 때 살아간다는 것은 어느 편인가 하면 남에게 도움을 주는 일이라기보다는 남의 도움을 받아야 하는 일이네. 말하자면 살아가는 것 자체가 다른 사람에게 짐이 된다고 할 수가 있네. 남에게 짐이 되지 않으려면 그야말로 '혼자서' 살아가지 않으면 안 되네. 사람이 받는 교육은 이렇게 '혼자서' 살아가야 할 때 무엇을 해야 하는가를 가르쳐 준다고 말할 수 있네. 생각해 보게. 아무에게도 도움이 될 수 없게 되었을 때, 만약 그 사람이 교육을 받지 않았다면 어떻게 되겠나. 겨우 까막눈은 면했다 한들, 책을 읽어야 의미도 모르고, 그러니 책을 읽는다는 것이 좋을 까닭이 없지, 그와 마찬가지로, 좋은 음악을 듣고 좋은 그림을 보더라도 그 사람에게는 하등 좋을 것이 없네. 그때 그 사람이 할 만한 일이 무엇이겠나. 공연히 젊은이들이 살아가는 데에 이런저런 잔소리를 늘어놓으면서 자신을 더욱 거치적거리는 존재로 만드는 것밖에 또 무슨 일을 할 수 있겠나.

요새 젊은이들은 좋은 대학에 들어가기 위해서 열심히 공부하고 있다고 듣고 있네. 학부모들은 물론이요, 아마 학생들도 좋은 대학에 들어가지 못하면 어떻게 되리라는 것은 상상할 수 있겠지. 그러나 공부를 게을리하면, 단순히 입시공부가 아닌 진짜 공부를 게을리하면, 노년에 어떻게 되리라는 것을 상상할 수 있는 사람이 몇이나 되겠나. 만약 그때 자신이 처하게 될 사태를 정확하게 상상할 수 있다면 현재 자신이 모든 정력을 쏟아붓는 입시공부는 참으로 자신이 해야 할 공부와는 비교가 되지 않는다는 것을 알게 될 것일세. 그 두 가지 공부의 차이를 깨닫는 순간 그는 등에 식은땀이 흐르지 않겠나.

누군가, 교육은 '삶을 위한 준비'라고 말했고, 상당히 많은 사람들이 그렇게 믿고 있는 모양이지만, 이때까지 내가 말한 그런 뜻에서라면 교육은 '죽음을 위한 준비'라는 말이 더 적절하다고나 할까. 물론, 삶과 죽음은 곧장 연결되어 있어서 삶을 위한 준비가 곧 죽음을 위한 준비라고도 말할 수 있지만, 여기에는 더 절박한 의미가 있다네. '죽음을 위한 준비'라는 말은 남에게 도움이 되는 삶이 더 이상 필요하지 않게 되었을 때 오로지 자신을 위해서 사는 삶을 가리키며, 교육은 이 삶을 위하여 준비를 갖추도록 해야 한다는 뜻이네. 어쨌든, 자네의 말은 옳지 않네. 교육의 효과가 장기적인 것이라고 하는 말은 결코 교육자들이 현재 자신의 무능과 무성의를 어물어물 둘러댈 구실이 될 수 없는 것일세.

31. 輪扁의 설명

齊제의 桓公환공이 대청 위에서 책을 읽고 있었다. 대청 아래서 수레바퀴를 깎고 있던 扁편이 문득 일손을 멈추고 환공에게 물었다. '왕께서 읽으시는 것이 무엇입니까?' '聖賢성현의 말씀이니라' '그 성현은 살아계십니까?' '아니다. 벌써 돌아가셨느니라' '그렇다면 왕께서 읽으시는 것은 옛사람의 찌꺼기올시다.' 환공은 노하셨다. '뭐라고? 과인이 책을 읽고 있는데, 수레바퀴나 깎는 주제에 무슨 말을 함부로 하느냐? 너 이제 그 말을 내가 알아들을 수 있도록 설명하면 그냥 살려 두려니와 만약 설명하지 못하면 죽이리라.'

편이 설명하였다. '예. 제가 하는 일에 비추어 그 말을 설명해 보겠습니다. 제가 수레바퀴를 깎을 때에 만약 망치질을 천천히 쾅쾅 하면 바큇살이 잘 들어가기는 하지만 튼튼하지 않고 쉽게 빠집니다. 또 만약 망치를 여러 번 재게 두들기면 바큇살이 빡빡해서 잘 들어가지 않습니다. 그래서 저는 망치질을 너무 느리지도 빠르지도 않게 알맞게 해야 합니다. 제가 알맞게 하는 이것은 제 손에 익숙하여 마음이 거기에 응할 뿐이며, 입으로 말할 수는 없는 것입니다. 제가 가진 이 기술은 아무에게도, 심지어 제 자식에게도 말로써 가르쳐 줄 수가 없고, 제 자식도 그것을 제게서 배울 수가 없습니다. 제가 나이 일흔이 되도록 아직까지 수레바퀴를 깎고 있는 이유가 바로 여기에 있습니다. 제가 가지고 있는 이 기술은 제가 죽으면 저와 함께 무덤에 들어갑니다. 그것은 제가 글로 써서 이 세상에 남겨놓을 수가 없는 것입니다. 이와 같이 사람들은 자기가 무덤 속에 가지고 들어갈 수 없는 것을 글로 써서 세상에 남겨놓습니다. 왕께서 지금 읽고 계시는 책을 쓰신 옛 성현도 그분이 깨달은 그 내용은 글로 써서 남겨놓을 수가 없었을 것입니다. 그 깨달음은 그분과 함께 무덤에 묻히고 말았습니다. 그분은 무덤 속에 지니고 들어갈 수 없었던 것을 글로 써 두었을 것입니다. 그러니 그것은 찌꺼기가 아니고 무엇이겠습니까?'

莊子장자 天道篇천도편에 나오는 이야기이다. 일견 그럴듯하게 들리는 이 이야기는 좀처럼 풀 수 없는 수수께끼를 담고 있다. 그 이야기대로 하자면, 그 이야기는 장자 자신이 무덤 속에 가지고 들어갈 수 없어서 뒷세상에 남긴 찌꺼기라고 말해야 한다. 그 찌꺼기를 뒤에 남겨두고 장자는 무엇을 무덤 속에 가지고 들어갔는가? 그 알맹이는 과연 무엇인가? 그 알맹이는 분명히 '말은 찌꺼기'라는 그 말은 아닐 것이다. 그러나 참으로 말이 찌꺼기라면 도대체 장자는 무엇 때문에 그 찌꺼기를 남겨 놓으려고 했단 말인가?

혹시 그 알맹이는 장자가 '말은 찌꺼기'라는 찌꺼기를 남겨 놓음으로써 우리에게 일깨워 주려고 한, 그 찌꺼기의 이면에 들어 있는 '그것', 그 찌꺼기가 손가락질하는 '그것'을 가리키는 것이 아닌가? 윤편의 경우에 그 '그것'은 '손에 익은 기술'이며, 그것은 윤편 자신의 말대로 입으로 말을 해서 다른 사람에게 알려주기가 불가능할 정도로 어렵다. 손으로 하는 기술도 말로 전달하기 어렵거늘 하물며 눈으로 보도록 하는 일이야 얼마나 어려우랴. 교육은 말이라는 찌꺼기를 써서 눈으로 보도록 하는 일이다.

그러나 이것 또한 장자의 찌꺼기에서 나온 또 하나의 찌꺼기가 아닌가?

32. 물정에 어두운 교사

나이가 마흔이 넘도록, 한때 젊은 나이에나 하고 그만두었어야 할 공부를 하고 있는 소크라테스에게 칼리클레스는 우정어린 충고를 한다. 제발 아이들의 공부를 그만두고 어른의 일이나 하라는 것이다. 그 어른의 일은 무엇인가? 그것은 관직에 나가는 것이다. 그러나 내가 왜 공부를 그만두고 관직에 나가야 하는가? 공부를 그만두지 않으면 내가 어떻게 된다는 말인가? 여기에 대한 칼리클레스의 대답은 이러하다. 만약 그렇게 하지 않으면 자네는 세상 사람들이 자네를 걸어 재판을 하더라도 스스로를 변호할 길이 없을 것일세.

그래, 하고 소크라테스는 말한다. 아마 자네 말대로겠지, 세상 사람들이 나를 재판에 거는 것은 마치 제과점 주인이 아이들 앞에서 의사를 재판 거는 것과 같을 것이야. 제과점 주인은 말하겠지. 저 의사는 나쁜 사람이야. 너희들 상처를 자르고 아프게 하지? 나를 봐. 너희들에게 맛있는 과자를 주지 않니? 이

때 의사가 무슨 말로 스스로를 변호할 수 있겠나? 나야말로 너희들의 건강을 위한다고? 아닐세, 아이들은 그것이 무슨 뜻인지 알아들을 수 없을 것일세. 그래서 나는 자네 말대로 스스로를 변호하지 못하고 죽음을 당할 것이 분명하네.

그러나 이번에는 나도 자네 걱정을 좀 해 주겠네. 자네는 어떤가? 할머니들이 하는 이야기대로 우리가 죽어서 저 세상에 갈 때는 육신도, 또 그 육신을 덮고 있는 의복도 없이 영혼만 신 앞에 가서 심판을 받는다고 생각해 보게. 자네는 이 세상 물정에 관해서 나에게 충고를 하네마는, 만약 자네가 온통 이 세상 물정에만 눈을 돌린 나머지, 영혼 돌보는 일을 게을리한다면 신 앞에 섰을 때 자네는 상처투성이의 영혼을 그대로 드러낼 수밖에 없을 것일세. 그때 자네는 이 세상에서 내가 그렇듯이 스스로를 변호할 길이 없을 것일세. 그때, 어찌 알겠나, 이 세상 사람들이 나를 죄인으로 몰아 죽이듯이, 자네에게도 바로 그런 일이 생기지 말라는 법이 있겠나?

이 소크라테스가 오늘날 다시 살아나서, 이 세상 물정에 어둡다는 것이 교사에 대한 일반인의 조롱이 되는 것은 물론이요, 교사들 중에도 그것을 수치로 생각하는 경우가 있다는 것을 알았을 때 무엇이라고 말할까?

교사들이여, 자신이 세상 물정에 어둡다는 것을 부끄럽게 생각하지 말라. 그대들을 그 점에서 조롱한 것은 역사상 어제 오늘에 비롯된 것이 아니다. 그러나 역사상 많은 교사들이 그것을 자랑스럽게 생각한 것도 마찬가지로 사실이다. 이 세상 물정에 어두우면 그 대신 밝은 데도 반드시 있는 법이다. 교사로서 산다는 것은 밝아야 할 곳과 어두워도 괜찮을 곳을 현명하게 선택하여 산다는 뜻이다. 그대들의 능력과 보상은 많은 사람들이 밝게 보는 곳을 밝게 보는 데에 있는 것이 아니라, 그들이 잘 볼 수 없는 곳을 밝게 보는 데에 있다. 그리고 아직껏 나는 그 보상이 저 세상이 아닌 이 세상에서 주어지리라는 희망을 버리지 않고 있다. 만약 할머니들의 이야기에 나오는 신이 저 세상만이 아니라 이 세상도 다스린다면 내 희망은 헛되지 않을 것이다.

33. 問의 學

일상의 관찰에 따르면 해가 동쪽에서 떠서 서쪽으로 진다는 것이 훨씬 자명하게 보이는데도 과학책에서는 예외 없이 그것을 지구의 자전으로 설명하고 있다. 즉, 해가 동쪽에서 떠서 서쪽으로 지는 것이 아니라, 지구가 하루에 한 번씩 서쪽에서 동쪽으로 자전한다는 것이다. 이때까지 우리 자신이 그것을 과학이라고 배웠고, 아이들에게도 그것을 과학이라고 가르치고 있다.

그러나 어째서 해가 동쪽에서 떠서 서쪽으로 진다는, 아무리 보아도 의심할 수 없는 일상의 관찰을 믿어서는 안 되는가? 어째서 우리의 눈을 믿어서는 안 되고 책에 쓰여 있는 '지구의 자전'을 믿어야 하는가? 과학자들이 그렇게 말했기 때문인가? 오직 과학자들이 그렇게 말했다는 한 가지 이유만으로 그것을 믿는 사람은 우리의 상식적인 눈—해가 동쪽에서 떠서 서쪽으로 진다고 보는 눈—을 믿는 것에 못지않게, 아니면 그보다 더 '비과학적인' 사람이라고 보아야 한다.

어째서 해가 동쪽에서 떠서 서쪽으로 진다고 보면 안 되는가 하는 질문을 하지 않고 단순히 지구가 서쪽에서 동쪽으로 자전한다는 것을 배우는 것은 과학을 배우는 것이 아니다. 어떤 아이가 지구의 자전을 말로 듣고 외웠다고 하더라도 그 아이는 그것을 몰랐던 상태에 비하여 하등 나아진 것이 없다. 결국 그것은 배우나마나 한 것이다. 그러나 눈으로 볼 때에는 분명히 해가 뜨고 지는데도 어째서 그렇게 보아서는 안 되는가 하는 질문을 할 때에는 모든 것이 달라진다. 그런 질문을 듣거나 생각해낼 때, 그 아이는 옛날 코페르니쿠스가 보았던 우주를 보는 문턱에 들어서 있는 것이다. 그 아이는 설사 자기 자신이 그 해답을 알지는 못한다고 하더라도 그 질문이 누군가에 의하여 이미 해답이 되었거나, 만약 해답이 되지 않았으면 장차 누군가에 의하여 반드시 해답되어야 한다는 것을 알게 된다. 그리고 무엇보다도 그 아이는 그런 질문을 하고 그것에 대한 대답을 찾는 일—즉, 과학—이 어떤 의미를 가지는지를 알게 된다.

어째서 '學問'학문을 배울 '學'학 자와 물을 '問'문 자의 결합으로 나타내게 되었을까? 아마 그것은 '問을 學한다', 즉 '질문하는 것을 배운다'는 뜻을 표현하기 위한 것이 아니었을까? 학문을 할 때 우리가 배우는 것은 '해답'이 아니라 '질문'이며, 이 질문은 학문을 하지 않고는 달리 배울 수가 없다. 그리고 학문에서 나오는 질문은 어떤 것이든지 삼라만상에 대한 우리의 안목을 바꾸어 놓는다. 우리가 학문을 소중히 여기는 이유가 여기에 있다.

어떤 철학자는 우리가 아는 범위를 圓원으로 표시할 때 생기는 묘한 역설을 지적한 바 있다. 원 안에 들어 있는 부분이 '아는 부분'이라면 '모르는 부분'은 원 밖이다. 그러나 원 안에 있는 사람의 눈으로 볼 때 원 밖은 바로 원둘레이다. 원의 넓이가 작으면 원둘레 또한 작을 수밖에 없다. 다시 말하여 아는 것이 별로 없는 사람에게는 모르는 것이 없다. 그러나 아는 것이 많은 사람에게는 사방 어디를 둘러보아도 모르는 것뿐이다. 이것을 거꾸로 말하여 모르는 것이 많은 사람은 아는 것도 많다고 말할 수 있지 않을까? 그렇다면 그 철학자의 역설은 학문을 '問의 學'으로 해석할 근거가 되는 것이 아닐까?

34. 재키의 변명

'나는 한때 미국 대통령의 부인이었다가 남편을 여의고 그리스의 나이 많은 부자와 결혼한 재클린 오나시스입니다. 남편이 죽기 전에 나는 모든 미국 여성들로부터 존경을 받았고 또 선망의 대상이 되기도 했습니다. 그러나 내 姓성이 '케네디'에서 '오나시스'로 바뀐 뒤로부터 미국의 여성들은 말할 것도 없고 온 세계의 사람들이 나를 가장 파렴치하고 비도덕적인 인간으로 비난해 왔습니다. 특히 미국의 여성들은 그 전에 나에게 존경을 보냈던 것과 꼭 같은 정도로 나를 경멸한다고 말할 수 있습니다.

나는 그들의 비난과 경멸이 어디서 오는 것인가를 충분히 짐작할 수 있습니다. 아마 대부분의 경우에 사람들은 내가 고인의 추억을 간직하고 조용하게 평생을 마치기를 기대했을 것입니다. 그런데도 나는 그 기대를 저버렸습니다. 이때 사람들은 내가 여자로서의 고독을 감당하지 못하고 허영 속에서 놀아

나고 싶어서 그렇게 했다고 생각한 모양입니다.

그러나 사람들 중에 나의 마음을—그들 자신의 마음이 아닌 나의 마음을—헤아려 본 사람들이 몇 명이나 있겠습니까? 고인은 미국의 대통령이었던 것과 동시에 나의 남편이었습니다. 아니, 나의 편에서 보면 그분은 대통령이기 전에, 또는 그보다 더 남편이었고, 나의 모든 삶은 그분과 관련해서만 의미가 있었습니다. 그 남편이 미국 국민의 한 사람에게 살해되었습니다. 내가 미국과 미국 국민에게 어떤 애착을 가질 수 있겠습니까? 나는 말하자면 미국 국민으로서는 꿈에도 생각하지 못한 기상천외의 방법으로 그들을 배반할 수밖에 없었습니다.'

한국에서는 심청이 효의 화신으로 생각되고 있다. 「심청전」이 하나의 문학작품으로서, 또 국민의 효성을 북돋우기 위한 도덕적인 훈화로서 가치를 가지고 있다는 것은 의심할 여지가 없겠지만, 그것과는 별도로 청의 행동 하나만을 떼내어 생각한다면 그것은 분명히 도덕적으로 문제가 되는 행동으로 비칠 수 있다. 청이 참으로 눈먼 아버지를 봉양하려고 했더라면 어떻게 남경 장사 선인들을 따라가서 인당수에 빠져 죽으려고 생각했는지 이해되지 않는 것이다.

얼른 생각하기에는 차라리, 아무리 살기가 어렵고 고생이 되더라도 눈먼 아버지 곁을 떠나지 않고 그를 도와가며 사는 것이 진심으로 아버지를 위하는 길이 아니었던가 하는 생각이 든다. 순간적으로 뱃전에서 몸을 날리는 것과 10년, 20년 눈먼 아버지의 뒷바라지를 하는 것, 이 둘 중에서 어느 쪽이 더 어려운가 하는 것은 많은 사람들이 생각하는 것만큼 분명한 것이 아니다. 물론, 청의 경우에는 다행하게도 그 뒤에 다시 살아나서 귀한 몸으로 아버지를 만나게 되지만, 그것은 어디까지나 이야기이다.

이 모든 말은 단순히 사람들이 나의 소행을 너그럽게 보아 달라는 뜻에서 하는 것이 아니다. 대부분의 사람들은 다른 사람들의 행동에 대하여 도덕적인 판단을 할 때, 자기가 보는 눈이 유일절대의 것이라고 생각하고 그것에 얽매여 있다. 만약 사람들이 이 사실을 안다면 그들은 도덕적 판단에서 조금은 겸손과 관용을 보일 수도 있을 것이다.

35. 질문과 대답

두 신부가, 기도하는 것과 담배 피우는 것을 동시에 할 수 있는가 하는 문제로 논쟁을 벌이고 있었다. 한 신부는 있다고 하고, 한 신부는 없다고 했다. 아무리 오랫동안 논쟁을 해도 결말이 나지 않기에 둘은 각각 교황에게 문의해 보고 난 뒤에 다시 만나기로 하였다. 두 주일이 지난 뒤에 두 사람은 각각 교황의 회답을 가지고 다시 만났다. 그런데 이상하게도 두 사람은 모두 교황이 자기의 의견에 동의하였다고 주장하는 것이었다. 그리하여 두 사람은 서로 교황에게 편지를 어떻게 썼는가를 비교해 보았다.

한 신부는 교황에게 다음과 같이 물었다. '담배를 피우면서 기도할 수가 있습니까?' 여기에 대하여 교황은 '물론, 있습니다. 기도는 언제 어디서나 해야 하는 것이니 담배를 피운다고 해서 기도를 할 수 없는 것은 결코 아닙니다'라는 대답을 보내왔다. 이와는 달리, 또 한 신부는 '기도를 하면서 담배를 피울 수 있습니까?'라고 물었다. 여기에 대한 교황의 대답은 '안 됩니다. 기도는 신성한 것인데, 기도를 하면서 담배를 피운다는 것은 절대로 용납될 수 없는 일입니다'라는 것이었다.

이 이야기는 질문을 어떤 방식으로 하는가에 따라 대답이 달라질 수 있다는 것을 말하는 것으로 이따금 인용되고 있다. 그러나 이 이야기는 또한 하나의 사상이나 주장을 올바로 이해하기 위해서는 그것이 어떤 질문에 대한 대답인가를 알 필요가 있다는 뜻으로도 해석될 수 있다. 예컨대 칸트의 철학은 칸트가 어떤 질문을 가지고 고민을 했는가를 알 때 비로소 올바르게 이해될 수 있다. 칸트의 철학은 바로 그 질문에 대한 대답인 것이다. 그것이 대답하고자 하는 질문과 관련을 맺지 않을 때 칸트의 철학은 단순히 '칸트가 한 말'로 우리의 귓전을 스치고 지나갈 뿐이며, 우리에게 이해되는 것이 아니다. 일상생활에서 우리는 여러 가지 의견을 말하고 크고 작은 방안을 제시한다. 또한 우리는 다른 사람들이 의견을 말하고 방안을 제시하는 것을 듣는다. 그러면서도 우리는 우리 자신이나 다른 사람들이 하는 말이 어떤 질문에 대한 대답인가를 생각해보는 경우가 매우 드물다. 「탈무드」에 적혀있는 다음과 같은 경구는 바로 이 점을 경계한 것이다. '어떤 사람이 한길을 뛰어가면서 큰 소리로 고함을 지른다—내가 대답을 가지고 있다. 누가 질문을 가지고 있는가?'

이 사람의 모습은 다름 아니라 바로 우리가 하는 말이 어떤 질문에 대한 대답인가를 생각해 보지 않고 '그냥 말할 때'의 우리 자신의 모습이다. 이때 우리는 우리 자신의 말도 올바르게 이해하지 못하는 상태에 있다고 말할 수 있다. 말은 반드시 어떤 질문에 대한 대답이며 따라서 그것이 대답하고자 하는 질문과 관련하여 비로소 올바른 의미로 이해될 수 있다. '기도하는 것과 담배 피우는 것을 동시에 할 수 있다'는 한 신부의 말과 '기도하는 것과 담배 피우는 것을 동시에 할 수 없다'는 다른 신부의 말은 각각 다른 질문에 대한 대답이며 따라서 다른 의미를 나타낸다. 이 점을 알게 될 때까지 두 신부의 논쟁은 끝나지 않는다. 말의 의미를 다른 사람에게 이해시켜야 하는 교사에게 가장 중요한 자질은 명제를 질문으로 바꾸는 능력이다.

36. 연산군의 쾌거

어느 초등학교에서 학생들에게 '폭군 연산'이라는 영화를 보여 주고 감상문을 쓰게 하였다. 이때 학교 당국에서는 으레 국왕으로서의 연산군이 私怨사원에 집착한 나머지 국정을 그르친 데에 대하여 의분을 토로하기를 기대하였다.

그러나 학교의 기대와는 반대로 학생들의 반응은 한결같이 연산군의 복수 행각을 찬양하는 것이었다. 학교에서는 당황하였다. 학교의 입장에서 보면 이 사태는 어떤 모양으로든지 수습되어야 할 사태였다. 그러나 어떻게? 연산군의 비정에 대한 비난은 '학교'의 해석, '교과서'의 해석, '어른'의 해석에서 나온 것이 아닌가. 이 해석이 연산군의 쾌거를 찬양하는 학생들의 해석보다 더 좋은 해석이라고 하여 학생들에게 그들의 해석 대신에 학교의 해석을 받아들이도록 요구하는 것이 과연 정당한가, 더구나 요새 유행하는 학설에 의하면 논리란 결국 상대적인 것이 아닌가, 등등.

이러한 사태에 대하여 어른들은 세태의 변천은 참으로 어쩔 수 없다는 식으로 일단 패배주의에 빠지는 경향이 있다. 그러나 상대논리건 무엇이건 간에 그런 학생들의 반응에 대하여 아무 할 말이 없다고 하면 이것이야말로 문제사태이다. 학생들의 해석은 말하자면 '머리'보다는 '창자'에서 나온 것이며 우리가 '머리'와 '창자'를 동등한 해석원으로 생각한다면 세상은 이제 마지막 길을 가는 것이다. '머리'로 해석할 때 私怨사원과 국정은 결코 동등한 비중을 가질 수가 없다.

어째서 어른들은 이 경우에 '말해 봐야 헛일'이라고 생각하는 것인가? 아마 가장 중요한 이유는 말할 거리가 없다는 데에 있을 것이다. 연산군의 비정을 비난하는 어른들의 해석 또한 대개의 경우에 '머리'에서 나온 것이 아니라 다른 사람들의 말을 '귀'로 받아들인 결과이다. '창자'에서 나온 해석과 '귀'를 통해 들어온 해석이 대결하는 사태에는 하등 공동의 대화가 성립할 수 없다.

오늘날 세대 간 대화의 단절이라는 可恐가공할 현상의 책임은 주로 아이들에게 돌려질 것이 아니다. 아이들은 어쩔 수 없이 '창자'로 생각하게 되어 있다. 그들에게 '머리'로 생각하도록 가르치는 것은 명백하게 어른의 책임이다.

37. 풍요의 가치관

최근 2, 3년 동안에 벌어지고 있는 이른바 테니스 부움은 豊饒풍요의 증거 그 자체는 아니라고 하더라도 장차 다가올 풍요를 예고하는 것임에는 틀림이 없다. 요새처럼, 또는 요새보다 더 많은 사람들이 테니스를 즐길 여가와 여유를 가지고 있다는 것은 분명히 좋은 일이다. 그러나 만약 테니스가 상당히 많은 사람들에게 마치 풍요를 누리는 유일한 방법처럼 생각된다면 이것은 좋은 일이 아니다.

요즘 서울 일부 지역의 테니스 코트는 전 시간 성황을 이루고 있다. 다른 사람들이 정상적인 근무를 하고 있는 시간에, 또 그 사람들의 눈에 띄는 도시 한복판에서 그처럼 많은 사람들이 테니스에 몰두할 수 있는 나라는 아마 세계에서도 별로 찾아보기 어려울 것이다. 그런 경우에 그 테니스 애호가들은 바로 자기 옆에서 사람들이 일하고 있다는 것을 조금이라도 염두에 두고 있는가? 그들은 무슨 생각을 하고 있는가? 그들은 테니스가 어떤 종류의 활동인가를 알고 있고 스스로 그 활동을 올바른 방법으로 하고 있다고 생각하는 것인가?

풍요를 누릴 수 없다는 것은 물론 슬픈 일이다. 그러나 풍요를 누릴 수 있을 때 그것을 누리는 올바른 방법을 모른다는 것은 또한 그에 못지않게 슬픈 일이다. 다른 사람이야 일을 하거나 말거나 내가 가지고 있는 여유를 내 마음대로 사용하면 그만이 아닌가, 테니스는 누구나 하고 있는데 나라고 해서 못 할 이유가 없지 않은가—만약 그 테니스 애호가들이 오직 이렇게만 생각한다면 이것은 바로 풍요를 누릴 올바른 방법을 배우지 않은 채 풍요를 누리려고 하는 그릇된 생활태도를 나타내는 것이다.

풍요의 가치관을 배우는 일은 풍요 그 자체를 실현하는 것보다 더 어렵고 시간 걸리는 일일 것이다. 장차 다가올 풍요는 우리로 하여금 우리가 그전에 너무나 오랫동안 누려보지 못했기 때문에 누구나 누리고 싶은 여러 가지 특권을 누릴 수 있게 해 줄 것이다. 이때를 위하여 우리는 풍요의 사용에는 그 실현에 못지않게 큰 의무가 따른다는 것을 배워야 할 것이다.

38. ᅀᆞᆱ을 찾아서

훈민정음 제정 당시에 있었던 한글 자음 'ㅿ' 자가 그 후 없어지면서 'ㅇ' 또는 'ㅅ'으로 바뀌었다는 점에 대해서는 국어학계의 의견이 일치되고 있다. 필자는 혹시 'ㅿ' 자가 아직도 사용되던 때에 'ᅀᆞᆱ'이라는 단어가 있었던 것이 아닌가 하고 신통한 고증 수단도 없으면서 혼자 생각하고 있다. 'ㅿ'이 'ㅇ'으로 바뀌면 그 단어는 '앎'이라는 단어가 되고 'ㅅ'으로 바뀌면 '삶'이라는 단어가 되기 때문이다. 이렇게 보면 'ᅀᆞᆱ'이라는 가상적인 단어는 필시 앎과 삶이 분화되기 이전 상태를 가리키는 것이라고 볼 수 있다.

만약 'ᅀᆞᆱ'이라는 단어가 있었다면 우리 조상들에게 그 단어는 어떤 상념을 불러일으켰던 것일까? 앎과 삶이 하나의 실체로 혼연일체가 되어있는 상태란 과연 어떤 상태였을까? 있었는지 없었는지도 모르는 단어를 두고, 앎과 삶이 완전히 분화된 시대에 살고 있는 필자는 그 단어가 지시했을 법한 상태를 마치 어릴 적 꿈을 더듬듯 더듬거리고 있다. 그때 우리 조상들은 아는 것과 사는 것이 별개의 것이 아닌 동일한 행위임을 시시각각으로 생생하게 체험했는지 모른다. 오늘날 우리가 입버릇처럼 말하는 '사는 데에 하등 도움이 되지 않는 지식'이라는 말은 그들의 경험세계에서는 결코 이해되지 않았을 것이다.

'숣'이라는 단어를 쓰고 있었다면 분명히 우리 조상들은 살아가는 일은 곧 알아가는 일이라고 생각했을 것이다. '직업을 가지고 보수를 받아서 먹고사는' 것만으로는 살아간다는 말의 의미가 충분히 설명되지 않는다는 것을 우리 조상들은 알았을 것이다. 살아간다는 것은 그와 동시에 주위의 사물이나 현상에 관하여 우리 자신과 다른 사람의 행동에 관하여 그 의미를 생각해 보고 그것을 집요하게 추구하는 데에 그 참뜻이 있다는 것을 그들은 알았을 것이다.

소크라테스가 아테나이 사람들에게 '자기성찰 없는 인생은 살 가치가 없다'고 말한 것은 그 당시 아테나이 사람들 중에 자기성찰을 할 능력과 태도를 가진 사람들이 드물었기 때문이다. 비단 아테나이 사람들뿐이겠는가. '숣'이라는 가상적 단어는 바로 오늘날 우리에게 올바른 삶의 의미를 찾는 일이 중요하다는 것을 일깨워 준다.

39. 말귀

톨스토이의 「안나 카레니나」에는 '첫 글자 문장'을 읽는 이야기가 나와 있다. 두 젊은 연인들이 단어의 첫 알파베트만을 땅바닥에 쓰면서 상당히 오랫동안 대화를 하는 것이다. '당신이 그때 아니라고 대답했을 때 영영 아니라는 뜻이었소, 아니면 그때 아니라는 뜻이었소'라는 복잡한 문장도 [ㄷ ㄱ ㅇ ㄷ ㄸ] 식으로 표현되고 전달되는 것이다. 남자가 '영영'이라는 단어의 'ㅇ'을 짚으면서 그것이 무슨 말인가를 물으면 여자는 '영영'을 틀림없이 알아맞힌다. 놀라운 일이지만, 사실은 놀라운 일이 아니다. 그들은 서로 무슨 생각을 하고 있는지 완전히 이해하고 있기 때문이다. 이른바 '이심전심'의 상태이다.

노자의 '和光同塵'화광동진이라는 말은 '광채를 줄여서 티끌과 같게 한다'는 뜻이다. 이쯤 되면 이것은 두 연인들의 첫 글자 문장과 거의 다름이 없는 듯하다. 그러나 설사 그 뜻을 풀이하여 '자기의 능력을 감추고 겸손하게 행동한다'는 뜻이라고 말한다고 하자. 그러면 이 말귀는 아무나 쉽게 알아들을 수 있을 것인가? 물론 사람이 겸손해야 한다는 말은 아이들도 알아들을 수 있는 말이라고 생각할지 모른다. 그러나 이때 우리는 각자가 이해하는 수준에서 각자 나름으로 그 말을 이해할 수밖에 없을 것이다. 말귀를 알아듣는 데는 그 말을 받쳐주고 있는 경험과 이해의 바탕이 필요하다. 겸손한 태도를 가지고 있는 사람들, 그리고 가지고 있지 않은 사람들과 어울려 살면서 그 사람들 사이에서 부대껴 보고 그런 행동의 의미를 생각해 보지 않은 사람들에게 '화광동진'이라는 말은 그야말로 판독할 수 없는 기호에 불과하다. 말귀를 알아들을 때 우리는, 정도의 차이는 있을지언정, 연인들이 첫 글자 문장을 읽는 것과 동일한 일을 하는 것이요, 우리가 주고받는 말은 본질상 연인들의 첫 글자 문장과 동일하다.

그렇다고 말을 그만둘 수 있는가. 불교에서는 가장 깊은 진리에 도달하는 순간을 '말이 끊어진'—言絕언절—상태라고 한다. 물론 말은 불확실하다. 그러나 '이심전심'과 마찬가지로 '言絕언절'은 말을 하지 않은 상태가 아니라 모든 말을 다한 상태이다. 침묵에 의하여 그러한 상태에 도달할 수 있다고 생각하는 것은 비유컨대 어머니 뱃속을 이상향이라고 생각하는 것과 같다.

40. 정신적 무중력

대학을 졸업하고 사회에 진출한 사람들을 일정 기간 간격을 두고 접해보면 누구나 그 사람들이 조금씩 변해가고 있다는 것을 느낄 수 있을 것이다. 처음에는 자기의 상사나 동료들의 행동, 직장의 풍토 등에 대하여 온갖 불만을 표시하다가 점점 그 불만의 열도가 식어가면서 조만간 그 불만이 완전히 가신 것처럼 아무 말도 하지 않게 되는 경우가 대부분이다.

분명히 이러한 변화는 대학을 졸업하고 사회에 진출하는 경우에만 일어나는 것은 아닐 것이다. 실상 대학에서 사회에 진출하는 경우는 우리 사회에서 위와 같은 변화가 가장 명백히 드러나는 모델 케이스에 불과하다고 보아도 좋다. 어느 경우에나 다소간 새로운 환경에서 새로운 경험을 할 때 사람들은 그 경험을 일단 비판적인 안목으로 분석하다가 서서히 그 경험에서 발견되는 모순점을 당연한 것으로 받아들이게 된다. 처음에 그토록 불만을 자아내던 모순점에 더 이상 주의를 기울이지 않게 된 것이다. 이런 상태에 도달한 사람들은 '사회'라는 것에 완전히 달관한 듯한 태도를 지으면서 아직 이 상태에 도달하지 못한 사람들에 대하여 '그게 원래 그렇게 되어 있는 거야', '좀 더 살아보면 알게 될 거야' 따위의 말을 한다. 그리고 이들 자칭 도사들의 눈으로 보면 상대방은 분명히 '아직 꼭지가 덜 떨어진' 것이다.

좌절감이라는 것은 욕구의 불만으로 말미암아 야기되는 정서적 불안을 가리키는 심리학적 용어이다. 보통 좌절감이라는 용어는 병적인 요소를 내포하고 있다. 좌절감이 누적되면 정신질환으로 번지기 쉽다고 심리학은 가르친다. 사람들은 이러한 정신질환으로부터 스스로를 보호하기 위하여 소위 여러 가지 '심리적 방어기제'를 써서 좌절감을 해소하고자 한다. 말하자면 좌절감은 개인 정신위생의 적신호인 것이다.

좌절감의 경험이 습관화된 나머지 좌절감에 둔화되는 것은 확실히 일종의 심리적 방어기제라고 볼 수 있을 것이다. 좌절감이 개인 정신위생의 적신호인 것이 사실이라고 하더라도 좌절감의 둔화는 확실히 사회적 병리현상이다. 좌절감에 둔화된 상태는 바로 대학 졸업생들이 사회에 진출한 지 얼마 후에 그 이상 불만을 표시하지 않기로 마음먹은 그 상태요, 사람들에게 몇 번 연거푸 속임을 당한 뒤에 사람을 속인다는 것은 '원래 그렇게 되어 있는 것', '누구나 그렇게 하는 것'으로, 그 이상 문제 삼을 거리가 되지 않는다고 생각하는 그런 상태이다.

사회는 그 성원들을 다소간 일정한 형태로 동화시키는 일을 한다. 오늘날 우리 사회는 어쩌면 사람들로 하여금 좌절감에의 둔화를 주된 심리적 방어기제로 삼도록 강요하고 있고 그 결과로 조금씩 조금씩 사람들을 현상의 수락자로 다듬어 가고 있는지도 모른다. 그러나 개인의 정신위생상의 고려를 별도로 치면, 사람들이 좌절감을 가지고 있다는 것은 사회적으로 보아 아직 희망이 있다는 증거이다. 모든 사람들이 이미 좌절감을 경험할 수 없는 사태라는 것은 실로 가공할 절망의 상태이다. 이 상태는 흡사 정신적 무중력 상태로서 여기서는 아무런 부조리도 사람들의 주의를 끌지 못하게 될 것이다. 좌절감에의 둔화가 현상의 수락을 의미한다면, 좌절감에의 민감성은 현상을 개선할 수 있다는 신념과 개선하려는 노력을 의미한다.

정신적 무중력 상태를 예방하는 길은 사람들이 모두 좌절감에의 민감성을 발달시키는 데에 있다. 물론 좌절감은 개인 정신위생의 적신호일 수 있다. 그러므로 좌절감에의 민감성을 발달시킨다는 것은 또한 좌절감에서 따라오는 정신위생상의 重荷중하를 짊어질 태세를 갖춘다는 것을 의미하기도 한다. 사회의 대다수 사람들이 좌절감에의 민감성을 발달시키고 그 중하를 기꺼이 짊어질 때까지 그 사회는 '아직 꼭지가 덜 떨어진' 소수의 사람들의 어깨에만 얹혀가는 가련한 형상을 모면할 수 없을 것이다.

41. 宇宙景

한때 유럽의 어떤 과학자가 '우주경'이라는 제목으로 놀랄만한 과학적 상상력을 발표한 일이 있다. 이 과학자는 네덜란드의 어느 집 정원에 앉아 팔 위의 모기 한 마리를 바라보고 있는 어떤 사람의 관점을 기점으로 삼아 위로 십 미터, 백 미터, 만 미터 식으로 올라가서 볼 때 나타날 광경과 다시 아래로 십분의 일 미터, 백분의 일 미터, 만분의 일 미터 식으로 내려가서 볼 때 나타날 광경을 그림으로 그려 내었다. 위로 올라갈 때는 집을 둘러싼 정원, 마을의 전경, 네덜란드와 북해, 지구와 달, 태양계 등이 차례로 보이고 아래로 내려갈 때는 피부조직에 박힌 모기의 입을 중심으로 하여 주위의 피부조직이 차차 자세하게 보이면서 소금의 분자와 원자가 차례로 보인다는 것이다.

필자가 이 그림을 본 것은 근 15년 전 일이지만, 필자는 늘 그 과학적 상상력이 모종의 철학적 통찰을 함축하고 있다고 생각해 왔다. 비록 그 과학자처럼 그렇게 정확한 '우주경'을 그려

낼 수는 없다 하더라도, 사람은 누구나 현재 자기가 서 있는 곳과는 다른 곳에서 자기를 바라볼 능력을 가지고 있다. 개나 돼지가 자기를 객관화할 능력이 있다고 믿을 사람이 누가 있겠는가? 현재의 관점을 벗어나서 자신을 바라본다는 것은 인간의 독특한 경험이며, 인간이 인간다운 이유 또한 바로 여기에 있는 것이 아닐까? 그러므로 만약 사람들이 어떤 이유에서든지 그런 경험을 하려고 하지 않는다면, 이것은 곧 인간으로서 인간일 수 없거나 인간임을 포기하는 것이 아닐까?

우리는 자신과 다른 사람들에게 똑같이 '대국적 견지'에서 사물을 보라고 하고 '장기적 안목'을 가지라고 한다. 대국적 견지나 장기적 안목은 바로 공간적으로 또 시간적으로 현재의 시점을 벗어난 상태를 가리키는 것이다. 이때 우리가 자신과 다른 사람들에게 요구하는 것은 실상 몸은 비록 지금 여기에 있어서 바로 눈앞의 것에 얽매이기 쉽지만, 마음은 말하자면 십 미터 위나 십 년 뒤에서 우리의 현재 위치와 그 안에서의 우리의 행동을 보라는 것이다. 그리고 대국적 견지에서 보라고 하고 장기적 안목을 가지라고 할 때, 우리는 그 상태에서는 우리 자신이나 우리 눈앞에 보이는 것들이 훨씬 다르게 보이리라는 것을 가정하고 있다.

십 미터 위나 십 년 뒤라는 것은 인간 본연의 위치를 나타낸다고 말할 수 있다. 만약 십 미터 위에서 내려다볼 수 있다면 우리는 좁은 버스 문 앞에서 서로 먼저 타려고 아귀다툼을 벌이지 않을 것이다. 만약 십 년 뒤에서 돌이켜 볼 수 있다면 우리는 현재의 사적인 편의를 위하여 대의를 그르치지 않을 것이다. 십 미터 위나 십 년 뒤에서 볼 때, 우리 눈에는 버스 자리나 사적인 편의 이외의 다른 것이 보일 수 있기 때문이다.

그러나 '인간 본연'이라는 말과 마찬가지로 '대국적 견지'나 '장기적 안목'이라는 말은 조심스럽게 쓰고 조심스럽게 들어야 한다. 슬픈 일이지만, 이러한 말들은 흔히 사람들로 하여금 사물의 특정한 측면만 보도록 함으로써 다시 그 말을 하는 사람의 사적인 편의를 도모하는 수단이 될 수 있기 때문이다. 영국의 어떤 시인은 한 미모의 여성에게 '만약 당신의 아름다움이 영원하다면 나는 당신에게 이런 구질구질한 구애는 하지 않을 것입니다. 그러나 불과 몇십 년이 못 가서 당신의 그 아름다운 몸매에는 구더기가 슬고…' 하는 식의 구애시를 써 보냈다고 한다. 대국적 견지나 장기적 안목이라는 말로 자행될 수 있는 수많은 현실 은폐의 가능성 중에서 이것은 그나마 아름다운 것에 속한다.

대국적 견지에서, 또는 장기적 안목으로 볼 때 무엇을 보아야 하는가, 무엇을 볼 수 있는가는 궁극적으로 보는 사람의 인간됨에 달려 있다고 보아야 할 것이다. 다시 이것은 오늘날 사람들이 주로 어떤 생각으로 살아가고 있는가 하는 문제로 귀착된다. 이쯤 되고 보면 '우주경'에서 시작된 필자의 조그만 통찰도 원자나 태양계를 둘러싼 허공만큼이나 허무한 것이 되어 버리는 듯싶다. 아무리 대국적 견지에서, 또 장기적 안목으로 본다고 하더라도 보는 사람의 마음은 달라지지 않을 것이기 때문이다.

42. 촌놈임을 자인하는 촌놈

아무도 촌놈을 무서워하지 않는다. 그러나 스스로 촌놈이라고 생각하고 공공연히 그렇다고 인정하는 촌놈은 참으로 무서운 존재이다. 아닌 게 아니라, 이 세상에서 제일 무서운 사람을 들라고 하면, 필자는 서슴지 않고 '촌놈임을 자인하는 촌놈'을 들겠다. 왜냐하면 촌놈임을 자인하는 촌놈은 이미 보통 뜻에서의 '촌놈'이 아니며, 따라서 우리가 '무서워하지 않아도 좋은' 그런 존재가 아니기 때문이다. 자기가 촌놈이라는 것을 인정하지 않고 억지로 '도시 사람' 흉내를 내는 촌놈이야말로 진짜 촌놈인 것이다.

우리 동료 교수 중 한 분이 미국에 가서 공부할 때의 이야기를 들은 일이 있다. 어째서 그런 생각을 하게 되었는지는 모르지만, 그분은 미국 유학을 갈 때, 스스로 '아무것도 모르는 촌놈'으로 행세하리라고 작정하였다.

미국 대학의 강의에서 논의되는 내용들은 대부분 그분이 알

만한 내용이었다. 그것들은 그분이 한국에 있을 때 직접 읽어 보았거나, 아니면 귀동냥으로라도 들어 본 일이 있는 내용이었다. 말하자면 그분은 그 내용에 관한 한, 순전한 촌놈은 아니었다. 그러나 그분은 '촌놈'으로서 아무것도 모르는 체했다.

아무것도 모른다고 해서, 열댓 명 또는 스무 명의 학생이 듣는 세미나식 강의에서 그야말로 가만히 앉아 있을 수는 없었다. 내용에 관하여 아무것도 모를 때는 어떻게 해야 하는가? 이때 할 수 있는 일은 아무것도 모르는 사람의 입장에서 질문을 하는 일밖에 없을 것이다. 그분은 질문을 하였다. 그 질문 중의 대부분은 만약 그분이 내용에 관해 아는 체했더라면, 도저히 생각할 수 없는 질문들이었다.

그분을 제외한 대부분의 미국 학생들은 '성내 사람'처럼 행동하였다. 그들은 각자 아는 범위 내에서 그분을 '가르쳐 주려고' 했다. 그러나 그분은 그 미국 학생들의 '설명'에 대하여 다시 질문을 하였다. 스스로 아무것도 모른다고 생각하기 때문에, 그분은 조금도 초조하거나 두려울 것이 없었다. 초조하거나 두려운 것은 오히려 그분을 가르쳐 주려고 하는 미국 학생들이었다.

객관적인 눈으로 보면, 이 사태는 흡사 한 명의 외국 학생이 여남은 명의 미국 학생들을 상대로 세미나를 벌이고 있는 것 같았다. 세미나의 중심은 바로 그 외국 학생이었다. 이것이 그 강의를 담당하고 있는 교수의 눈에 띄지 않을 리 없었다. 그리하여 그분을 가르친 교수들은 입을 모아 '한국에서 온 아무개는 보통 똑똑한 사람이 아니다'라는 소문을 내게 되었다. 그분은 교수나 학생들 사이에 '무서운 존재'로 된 것이다. 이것이 그분의 미국 대학에서의 성공비화이다.

그러면, 그분이 촌놈으로 자처한 것은 순전히 '무서운 존재'로 인정받기 위한 '전략'이었던가? 그리고 그분을 '무서운 존재'로 인정한 미국 대학의 교수들은 불쌍하게도 그 전략에 속아 넘어간 사람들인가? 필자는 그렇게 생각하지 않는다. 만약 그것을 전략이라고 생각하는 사람이 있다면 필자는 그 사람도 그러한 전략을 쓸 수 있는가를 실지로 시험해 보도록 권하고 싶다. 그러면 그 사람은 그것이 별로 쉬운 일이 아님을 알게 될 것이다. 만약 그것이 아무나 써야 하겠다고 생각할 때 쉽게 쓸 수 있는 전략이라면, 오늘날 그토록 많은 사람들이 스스로 '촌놈임을 자인하려 들지 않는' 것은 어째서인가?

아니다. 촌놈임을 자인하는 일은 누구나 할 수 있는 쉬운 일이 아니다. 사람이라면 누구든지 남에게 촌놈 취급받는 일을 두려워한다. 그리하여 사람들은 자기가 알고 있는 문제에 대해서나 모르는 문제에 대해서나 일단 자기의 지식을 과시한다. 사람들은 자기의 의견에 대하여 반대하는 사람들을 쉽게 용납하지 않는다. 그리고 사람들은 자기의 의견과 같은 사람들끼리 떼를 지어다니면서, 더욱 반대 의견을 들으려고 하지 않는다. 자기는 아는 바가 없다든가 자기의 의견은 전혀 보잘것없다는 것을 공공연히 인정하는 것은 참으로 겸손하고 용기 있고 지혜로운 사람이 아니고는 할 수 없는 일이다. 누구나 촌놈임을 자인할 수 있다고 말하는 것은 누구나 겸손하고 용기 있고 지혜로울 수 있다고 말하는 것과 같다.

역사상 '촌놈임을 자인하는 촌놈'의 대표적인 보기는 아마 소크라테스에서 찾아볼 수 있을 것이다. 그는 아테나이에서 가장 현명한 사람이 바로 소크라테스 자신이라고 한 신탁의 말을 부인하기 위하여 소문난 현자들을 찾아다니면서 그들이 과연 자기보다 현명하다는 것을 입증하고자 했다. 소크라테스는 아무 다른 일도 하지 않고 질문만 하였다. 그 때문에 그는 떠들썩하게 이름난 수많은 현자들의 분노와 시기를 사서 재판을 받고 사형당하였다. 우리의 동료 교수는 다행한 편이었다. 그분은 미국의 교수들에게 단순히 똑똑한 사람으로 인정을 받았다. 그러나 만약 미국 교수들이 그분을 진짜 촌놈으로 취급했더라면, 어떤 일이 일어났을까?

모든 사람들이 자기가 모른다는 것을 인정하기 싫어하고, 또 그뿐만 아니라 스스로 모든 것을 아는 체하는 사회에서 촌놈임을 자인하는 사람은 진짜 촌놈처럼 취급받을 것이다. 그러나 이것은 결코 기이한 현상이 아니다. 진짜 촌놈들만 모여 사는 곳에서는 누구나 진짜 촌놈처럼 행동할 것이기 때문이다.

43. 잠말

얼마 전 어느 일요일에 필자가 올해 다섯 살짜리 막내딸에게 팔베개를 베워서 낮잠을 재우려고 드러누워 있는데, 팔순의 우리 할머니가 그것을 보시고는, 아이를 재우면서 어째 잠말도 하지 않느냐고 하신다. 잠말을 할 줄 알아야 할 것 아닙니까 하고 대답을 했더니, 할머니 말씀이 이러하다. 딸 셋, 아들 셋, 우리 남매 여섯을 기르시는 동안, 하필 맏손자인 필자의 경우에만, 등에 업고 칭얼댈 때는 언제나 '저절로' 잠말이 나오곤 했다. 그 잠말이라는 것은 딱 네 마디였다.

노프거라 노프거라 하늘같이 노프거라
기프거라 기프거라 바다같이 기프거라
너르거라 너르거라 사방같이 너르거라
어질거라 어질거라 인간만사 어질거라

이 잠말을 곡조 섞어 외시는 할머니 음성 속에 점점 번지는 흐느낌과 그 노안에 고이는 눈물—그것이 무엇을 의미하는지 필자는 얼른 헤아릴 수 없었다. 그러나 순간적으로 필자는 지중해 한복판에서 바닷속에 묻혀 버렸다는 거대한 전설의 도시 아틀란티스를 보는 것 같았다. 필자는 오늘날까지, 적어도 의식을 가지고는, 한 번도 그 잠말을 들어 본 일이 없다. 그 네 마디 말은 아틀란티스처럼 의식의 밑바닥에 매몰되어 버린 것이다. 필자는 결코 그 네 마디 잠말이 요구하는 것처럼 마음이 높고 깊고 넓고 어질지 못하다. 그러나 모르기는 해도, 필자가 오늘날 이만큼이라도 된 것이 할머니의 그 잠말 때문이 아니라고 누가 말할 수 있겠는가?

할머니의 흐느낌과 눈물은 어쩌면 그 잠말의 말귀도 못 알아듣던 손자가 이렇게 장성하여, 비록 잠말은 할 줄 모른다 하더라도, 자신의 막내딸에게 팔베개를 베우고 있다는 생의 變轉感변전감을 표현하는 것인지도 모른다. 그 생의 변전 속에는 한 평생만큼 길고 수많은 祈求기구와 哀歡애환이 뒤엉켜 있었을 것이다. 아니다. 어찌 그뿐이랴. 할머니의 흐느낌과 눈물 속에는 또한 그 잠말이 전적으로는 헛되지 않았다는 데 대한 감사와 앞으로도 내내 헛되지 않아야 한다는 격려가 들어 있었을 것이다.

이 글을 쓰면서 필자는 여러 차례 눈을 닦아야 했다. 그러나 인제는 할머니가 좀더 오래 사시도록 바란다는 말밖에 더 할 말이 없다.

44. 방콕의 택시

방콕의 택시에는 미터기가 없다. 그렇기 때문에 방콕에서 택시를 타려면 타기 전에 반드시 요금 흥정을 해야 한다. 한때 우리에게도 그러던 적이 있었기 때문에 택시 요금 흥정이라는 것이 어떻게 하는 것인가 하는 것은 우리가 익히 알고 있다. 손님이 먼저 행선지를 말하면 운전수가 요금을 부르고, 그것에 대하여 밀고 당기고 승강이를 벌인다.

예컨대 이러하다. 40바아트 내시오—에이, 너무 비싸, 30바아트만 합시다—아니, 거리가 얼마나 먼데 30바아트요—좋아요, 그러면 35바아트—아 이건 너무한데… 좋아요 그럼 타시오. 이런 식으로, 다행하게도 적당한 선에서 합의가 이루어지면 택시는 손님 것이다. 그러나 쌍방이 끝내 고집을 부리면 다음 택시를 기다려 보는 수밖에 없다.

얼마나 불편하랴, 이렇게 생각할 사람들이 있을 것이다. 방콕 사람들은 이 불편을 어떻게 참고 산단 말인가? 아닌 게 아니라, 방콕에서도 한때 택시미터를 붙였던 적이 있다. 그러나 곧 도로 떼어 버리지 않으면 안 되었다. 손님도 택시 운전수도 아무도 택시미터에 박혀 나오는 요금을 믿으려고 하지 않고 여전히 종전처럼 요금을 놓고 승강이를 벌였기 때문이다. 이 지경에서는 미터가 미터 구실을 못 하는 것이다. 그리하여 방콕의 택시는 세계를 상대로 한 관광 안내서에서도 그 악명을 떨치고 있다. 가로되, '방콕에서는 택시를 타기 전에 반드시 그 요금을 흥정할 것.'

그러나 택시미터 없는 방콕의 택시를 다시 보자. 비록 택시 요금으로 밀고 당기기는 했어도, 일단 택시를 타고 나면 그야말로 '손님은 왕'이다. 뿐만 아니라, 합의된 적당한 선의 요금은 말할 것도 없고, 원래 운전수가 부르는 요금도 이른바 터무니없는 '바가지' 요금이 아니다.

어째서 그런지는 알 수 없지만, 방콕의 택시에는 밀고 당기고 하는 '방식'에도 다분히 '우호적'인 면이 있다. 말하자면 요금 흥정의 결과가 마치 자신의 생사에 관계되는 듯이 눈에 불을 켜는 치열한 느낌이 없는 것이다. 아마 모르기는 해도, 방콕의 운전수에게서는 우리의 경우처럼 '이렇게 합승을 하지 않으면 먹고살 수 없다'는 말을 들어 볼 수 없을 것이다. 무슨 운영의 묘 때문에 그렇게 되었는지는 모르지만 방콕에는 빈 택시가 많이 있고, 택시를 잡으려고 하면 언제나 택시가 와 닿는다. 서울에서처럼 손을 맹렬하게 흔들고 고함을 지르고 할 필요도 없이, 극히 가벼운 의사표시로 택시를 얻어 탈 수 있다.

방콕의 택시를 타고 나서 느끼는 편안한 기분, 그것에 비하면 택시를 타기 전의 흥정은 일종의 '인사'나 '유쾌한 놀이' 비슷한 것에 지나지 않는다고나 할까.

45. 사는 것

우리는 때로 떳떳하지 못한 일을 하면서, '사는 수단'으로 마지못해 그런 일을 한다고 스스로 위안을 삼기도 하고 다른 사람에게 변명을 하기도 한다. 그러나 조금만 생각해 보면 '사는 수단'이라는 말은 논리적으로 매우 어색한 말이다. 왜냐하면 우리가 '사는 수단'으로 하는 일은 그 자체가 바로 '사는' 일이기 때문이다. 사는 수단으로 하는 일치고 사는 일이 아닌 것이 있는가 생각해 보라. 그러므로 사는 수단으로 마지못해 그런 일을 한다고 말하지 말라. 바로 그런 일을 하면서 살아간다고, 또는 바로 그런 방식으로 살아간다고 말하라.

사람이 없어도 세상은 있을 것인가? 가령 현재 지구 위에 살고 있는 사람들이 한 명도 남김없이 없어진다고 하자. 그래도 지금 우리가 보는 산, 바다, 하늘, 구름 등은 그대로 있을 것이 아닌가? 이것들이 바로 '세상'이 아닌가? 그러므로 사람이 없어도 세상은 있다고 볼 수 있지 않은가? 그러나 과연 그러한가?

그것들을 '세상'이라고 말할 사람이 누구인가? '이것이 세상이다'라고 말할 사람이 없는데도, 세상이 있다고 말할 수가 있는가? 세상이라는 것은 세상에 사는 사람들이 자기가 살고 있는 마당을 가리켜서 부르는 이름이 아닌가? 그렇다면 '세상'이라는 이름을 부를 사람이 없을 때, 어떻게 세상이 있을 수 있는가?

'살아가기만 하면 그만이지, 생각은 해서 무슨 소용이 있는가'라는 말을 생각해 보자. 이 말은 삶에 극도로 진절머리가 난 사람이 하는 말이라면 그런대로 납득할 수 없는 것도 아니다. 그러나 그러한 사람의 경우에도 그 말은 사실에 맞지 않는다. 사람으로서 살아가는 이상 반드시 눈으로 보는 것이 있고, 눈으로 보는 것이 있으면 반드시 생각을 하게 마련인즉, 어떻게 생각을 하지 않고 살아갈 수가 있단 말인가? '생각'에서 문제가 되는 것은 할까 하지 말까가 아니라 하지 않을 수 있는가 하는 것이다. 생각을 하지 않고 사는 사람—그런 사람을 상상할 수 있는가? 사람으로서 산다는 것은 눈으로 보고 머리로 생각하면서 사는 것을 의미한다.

현재 우리가 하고 있는 교육—6년, 9년, 12년 동안의 교육—은 학생들에게 '잘 사는 것이란 어떻게 사는 것인가' 하는 문제에 대하여 어떤 대답을 주고 있는가? 학생들은 그 대답을 어디서 어떤 방식으로 알게 되는가? 그들은 교실 수업에서 교사의 말을 통하여 그것을 배우는가? 아니면, 학생들은 '생활을 통하여' 혼자서 그 대답을 찾아가는가? 그것도 아니면, 학생들은

'잘 사는 것이란 어떻게 사는 것인가' 하는 문제를 아예 생각해 보지도 않는가? 만약 6년, 9년, 12년 동안 교육을 받고 난 뒤에 학생들이 이 문제에 대하여 생각조차 해 보지 않고 '그냥' 살아가기만 하면 그만이라고 생각한다면, 그동안의 교육은 학생들에게 인간으로서 무슨 이득을 가져다주었는가?

우리는 대체로 교육이라는 것은 학생들에게 삶의 준비를 갖추어주는 일이라고 생각한다. 이때 우리는 또한 교육이라는 것은 학생들에게 '사는 수단'을 가르쳐 주는 일이라고 생각한다. 그러나 어째서 반드시 이렇게 생각해야만 하는가? 물리나 역사를 배우는 것이 '사는 수단'을 배우는 것이라면, 그러한 것들은 사는 데에 어떤 수단이 되는가? 어째서 우리는 물리나 역사를 배우는 것이 바로 사는 일 그 자체라고는 생각하지 않는가? 어째서 우리는 우리가 살고 있는 마당, 또는 우리를 둘러싸고 있는 현상—예컨대, 물리학이나 역사학이 보고자 하는 현상—을 보면서 살아가는 것이 사람으로서 살아가는 당연한 도리라고는 생각하지 않는가? '나는 사람으로서 살아가고 싶지만, 물리나 역사는 배우지 않겠다'라는 말은 논리적으로 성립하지 않는다. 그런 말을 하는 사람은 결국 사람으로서 살아가고 싶지 않다는 말을 하는 것이다.

우리는 장차 어디에 쓰일지 전혀 확실하지 않은 책을 읽는다. 그 책을 읽은 효과가 구체적으로 나타나기 전에 죽는다면 그 책을 읽는 일은 '허사'인가? 또는, 어떤 사업을 준비하다가 그것이 이루어지기 전에 죽은 사업가는 '미완성의 삶'을 산 것인가? 도대체 '완성된 삶'이란 어떤 것인가? 어째서 우리는 어떤 사람이 죽었을 경우에는 '아깝다'고 하고, 또 어떤 사람이 죽었을 경우에는 '웬만큼 살다가 죽었다'고 하는가? 이 말을 할 때, 우리는 무엇을 위해 살아야 한다고 생각하는가?

46. 천직과 잡사

이십 세기 바둑계의 거성으로 알려진 오청원에게 어떤 사람이 '당신에게 바둑은 무엇인가' 하고 물었다. 아마 바둑의 명인으로서 바둑을 어떻게 규정할 것인가가 궁금했던 모양이다. 이 질문에 대하여 오청원은 마치 늘 그 대답을 준비해 가지고 있었던 것처럼 '나에게 있어서 바둑은 雜事잡사'라고 대답하였다.

이 대답은 참으로 기상천외의 대답이었다. 오청원에 관하여 조금이라도 아는 사람은 바둑이 그에게 '잡사'라는 것은 당치도 않은 말이라고 생각할 것이다. 일찍부터 직업적인 바둑계에 투신하여 바둑 속에서 바둑과 더불어 살아온 그가 아니었던가? 이런 경우에 그에게서 응당 기대할 수 있는 대답은 '바둑은 나의 인생의 전부'라든지, 또는 흔한 말로 '바둑은 나의 천직'이라는 대답일 것이다.

그렇다. 바둑을 '천직'이라고 부를 수 있는 사람이 있다면 오청원이야말로 바로 그 사람이다. 그는 바둑을 직업으로 삼았고 바둑 이외에는 다른 직업이 없었다. 그는 그 직업의 의미를 누구보다도 잘 알고 있었고, 또 그 의미를 누구보다도 소중히 여기고 있었다. 아마도 그는 그 방면에 재능이 있는 많은 젊은이들이 자기처럼 직업적인 바둑계에 들어오기를 바랐을 것이고, 또 자기만큼 바둑에 헌신하려는 생각이 없이 직업적인 바둑계에 들어오려는 젊은이들을 경계했을 것이다. 이러한 그가 어째서 바둑을 잡사라고 한마디로 잘라 말할 수 있었던가? 이 명인의 말 한마디는 바둑뿐만 아니라 직업 일반에 대하여 우리가 가져야 할 태도를 가르쳐준다고 보아야 할 것이다.

지극히 팔자 좋은 몇몇 사람들을 제외하고는 누구나 직업을 가지고 있다. 의사나 변호사에서 택시 운전수, 텔레비전 수선공, 목수와 미장이에 이르기까지, 직업이라는 것은 누구나 먹고살기 위해서는 반드시 가져야 하는 것이다. 이런 직업에 종사하는 동안에 우리는 비단 먹고살 뿐만 아니라 각각 사회에 유용한 일을 한다.

그러나 '사회에 유용한 일'이라는 것은 특정한 직업에 종사하는 그 자체가 아니라 그 직업에 종사하는 그 방법 여하에 달려있는 문제라고 보아야 한다. 상속인에게서 뇌물을 받아먹고 상속을 물려줄 환자를 죽이는 의사나 손님에게 바가지 요금을 씌우는 택시 운전수가 있을 수 있듯이, 직업에 종사하는 사람들은 각각 그 직업을 이용하여 사회에 해를 끼칠 수도 있다.

'천직'이라는 말은 직업에 대한 올바른 태도를 나타내는 말로 쓰인다. 그것은 어떤 종류의 직업에 종사하든지 간에 그 직업이 가지는 사회적 의미를 알고 그것에 헌신하는 태도를 가리킨다. 자기의 직업을 '천직'으로 아는 사람은 직업을 오직 먹고사는 수단으로만 생각하는 것이 아니라 그 직업을 통하여 사회에 유용한 일을 하는 데에 일차적으로 관심을 가진다. 그리하여 우리는 자기의 직업을 '천직'으로 알고 한평생을 산 사람들을 존경하고, 어떤 직업을 택하든지 그것을 천직으로 삼도록 젊은이들을 가르친다.

어째서 오청원은 자기의 직업을 '잡사'라고 불렀는가? 모르기는 해도, 그는 한평생 살아오는 동안에 스스로 자기의 직업을 천직이라고 말하는 사람들이 그것을 오직 먹고사는 수단으로만 생각하는 것을 너무나 자주 보아왔던 것인가? 많은 사람들이 오직 좁게 '직업인'으로만 살아가면서, 인생에서 추구하여야 할 의미라든지 가치 같은 것을 잊어버리고 있다는 것을 보아왔던 것인가? 자기의 직업을 잡사라고 말함으로써 오청원은, 직업은 누구나 가져야 하는 것이지만, 그것을 통하여 우리가 추구해야 할 것은 '직업'이 아닌 다른 어떤 것이었음을 말하고자 했던 것인가?

어째서 오청원은 자기의 직업을 '잡사'라고 불렀는가? 아마도 그는 '천직'이라는 말이 교직을 천직이라고 할 때와 같이 직업을 마치 사회적 권위에 의한 일방적인 희생을 의미하는 것으로 생각하는 것이 그릇되다는 것을 알았던 것인가? 우리가 각각 우리 자신의 직업을 소중하게 생각하는 것은 누군가가 우리에게 그렇게 생각하도록 시키기 때문이 아니라 그것이 바로 우리가 선택한 직업이기 때문이며, 그 직업에 종사하는 동안에 우리 각자의 자아를 실현할 수 있음을 우리가 믿기 때문이라는 것을 알았던 것인가? 자기의 직업을 '잡사'라고 부름으로써 오청원은 무엇보다도 직업에 종사하는 데에는 단순히 어떤 일을 해낸다는 것 이상의 그 무엇이 있다는 것을 말하고자 했던 것인가? 그는 이 '그 무엇'이야말로 모든 직업은 평등하다는 사실의 기초가 된다는 것을 말하고자 했던 것인가? 그리고 한 사람의 가치는 그가 어떤 직업을 가지고 있는가에 의해서가 아니라 그가 그 직업을 통하여 어떤 가치를 추구하고 있는가에 의해서 판단되어야 한다는 것을 믿고 젊은이들에게 이런 직업관을 가르쳐야 한다고 주장한 것인가?

오청원은 천직과 잡사라는 것이 직업에 대한 두 가지 극단적인 태도를 나타내는 말임에도 불구하고 그것이 실지로 의미하는 바는 깊은 곳에서 서로 만난다는 것을 알았는지도 모른다. 비유컨대 그것은 애인을 따라 죽겠다고 서약하는 사람 중에도 죽지 않는 사람이 있고, 죽지 않겠다고 말하는 사람 중에도 죽는 사람이 있는 것과 같다. 만약 애인을 따라 죽는 것이 바람직한 연애라고 하면, 자기의 직업을 잡사라고 생각하는 것이 더 바람직한 태도라고 말해야 할지 모른다. 천직이라는 말은 애인을 따라 죽겠다고 하는 서약과 마찬가지로 너무 많은 사람들이 너무 쉽게 입에 올린다는 점만으로도 그렇게 말할 수 있다.

47. 장애인가 삶의 한 부분인가

몇 해 전 그 이듬해 봄에 연탄 파동이 있으리라고 하여 야단을 치던 가을에 어느 동료 교수로부터 다음과 같은 이야기를 들은 일이 있다. 어느 날 그 동료 교수는 삶의 경험이 많은 '어른'에게서 곧 연탄 파동이 올 테니까 돈과 장소가 허락하는 대로 연탄을 사 두라는 충고를 들었다. 바로 그 이튿날 아침에 부인이 '우리도 연탄을 사야지요' 하고 말하였다. 이 말을 들은 순간에 그 교수는 '응, 물론'이라는 말이 목구멍까지 올라오는 것을 느꼈다. 그러나 그는 순간적으로 자기의 처지를 생각하고 그 말을 도로 삼키고 학교로 왔다.

하루 종일 그 교수는 과연 연탄을 사 두어야 하는가 하는 문제로 고심하였다. 다른 사람이 연탄을 산다고 하여 어떻게 자기도 연탄을 살 수 있단 말인가? 교육받은 것으로 치면, 누구보다도 더 훌륭하게 교육받은 그가 아닌가? 그러나 또 한편, 그가 자기의 '원칙'에 입각하여 연탄을 사지 않았다고 하고, 그럼에도 불구하고 이듬해 봄에 연탄 파동이 실지로 났다고 가정하자. 그러면 그의 가족은 냉돌에서 떨어야 하며, 경우에 따라서는 밥조차 제대로 해 먹을 수 없게 될지 모른다. 그때 어떤 온정 있는 이웃이 있어 그의 뛰어난 절의를 찬양하며, 자기 자신의 불편을 무릅쓰면서까지 그 동료 교수에게 연탄을 나누어 줄 것인가? 어쨌든, 그날 저녁에 집에 돌아왔을 때, 그는 상당한 양의 연탄이 쌓여 있는 것을 발견하였고, 그것이 결국 자기의 번민을 '해결'해 준 셈이라고 하여 안도를 느꼈다. 이것이 그의 이야기이다.

이 동료 교수의 행동에 대하여, 그만한 지성의 소유자로서 왜 연탄을 도로 가게에 갖다주도록 하지 못했는가, 그런 '해결' 방식에 안도를 느꼈다니 참으로 지성인답지 않다고 하는 식으로 그를 비난할 생각부터 하는 사람에게 필자는 별로 할 말이 없다. 필자가 하는 말은 그 동료 교수의 입장을 '이해'하고자 하는 사람, 왜 그가 그렇게 행동할 수밖에 없었던가를 알아보고자 하는 사람에게 향한 것이다. 왜 그는 자기가 가지고 있는 '원칙'을 끝까지 관철시키지 못했는가? 이 문제를 생각할 때, 사람들은 대체로 '장애'라는 말을 쓰고 싶어 할 것이다. 말하자면, 그가 그렇게 행동할 수밖에 없었던 것은 그로 하여금 지성인으로서의 '원칙'을 관철시키지 못하게 하는 '장애'가 있었기 때문이라는 것이다. 이 경우에 장애는 구체적으로 무엇을 가리키는가? 그것은 곧 '처자식', 다시 말하면 봄에 연탄을 구할 수가 없어서 처자식들이 떨고 심지어 먹지조차 못한다는 두려움이다. 이 처자식들이 곧 그가 좀더 지성인답게 절대로 연탄을 사지 않겠다는 결심을 하는 데에, 또는 사다 놓은 연탄을 당장 가게에 돌려주도록 결단을 내리는 데에 장애가 된 것이다.

아니, 처자식들이 장애라니! 우리로 하여금 도덕적 신념을 실천하지 못하게 하는 것들을 일반적으로 지칭하는 데에 흔히 사용되는 '장애'라는 말은 이 경우에만은 결코 사용되어서는 안 될 것처럼 보인다. 처자식들이 장애라니! 처자식을 장애로 삼아서 우리가 이룩하고자 하는 것은 과연 무엇인가? 이 물음에 정직하게 대답하고자 하는 사람이라면 누구든지 처자식들은 우리가 살아가는 데에 거치적거리는 존재가 아니라, 비록 우리 삶의 전부라고는 말할 수 없다 하더라도, 적어도 우리 삶의 한 부분임에는 틀림이 없다고 생각할 것이다. 우리는 처자식들을 제쳐 놓고 살아가는 것이 아니라, 그들과 더불어 살아가는 것이다. 우리와 더불어 살아가는 사람들을 가리켜 우리의 장애라고 말할 수는 없다. 그들은 바로 우리 삶의 한 부분인 것이다.

처자식들은 그렇다 치고, 그 밖에 우리가 흔히 장애라고 생각하는 것들은 어떠한가? 누구든지 각자 자기에게 진짜 장애가 된다고 생각하는 것들을 몇 가지씩은 열거할 수 있을 것이다. 그러나 모르기는 해도, 좀더 깊이 생각해 보면 그것들을 과연 장애라고 보아야 할 것인가, 아니면 삶의 한 부분이라고 보아야 할 것인가 하는 것은 그다지 명백하지 않을 것이다. 대부분의 경우에 그것들은 장애라고 볼 수도 있고 '삶의 한 부분'이라고 볼 수도 있을 것이다.

그러나 문제는 바로 여기에 있다. 장애라는 말은 사실상 특정한 인생관을 반영하고 있다. 장애라는 말을 쓸 때, 우리는 삶이란 곧 일련의 비교적 구체적인 목표들을 달성해 나가는 과정이라고 생각하고, 삶의 의미는 오직 그러한 구체적인 목표들을 달성하는가 아닌가에 달려 있다고 생각한다. 말하자면 삶은 하나의 목표 달성이 또 하나의 목표 달성으로 이어지는 과정이며, 순간순간의 삶은 목표 달성을 위한 수단으로서 의미를 가지는 것이다. 그런 목표들을 달성하는 데에는 추호의 차질도 용납되어서는 안 된다. 그러나 여기에 거치적거리는 장애가 있다. 이런 것들은 우리의 삶을 교란시키는, 문자 그대로 '장애'로서 마땅히 제거되어야 한다. 이것이 '장애'라는 말이 반영하는 인생관이다.

우리에게 장애라고 생각되는 것들을 과연 '장애'로 보아야 할 것인가, 아니면 '삶의 한 부분'으로 보아야 할 것인가 하는 것은 위와 같은 인생관이 올바른 것인가 하는 문제를 생각해 보는 데에 도움이 된다. 살고 있는 사람은 누구나 경험하는 사실이지만, 삶 그 자체가 곧 장애의 연속이라고 할 정도로 우리가 살아가는 데에는 목표를 달성하는 일에 거치적거리는 장애들이 많이 있다. 그 목표들에 삶의 의미 전부를 걸 경우에, 우리는 매 순간을 신경증적인 짜증과 조바심으로 살아갈 수밖에 없다. 이 경우에 우리를 둘러싸고 있는 여건—사람이나 현상—은 대다수가 우리 자신의 정연한 여정에 장애가 되는 것으로 보일 것이기 때문이다. 사실상, 오늘날 우리 주위에서는 이런 인생관으로 살아가는 사람들을 너무나 많이 볼 수 있다. 극히 사소한 예이지만, 음식점에서 자기가 시킨 음식이 조금이라도 늦어지는 경우에 사람들이 어떻게 행동하는지 보라. 그들은 결코 그것을 참지 못한다. 그들에게 있어서 음식이 늦는다는 것은 음식을 먹는 데에 '장애'되는 것 이외에 아무것도 아니다. 그들은 음식을 먹기까지 기다리는 것이 음식을 먹는 일 또는 삶의 '한 부분'이라고는 결코 생각할 수 없는 것이다.

미국에 가 본 어떤 사람이 자기가 목격한 한 가지 놀라운 광경을 필자에게 이야기해 준 일이 있다. 미국의 어느 소도시에서 버스를 타려고 사람들이 줄을 지어 서서 몇 시간이 지나도록 오지 않는 고장 난 버스를 전혀 짜증 내는 기색이 없이 마냥 기다리고 서 있더라는 것이다. 미국처럼 모든 것이 편리하게 되어 있는 나라에서, 그 광경은 참으로 놀라웠다는 것이다. 아마 그들은 버스를 기다리고 서 있는 것이 버스를 타는 데에 거치적거리는 '장애'가 아니라, 버스를 타고 가는 것의 '한 부분'이라고 생각했던 모양이다.

모든 것을 '삶의 한 부분'이라고 생각하는 것은 우리의 여건을 숙명적인 것으로 받아들이는 '체념'이 아닌가? 그 여건의 대부분을 목표 달성에 대한 '장애'라고 생각하고 그것을 제거하는 데에 온갖 안간힘을 쓰는 사람의 눈으로 보면, 아마 그것은 체념인지 모른다. 그러나 그 여건들을 삶의 한 부분이라고 생각할 때, 우리는 참을성 있게 기다릴 줄 알고 다른 사람에 대하여 너그러운 마음을 가질 수 있다. 그리고 우리는 당장 눈앞의 목표에만 급급하지 않고 멀리서 우리의 삶 전체를 관조할 수 있다. 우리의 여건을 장애라고 생각할 때, 우리는 그것에 대하여 짜증을 내지만, 그것을 삶의 한 부분이라고 생각할 때, 우리는 우리의 삶 그 자체와 마찬가지로 그 여건을 사랑할 수가 있다. 그리고 우리는 그 한 부분 한 부분에 우리의 행복이 달려 있다는 것을 알기 때문에, 그것에 대하여 인간적인 관심을 가질 수가 있다.

48. 문장의 적당주의

'한 송이의 꽃에서 신의 손길과 섭리를 느낄 수 있고 이를 통하여 진리를 깨달을 수 있는 숭고한 대상이기도 하다.'

필자가 누군가의 글에서 따온 위의 문장에 대하여, 아마 독자는 그 문장이 조금도 어색하지 않은 '자연스러운' 국어 문장이라고 생각할지 모른다. 그렇다면 그 독자는 이른바 '적당주의'의 희생이 된 사람이거나 아니면 (또는 그와 동시에) '적당주의'를 적극적으로 조장하고 있는 사람이다. 만약 필자가 이렇게 말한다면 독자는 즉시 분개할 것이다. 적어도 독자는 필자의 그 말을 믿으려 하지 않거나 지나친 침소봉대라고 코웃음을 칠 것이다.

어찌하여 필자는 위의 문장을 '적당주의'의 한 표본처럼 생각하는가? 우선 잠깐만이라도 그 문장을 뜯어보면, 우리가 그것을 이해한다는 것은 '자연스러운' 현상이 아니라, 모종의 신비스러운 조화에 기인한다는 것을 알 수 있다. 왜냐하면 위의 문장은 그 자체로는 이해될 수 없으며, 오직 다른 형태로 번역되어야 이해될 수 있기 때문이다. 말하자면 그 문장은 예컨대 '한 송이의 꽃(은 그것에서 우리가) 신의 손길과 섭리를 느낄 수 있는 (그 무엇이요), (또 그것을 통하여) 진리를 깨달을 수 있는 숭고한 대상이기도 하다'라는 식으로 번역되어야 이해되는 것이다. 아마 이 문장을 쓴 사람도 대체로 이러한 뜻으로 그 문장을 썼을 것이다.

만약 위와 같이 번역되어서라도 이해될 수 있다면, 그 문장은 문장으로서 제구실을 한 것이 아닌가? (또는, 심지어, 그런 문법적 '오류'쯤이야 그 문장이 표현하고자 하는 심오한 사상에 비하면 눈감아줄 수도 있는 것이 아닌가?) 아마 그럴지도 모른다. 그러나 바로 여기에 적당주의가 끼어든다. 그 문장을 쓰던 당시, 그것을 쓴 사람의 정신상태를 생각해 보면 분명히 그 문장은 '적당하게' 쓰였다는 것을 알 수 있다. 그 사람은 자기의 '심오한' 아이디어를 올바른 문법에 담아 독자에게 전달하고자 했다기보다는 자기의 주관적인 '의식의 흐름'을 따라 아무렇게나 '적당하게' 써 내려간 것이며, 그렇게 하면서도 독자들이 그 문장을 '적당하게' 이해하리라고 기대한 것이다. 그리고 과연 독자들은 그것을 '적당하게' 이해한다. 필자가 위의 문장을 몇몇 대학생과 대학 졸업자들에게 보여 주었을 때, 그들은 한결같이 그 문장에서 조금도 위화감을 느끼지 않았을 뿐만 아니라, 필자의 번역문을 보여 주었을 때에도 여전히 '그게 곧 그 말이 아닌가' 하는 식으로 반응하였다. 필자가 보기에 이 상태는 영락없이 '적당주의'가 만연한 상태이다.

書道서도에서는, 적어도 자기 자신의 필체가 확립되기 전에는, 획을 '적당하게' 긋는다는 것은 결코 용납되지 않는다. 여기서는 글씨를 쓰는 사람이 그것을 알고 있고, 또 글씨를 가르치는 사람이 배우는 사람에게 그것을 강조하고 있다. 적어도 여기서는 획을 '철저하게' 긋는 것과 '적당하게' 긋는 것이 무엇을 의미하는가가 알려져 있으며, 어떤 한 사람이 그은 획은 이 기준에 비추어 賞讚상찬되거나 罵倒매도된다. 서도가 이른바 '도'로 인정되는 것은 바로 이 때문이다. 서도를 배울 때, 우리는 무엇보다도 그것에 담긴 평가기준—철저하게 그은 획과 적당하게 그은 획을 분간하는 기준—을 따르는 일이 중요하다는 것을 배운다.

인간이 종사하는 문화적 활동에는 정도의 차이는 있지만, 그 활동을 잘하는 것과 잘 못하는 것을 분간하는 기준이 있다. 일체의 문화적 활동은 그 평가기준을 기초로 하여 성립된다. 도대체 잘하는 것과 잘 못하는 것이 구분되지 않는 활동은 인간의 활동으로서 하등 의미가 없다고 보아야 한다.

문장을 쓰는 것은 서도와 같은 의미에서의 '도'는 아니라고 말할 사람이 있을지 모른다. 그러나 문장을 쓰는 것은 서도에 못지않게 중요한 문화적 활동이며, 나아가서 문장을 쓰는 것은, 서도와는 달리 누구든지 종사하는 활동이라는 점에서, 서도보다 훨씬 중요한 활동이라고 볼 수도 있을 것이다. 어찌하여 우리는 붓글씨의 획에 관해서는 신경증적인 완벽주의를 믿으면서도, 그보다는 훨씬 보편적인 문장 쓰는 일은 '적당하게' 할 수 있다고 생각하게 되었는가?

대학생들이 강의에서 써 내는 글을 읽어 본 필자의 경험에 비추어 보면, 문장에 있어서의 적당주의는 이미 학생들의 골수에 깊이 뿌리박혀 있다. 학생들은 무엇이든지 자기 마음에 떠오르는 것을 '붓 가는 대로' 적어 놓으면 그것이 곧 문장이요, 또 문장으로서 다른 사람에게 이해될 수 있다고 생각하는 듯하다. 따지고 보면, 학생들이 그렇게 생각하는 것도 무리가 아니다. 그들은 교육을 받는 동안에 문장을 철저하게 쓰는 것과 적당하게 쓰는 것이 어떤 기준에 의하여 구분되는지를 배우지 않은 것이다. '한 송이의 꽃에서 신의 손길과 섭리를...' 하는 식의 문장이 우리의 문화권 안에서 하등 위화감을 자아내지 않고 통용된다는 것은 바로 학생들이 그것을 배우지 않는다는 명백한 증거라고 볼 수 있다. 이 문장을 쓴 사람이 가장 높은 학교에서 국어를 가르치는 사람이라는 것은 원칙상으로는 놀라운 일이지만, 오늘날 형편에 비추어 보면 사실상으로는 별로 놀라운 일이 아니다.

그러나 바로 여기에 적당주의의 문제점이 있다. 적당주의의 문제점은, 명백한 犯法범법이나 違道위도와는 달리, 그것이 적당주의로 인식되지 않는 채로 사람들의 사고와 언행을 지배한다는 데에 있다. 명백한 범법이나 위도는 곧 세인의 주목을 끌고, 그러다가 보면 언젠가는 바로잡힐 날이 있다. 그러나 적당주의는 그것이 눈에 잘 띄지 않는다는 그 특징 때문에 바로잡힐 가능성이 없이 사회 전체의 특징으로 도도히 번져 나간다.

오늘날 우리나라 교육에도 적당주의가 도저히 용납되지 않는 부분이 있다. 그것은 시험점수를 매기는 일이요, 특히 그중에서도 입학시험 성적을 매기는 일이다. 시험 점수를 정확하게 매기는가 아닌가는 사람들의 절대적인 주목거리가 되기 때문이다. 그러나 시험 점수를 매기는 일은 철저하게 하면서도 문장 쓰는 일은 적당하게 한다면, 오늘날 교육은 시험 점수를 위하여 문화를 희생하고 있는지도 모른다. 문장 하나쯤 아무렇게나 쓰면 어떠냐고 생각할 때, 우리는 사실상 문화라는 것을 말살하고 있는 것이다.

49. 확신과 회의의 도덕

대체로 확신은 미덕에 속한다. 우리는 자기가 내린 결정에 대하여 확신을 가지고 있는 사람을 우러러보고, 아이들에게도 확신을 가지도록 가르친다. 확신이라는 것은 마음속에 支柱지주를 가지고 있다는 것과, 이 지주에 열성적으로 헌신한다는 것을 나타낸다. 그리하여 확신이 있는 사람은 어떤 외부적인 압력과 설득에도 불구하고 그 마음의 지주를 관철시킨다. 그는 실천에의 의지를 가지고 있다. 확신이 어째서 미덕이 아니란 말인가? 우리는 무엇이 도덕인가를 아는 것보다도 그것을 실천하는 것이 더 중요하다고 늘 역설하고 있지 않은가?

어의상으로 보면 회의는 확신이 결여된 상태를 가리킨다. 회의를 품고 있다는 것은 마음속의 지주에 헌신할 열성이 없는 것은 말할 것도 없고, 도대체 열성적으로 헌신할 마음의 지주가 없다는 것을 의미한다. 확신을 가지고 있는 사람의 실천적 의지에 비기면 회의를 가지고 있는 사람은 답답하고 우유부단

하고 무기력하다. 회의가 적극적으로 경멸의 대상이 되거나, 적어도 확신처럼 권장할 만한 것이 못 된다고 생각되는 것 또한 당연하다. 회의는 확신이라는 미덕을 방해하고, 때로 그것을 짓밟아 버리기 때문이다.

도덕성의 발달에 관한 심리학 연구는 이 문제에 관하여 일견 기이한 아이로니를 보여 주고 있다. 도덕적으로 완성된 사람일수록 자기의 도덕적 결정에 확신을 가지고 있는 것이 아니라, 오히려 언제나 회의에 차 있다는 것이다. 도덕적으로 완성된 사람은 언제나 자신의 결정에 대하여 불안해하며, 어떻게 하는 것이 정말로 잘하는 것인지 결단을 내리지 못한다. 그는 문자 그대로 우유부단하고 무기력하다.

이것은 확신과 회의에 관한 일반적인 통념에 정면으로 배치된다. 이 역설을 어떻게 해명할 수 있을 것인가? 자기의 결정에 자신을 가지지 못하고, 따라서 그 결정을 실천에 옮길 박력과 의지를 가지지 못한 사람을 도덕적으로 완성되었다고 볼 수 있는 근거는 어디에 있는가? 아마 모르기는 해도, 확신을 가지고 있는 사람 중에는 자기가 확신하는 것이 어떤 것인지 충분히 생각해 보기 전에 너무 성급하게 확신을 가지는 사람들이 있을 것이다. 그런 사람들은 순간적으로 자기에게 옳다고 생각되는 것을 참으로 옳은 것으로 생각하고 그것에 철석과도 같은 확신을 가진다. 그들의 확신은 그야말로 절대적인 것이어서 아무런 '고려사항들'도 그 확신을 바꾸어 놓을 수 없다. 그리고 그들의 확신은 쉽사리 실천에의 의지로 바뀐다.

그러나 그 사람들이 옳다고 생각하는 것이 참으로 옳다는 보장은 어디에 있는가? 그 옳다고 생각하는 것이 사실은 비열한 自己利害자기이해나 자기만족에 입각하지 않았다는 보장은 어디에 있는가? 우리가 아무리 도덕적 선의를 가지고 있다 하더라도 우리는 누구나 잘못 생각할 가능성을 가지고 있다. 자기의 결정에 성급하게 확신을 가지는 사람들은 과연 이 가능성을 염두에 두는 것일까? 이 가능성을 염두에 두지 않을 때, 확신은 그 정도에 비례하여 도덕적 잘못으로 이끌어갈 가능성이 있다. 그리고 확신을 가지고 있는 사람들이 스스로 도덕적 선의에 따라 행동한다고 믿을 때, 그 잘못은 더욱 돌이킬 수 없는 것이 되고 만다.

'마음이 하고자 하는 바를 좇아도 법도를 어기지 않게'(從心所欲 不踰矩) 되는 데는 공자로서도 70년을 살아야 했다. 이 70년간을 공자는, 증자가 말한 바와 같이 하루에 세 번씩 스스로를 반성(日三省)하면서 살았을 것이다. 공자는 무엇을 반성하였는가? 그것은 '마음이 하고자 하는 바가 법도에 어긋나지 않는가'라는 반성, 자기가 확신을 가지고자 하는 그 결정이 과연 참으로 옳은 결정인가 하는 반성이었을 것이다. 일흔에 이르러 從心所欲 不踰矩의 상태에 도달했다는 공자의 고백이 사실이라면, 70년간 공자는 확신을 가지고 살았다기보다는 회의에 차서 살았다고 보아야 할 것이다.

물론, 우리가 도덕적으로 권장하는 확신은 '성급한' 확신이 아니라, '올바른' 확신일 것이다. 그러나 '올바른' 확신이라는 것은 무엇을 의미하는가? 어떤 확신이 올바른 확신이며, 그 확신이 '올바른' 확신이라는 것은 어떻게 알 수 있는가? 이 질문은, 적어도 확신이 도덕적 미덕이라고 간단하게 믿는 사람들이 생각하는 것처럼, 그렇게 쉽게 해답될 수 있는 질문이 아니다. 그것은 오랜 정신적 번민을 거쳐서야 비로소 희미하게 해답될 수 있는 질문이다.

누구나 다소간은 공자보다 못하다고 생각해야 하는 우리는 우리가 옳다고 생각하는 것에 확신을 가지려고 하기에 앞서서 우리가 확신해야 할 '참으로 옳은 것'이 무엇인가를 찾으려고 노력해야 한다. 열성적으로 헌신해야 할 마음의 지주를 가지지 않은 상태를 가리켜 회의하는 상태라고 말할 수 있다면, 확신해야 할 '참으로 옳은 것'을 찾으려고 하는 동안에 우리는 바로 회의하는 상태에 있다고 보아야 한다. 성급한 확신이 도덕적 완성에의 길을 가로막는 것이라면 이런 의미에서의 회의는 도덕적 완성으로 향한 정신적 번민을 표현한다.

그리하여 모든 확신이 도덕적 권장의 대상이 될 수 없는 것과 같이, 모든 회의가 도덕적 비난의 대상이 되는 것은 아니다. 도대체 올바른 것이라고는 있을 수 없다는 회의는 경멸을 받아야 마땅하지만, 내가 옳다고 생각하는 것이 반드시 옳지 않을 수도 있다는 회의, 나 혼자의 결정은 언제나 불충분하며, 나보다 더 높고 깊은 마음을 가진 사람들이 반드시 있을 수 있다는 회의는 도덕적 완성으로 가는 길이다. 그리고 만약 도덕적 완성으로 가는 길이 끝없는 길이라면, 그런 회의는 또한 그 자체가 도덕적 완성의 증거가 된다. 길에 들어서 있는 사람은 그 길을 가고 있는 사람이기 때문이다.

물론, 우리는 언제나 무엇이 참으로 옳은 것인가를 찾느라고 회의하면서 가만히 앉아 있을 수는 없다. 우리는 반드시 모종의 행동을 하지 않으면 안 된다. 그리하여 우리의 도덕생활은 언제나 확신과 회의의 갈림길에서 방황해야 하는 그런 생활일 수밖에 없다. 우리로서 언제나 확인해야 할 것은 그 갈림길이 전체로서 도덕적 완성으로 이어지도록 하는 것이다. 이것은 또한 우리가 후세들에게 보여줄 본보기이기도 하다.

50. 心眼

작년 가을에 필자는 우연히 좋은 기회를 만나 어떤 선생님으로부터 잠깐 붓글씨를 배운 일이 있다. 그 선생님의 지도에 따라 필자는 한 일 字 쓰는 것과 밑으로 내리긋는 것을 한동안 연습하다가 顔眞卿안진경 書帖서첩을 구하여 그 서체를 베끼는 일을 하였다. 초등학교 다닐 때 습자 시간에 한글 붓글씨를 써 본 이후로 붓이라고는 잡아 본 일이 없는 필자인지라, 안진경의 글씨가 그대로 베껴질 리 만무하였다. 글씨 연습을 시작한 지 한 달포쯤 된 어느 날이었다. 그날도 글씨를 베끼다가 어째서 필자는 그대로 써지지 않는지 거의 짜증 비슷한 마음이 되어서 글씨 쓰는 일을 중단하고 안진경의 글씨를 한참 동안 가만히 들여다보고 있었다.

필자가 베끼고 있었던 서첩은 까만 바탕에 하얀 글씨로, 말하자면 네가티브—陰印음인—로 인쇄된 서첩이었다. 그 글씨를 가만히 들여다보고 있는 필자의 눈에 갑자기 흰 글씨로 分割분할

된 까만 바탕이 확 뛰어들듯이 들어왔다. 그것은 그야말로 '눈 깜짝할 사이에' 일어난 일이었다. 대부분의 초심자들도 그러하리라고 생각하지만, 필자는 그때까지 내내 붓자국만 들여다보고 있었던 것이다. 그러다가 순식간에 필자는 붓자국이 아니라 붓자국으로 분할된 까만 바탕을 보게 된 것이다. 분명히 그 까만 바탕은 필자가 그것을 보게 된 순간에 비로소 생겨난 것이 아니라 내내 거기에 있었고, 다만 필자가 그것을 보지 못했던 것뿐이다. 바탕을 보게 된 순간에 필자는 안진경 글씨의 아름다움을 처음으로 보는 것 같았다. '中' 자의 가운데 두 개의 네모, '書' 자의 획 사이에 있는 공간의 균형과 조화—그것은 문자 그대로 神筆신필이 아니고는 만들어 낼 수 없는 미의 극치였다.

그 후에 필자는 이 경험을 어떤 미술대학 교수에게 이야기하였다. 그랬더니 그 교수는 필자의 '깨달음'(覺)에 지나칠 정도의 의미를 붙여 주었다. 그에 의하면 필자의 깨달음은 바로 동양 미술의 정수에 관계되는 것이었다. 서양 사람들은 그림을 그릴 때에 아무것도 없는 '백지'에다가 새로운 것을 '창조'해 낸다고 생각한다. 그러나 동양 사람들에게는 종이가 아무것도 없는 백지가 아니라 무엇인가가 있는 '面'면이며, 따라서 그림을 그린다든가 글씨를 쓸 때 그들은 아무것도 없는 것에다가 새로운 것을 만들어 낸다고 생각하는 것이 아니라, 이미 있는 것을 '가른다'고 생각한다. 글씨 '劃'획이라는 말은 바로 이와 같이 '있는 면'을 가른다는 생각을 나타내는 것이다. 그러므로 동양 사람들의 사고방식에 의하면 그림이나 글씨의 아름다움은 본질상 '구획된 면'의 조화가 자아내는 아름다움이다. 이것이 그 교수의 해석이다.

이렇게 굉장한 해석 때문만은 아니지만, 그 뒤에 필자는 그 경험의 의미를 이따금 곰곰이 생각해 보았다. 분명히 그렇다. 글씨가 쓰인 바탕은 '아무것도 없는 백지'가 아니라, 글씨와 함께 또는 글씨가 쓰이기 전에도 내내 거기에 있었다. 그런데도 어째서 나는 한 달 반 동안 내내 거기에 있었던 바탕을 보지 못하였던 것인가? 글씨를 본다는 것은 분명히 붓자국과 바탕을 동시에 보는 것일진대, 어째서 나는 붓자국만을 보고 바로 그것과 맞붙어 있는 바탕은 보지 못했던 것인가? 바탕을 보는 것은 틀림없이 붓자국을 보는 것에 못지않게 쉬운 일일진대, 어째서 나는 그 쉬운 일을 하지 못했던 것인가? 만약 보는 것이 생리학적인 눈, 즉 '육안'으로 될 수 있는 것이라면, 필자는 당연히 붓자국을 보는 것과 동일한 순간에 붓자국과 연닿아 있는 바탕을 보았어야 한다. 필자의 육안은 붓글씨를 처음 썼을 때나 그로부터 한 달 반이 지난 뒤나 다름이 없었기 때문이다. 그럼에도 불구하고 필자가 그때야 비로소 바탕을 보게 된 것을 보면, 보는 것은 생리학적인 눈 또는 '육안'으로 되는 것이 아니라, 인식론적인 눈 또는 '심안'으로 되는 것임에 틀림없다. 말하자면 글씨에 관한 한, 필자는 바탕을 보게 되기까지 미처 눈을 뜨지 못했던 것이다.

글씨 경험을 하기 얼마 전에 필자는 어떤 책에서 개안수술을 받은 사람들에 관한 이야기를 읽은 적이 있다. 유럽의 어떤 신경생리학자가 인간의 인식 문제에 관심을 가지고, 장님으로 태어난 사람들이 개안수술을 받아 눈을 뜬 뒤에 어떻게 반응하는가를 세밀히 조사하였다. 그 신경생리학자가 조사한 바에 의하면, 개안수술을 받은 사람들은 눈이 열리면서부터 우리가 보는 것과 같은 광명한 천지를 보는 것이 아니라, 대체로 처음 1년 동안에는 어지러운 빛의 소용돌이밖에 볼 수가 없다. 이것이 그들에게는 대단한 고통거리이다. 약간만 생각해 보면, 이것은 납득하기 별로 어렵지 않다. 장님들은 이때까지 '보는' 방법을 배우지 못한 사람들이기 때문에 눈만 뜨면 온갖 찬란한 시각자료가 들어오지만, 그들의 눈에 들어오는 것은 도대체 무엇이 무엇인지 분간할 수 없는 빛의 덩어리에 불과하다. 만약 보는 것이 육안으로 되는 것이라면, 장님들은 개안수술을 받은 순간, 또는 길어야 몇십 분, 광선에 시력이 적응되는 시간이 지난 뒤에는 볼 수 있어야 한다. 그럼에도 불구하고 그들이 볼 수 있게 되는 데에 1년 이상 걸린다는 것은 보는 눈이 따로 있어야 한다는 것을 말해 주는 것이다. 이 1년이라는 시간은 그들이 심안을 가지게 되는 데에 필요한 시간이다.

필자가 안진경 글씨의 바탕을 보게 된 것은 말하자면 개안수술을 받은 사람들이 심안을 떠서 광명한 천지를 보게 되는 것에 비유될 수 있다. 그 순간의 기쁨은 말로 다 할 수 없었다.

지금도 필자의 글씨 보는 눈은 일류 서예 비평가의 눈에 비기면 어이없이 뒤떨어지는 것이지만, 그 순간부터 필자는 그런대로 글씨 보는 눈을 가지게 되었고, 그 눈으로 어디든지 걸려있는 글씨를 볼 수 있게 되었다. 필자뿐만 아니라 살아가는 사람들은 누구나 조금씩은 눈을 떠서 그 전에 볼 수 없었던 사물들을 보면서 거기서 기쁨을 맛보고 있을 것이다. 우리는 누구나 살아가는 동안에 '아, 이제야 알겠다'고 말하는 순간이 있다. 이 때마다 우리는 심안을 뜨게 되는 것이다.

눈동자와 시신경만 있다고 누구나 볼 수 있는 것이 아니라, '마음의 눈'이 있어야 볼 수 있다는 사실은 사람이라면 누구나 겸손해야 한다는 것을 가르쳐 주고 있다. 사람은 각각 자기의 심안으로 세상을 보면서 살아간다. 내가 보는 세상은 나의 심안에 들어오는 세상이다. 그러므로 우리는 누구든지 우리 자신에게 보이는 세상이 유일한 세상이요, 그 밖에는 다른 세상이 없다고 생각하기 쉽다. 그리하여 우리는 우리와 견해를 달리하는 사람들, 말하자면 우리가 보는 세상과는 다른 세상을 보는 사람들을 '미친 놈들'로 몰아세울 가능성이 있다. 그러나 우리가 우리의 심안으로 세상을 보는 것처럼 다른 사람들도 각각 그들의 심안으로 세상을 본다. 우리가 겸손해지는 데는 다음과 같은 사실을 아는 것만으로 충분하다. 즉, 눈만 있다고 누구나 보는 것이 아니다. 우리는 눈으로 보는 것이 아니라 마음으로 본다. 마음이 어리거나 흐려져 있으면 보는 눈도 어리거나 흐려져 있을 수밖에 없다. 이 사실을 아는 순간에 우리는 자신의 마음이 어리거나 흐려져 있지 않은가를 반성하게 되고, 혹시 다른 사람의 심안을 통하여 보다 공명정대한 세상을 볼 수 있을까를 열렬히 염원하게 된다. 겸손한 사람만이 求道구도의 길에 나설 수 있는 것이다.

51. 소크라테스의 삶과 죽음

마흔 살 전의 소크라테스는 오늘날 우리가 알고 있는 소크라테스가 아니었다. 그는 다만 평범한 아테나이의 시민으로서 아테나이의 풍물을 사랑하며, 시민으로서 일반적인 의무를 수행하고 있었다. 그러다가 마흔 살쯤 되었을 때 그에게 이변이라고 할 만큼 중요한 사건이 생겼다. 그를 존경하는 친구 한 사람이 아폴론 신의 신탁에게 아테나이에서 가장 지혜 있는 자가 누구냐고 물었더니 그 대답이 놀랍게도 소크라테스라는 것이었다. 이 소식을 들은 소크라테스의 심정이 어떠했는가는 상상하기 별로 어렵지 않다. 아테나이의 기라성 같은 賢者현자들, 모두 내로라하는 현자들이 많은데, 하필 소크라테스 자기라니! 소크라테스는 신탁이 틀림없이 실수를 저질렀다고 생각했다. 그리하여 그는 신탁이 과연 실수를 저질렀다는 것을 증명하려 나섰다. 그는 당시 아테나이에서 지혜 있기로 이름난 사람들을 하나씩 찾아다니면서, 여기에 과연 자기보다 똑똑한 사람이 있다는 것을 세상에 알리려고 했다.

소크라테스를 사형시키기로 재판한 법정에서 소크라테스가 한 말을 기록한 대화편 '변명'에서 우리는 이와 같이 오늘날 우리가 알고 있는 소크라테스 생애의 첫출발을 읽을 수 있다. 그가 찾아다닌 사람들은 시인이건 군인이건 간에 각각 특정한 분야에서 현명하기로 이름나 있는 사람들이었다. 소크라테스는 자기가 찾아간 사람들이 가장 잘 알고 있을 법한 주제로 대화를 시작하였다. 이야기가 처음 시작될 때 그들은 과연 소문난 현자답게 모든 것을 알고 있는 것처럼 확고한 어조로 자신있게 말하였다. 그 점에서 그들은 소크라테스가 재판을 받으러 법정에 오는 도중에 만난 청년 에우티프론과 동일하였다. 에우티프론만 해도 그렇다. 그는 '敬神'경신이 무엇인지 확실히 알고 있다고 생각했고, 경신이라는 것은 곧 자기가 그렇게 했듯이, 살인자가 비록 자기의 아버지라 할지라도 그 살인자를 법정에 고발하는 것이라고 자신 있게 말했다.

아테나이의 소문난 현자들을 찾아다닌 소크라테스의 목적은 그 사람들 중에 어느 한 사람이라도 자기보다 지혜 있는 사람이 있다는 것을 증명하는 데에 있었다. 그는 그것이 충분히 증명될 때까지 질문을 계속하지 않으면 안 되었다. 그러나 질문을 계속하는 동안에 소크라테스는 놀랍게도 그들이, 처음에 호언장담하던 것과는 달리, 아무것도 모르고 있다는 것을 알게 되었고, 더욱 놀라운 것으로서, 그들은 스스로 그들이 아무것도 모른다는 사실조차 모르고 있다는 것을 알았다. 적어도 소크라테스 자신은 자기가 아무것도 모른다는 것은 알고 있지 않은가? 결국, 소크라테스는 이렇게 한 사람씩 현자들을 시험하는 동안에 자기가 증명하려 나섰던 것과는 정반대의 것을 증명한 결과가 되었다.

소크라테스는 신앙심이 깊은 사람이었다. 처음에 신탁의 성실성을 의심하기는 했지만, 현자들을 찾아다니는 동안에 소크라테스는 아폴론 신이 사실상 참말을 한 것이라고 믿게 되었다. 아폴론 신의 말은 소크라테스는 다른 사람들이 알지 못하는 것을 알고 있다는 선언이었던 것이다. 이것은 소크라테스에게 이때까지 그가 가지고 있지 않았던 새로운 사명감을 불러일으켰다. 그는 평생을 아폴론 신의 선언에 충실하게 살기로 작정하였다. 자기가 알고 있다고 생각하는 것이 정말로 옳은지 그른지를 허심탄회하게 따져 보려고 하지 않은 채, 자기가 알고 있는 것이 알 만한 것의 전부라고 생각하는 사람들, 자기 마음속에 참으로 이해되지도 않는 내용을 세상에 떠돌아다니는 온갖 거창한 용어들로 얼버무리는 사람들, 이런 사람들을 편안하게 내버려 두는 것은 아폴론 신의 뜻에 어긋나는 일이었다. 이런 사람들에 대하여 소크라테스는 가차 없이 익살과 逆說역설을 퍼부어 대었다. 그의 한평생은 실로 이런 사람들과의 싸움이었다고 볼 수 있다.

법정에서 소크라테스 자신이 말한 바에 의하면, 자기가 재판을 받게 된 가장 직접적인 원인은 그가 신탁에 대한 反證반증을 하려고 하는 동안에 너무나 많은 현자들을 적으로 만들었다는 데에 있다. 현자들이 그를 미워한 것은 당연하다. 일개 石工석공에 불과한 소크라테스, 맨발에 남루한 옷을 걸치고 그 당시 아테나이에서도 유명했던 생김새—작달막한 키에 머리만 유난히 큰 데다가 툭 불거진 이마 밑으로 푹 꺼져 있는 눈, 그리고 납작코에 언청이—를 한 소크라테스가 찾아와서 온갖 귀찮은 질문으로 사람을 못살게 굴다가 급기야 그들의 명성과 자부심을 송두리째 흔들어 놓고 마는 것이었다. 그들의 편에서 보면 소크라테스는 하지 말아야 할 일을 하고 다니는 귀찮은 인물이었다. 그리하여 그들은 두 가지 죄목—그릇된 신을 섬긴다는 것과 청년들을 타락시킨다는 것—을 들어 소크라테스에게 사형을 선고하였다.

법정의 변명에서 소크라테스는 자신의 한평생을 가리켜, 자기는 귀찮은 쉬파리와 같은 존재였다고 말한다. 그는 지적인 위선자들, 대개는 자기가 지적인 위선자인 줄조차 모르는 위선자들을 귀찮게 하고, 그들이 듣기 거북한 질문들, 제발 하지 말았으면 하고 바라는 질문들을 하고 다녔다. 이제 그들은 자기를 귀찮게 하고 있던 그 쉬파리를 없애버리려고 하고 있다. 좋다, 그는 기꺼이 쉬파리 취급을 받았고, 이제 기꺼이 죽는다. 그러나 그 쉬파리가 없어진다고 하여 다시는 쉬파리가 나타나지 않으리라고 생각해서는 안 된다. 오히려 그 뒤에 오는 쉬파리는 더 젊고 더 강하여 더욱 귀찮게 앵앵거릴 것이다. 설사 그들이 만약 앞으로 청년들을 가르치는 일—청년들과 철학하는 일—을 그만둔다고 약속하면 그를 무죄로 석방시켜 주겠다고 제안한다 하더라도 그는 그 제안을 받아들이지 않을 것이다. 철학하는 일을 그만둔다는 것은 그에게는 죽는 것과 다를 바 없기 때문이다. 아니, 그는 백번을 거듭 죽는 한이 있더라도 철학하는 일 이외에 다른 일은 하지 않을 것이다.

소크라테스에 대한 고발내용은 그렇게 든든하지 못했던 것으로 알려져 있다. 소크라테스가 정직하고 성실하다는 것은 아테나이에 널리 알려져 있었다. 만약 소크라테스가 살려고만 했더라면 그는 충분히 살아남을 수가 있었다. 그러나 법정에서 소크라테스의 어조는 오히려 사형선고를 자초하는 듯한 것이었고, 감옥에서 도망갈 기회가 있었는데도 그는 그것을 단호히 거절하였다. 그 당시 그는 나이 일흔이었다. 그는 한평생 지적 위선과 싸우면서 아테나이를 위하여 봉사했다고 생각했다. 그러나 이제 그 아테나이는 자기의 봉사를 인정해 주려고 하지 않는다. 이제 더 살아서 무엇 하랴. 차라리 그가 죽으면, 그의 죽음은 아마 그의 삶이 이루고자 했으면서도 이루지 못했던 성과를 이룰 수 있을 것이다. 그의 죽음은 그가 시작해 놓은 일을 계속하도록 다른 사람들을 격려할 수 있을 것이다.

만약 소크라테스가 그 죽음의 의미를 장차 태어날 사람들의 지적 위선을 완화시키는 데에 두었다고 하면, 소크라테스는 헛되이 죽었다고 볼 수밖에 없다. 지적으로 나태하고 부정직한 사람들, 소크라테스가 평생을 두고 싸웠고 또 그의 죽음으로 인하여 좋은 방향으로 계도되었어야 할 그런 사람들은 역사상 어느 시대에 있어서나 대다수를 이루어 왔다고 보아야 할 것이기 때문이다. 이것은 별로 기이한 일이 아니다. 소크라테스는 '스스로의 무지를 자각하는 것은 탐구의 첫걸음'이라고 말하였지만, 사실상 그것은 탐구의 종착점이기도 하다. 스스로의 무지를 아는 것은 지혜의 가장 밑바닥이기도 하지만 그것은 또한 지혜의 가장 높은 단계이기도 하다. 첫걸음과 종착점, 밑바닥과 꼭대기가 결국 한 가지 과정으로 일관되어 있다면, 소크라테스의 이상은 그리 쉽게 실현될 수 있는 것이 아니다.

그러나 소크라테스가 예견했듯이, 역사상 어느 시대에나 비록 그 역사적인 인물 소크라테스는 아니더라도 그의 정신을 이어받으려는 사람들이 반드시 몇 명은 있다. 이런 사람들은 소크라테스를 미워했던 사람들과 같은 부류의 사람들에게, 사형까지는 당하지 않는다 하더라도, 틀림없이 숨이 막히고 있을 것이다. 그러나 또 한편, 그들의 숨을 막는 바로 그 사람들이 스스로 소크라테스의 정신을 따르고 있다고 생각하는지 누가 알랴. 이리하여 소크라테스의 비극은 늘 되풀이되는 것이 아닌가?

52. 어떤 미국인

필자가 미국에서 공부하는 동안에 겪었던 일 중에서 다른 사람들에게 널리 이야기하고 싶은 것이 한 가지 있다. 그것은 어떤 미국 사람에 관한 이야기이다. 필자는 풀브라이트 장학금을 받아 1968년에 미국에 갔다. 첫해의 공부를 마칠 때쯤 풀브라이트 재단에서 편지가 왔다. 한국과 일본과 인도, 이 세 나라를 특별히 지정하여 거기서 온 학생들에게는 누구든지 1년 이상 장학금을 줄 수 없다고 하고, 1년의 공부가 끝나는 대로 본국으로 돌아가라는 것이었다. 풀브라이트 재단에 그 이유를 알아본즉, 그 세 나라에는 이미 미국에서 교육받은 '고급인력'이 충분하며, 따라서 현재 풀브라이트 장학금을 받고 있는 학생들에게 1년 이상 장학금을 줄 명분이 없다는 것이었다. 물론, 풀브라이트 재단 이외의 다른 곳에서 장학금을 받으면 공부를 계속할 수 있었다. 그러니까 본국으로 돌아가야 한다는 것은 '다른 기관에서 장학금을 받을 수 없는 한' 돌아가야 한다는 뜻이었다.

필자는 잠깐 한국에 돌아갈 생각을 했다. 일 년 동안의 '고생'도 고생이려니와(고생을 하다가 보면 누구든지 도대체 무엇 때문에 이런 고생을 해야 하는가 하는 생각이 드는 것이다) 그보다도 넓은 미국 천지라고는 하지만 그 어디에서 장학금을 받을 수 있단 말인가? 그러나 이왕 온 것이니까, 되든지 안 되든지 장학금을 얻어 보자고 하고, 필자가 공부하고 있던 뉴욕 근방에 있는 재단들, 그러니까 필자를 만나 보자고 하면 쉽게 갈 수 있는 거리에 있는 재단들 십여 개를 골라 편지를 보냈다. 요컨대 내 사정이 어떠하다는 것, 앞으로 공부할 계획은 어떠하다는 것, 학비는 학교에서 얻을 수 있지만, 1년간 매달 2백 40달러(그것은 풀브라이트 재단에서 필자가 받던 금액이었다)의 생활비가 필요하다는 것, 그리고 나에 관하여 더 알아보고 싶은 것이 있으면 나의 지도교수 아무개에게 문의해 보라는 것 등이었다.

대부분의 재단에서 비관적인 답장이 왔다. 그러나 그중에서 오직 한 군데, 포드재단에서 '우리는 당신의 케이스를 심각하게 고려하고 있다'는 대답이 왔다. '심각하게 고려한다'는 우리나라 말의 의미에 비추어, 그것은 결코 낙관적인 대답이라고 볼 수 있는 것은 아니었지만, 그 당시 필자로서는 오직 그 말에 일루의 희망을 걸고 기다리는 수밖에 없었다. 필자는 초초하게 기다렸다. 신학기 등록이 가까워 오는데도 아직 포드재단에서

‘심각하게 고려한’ 결과가 어떠하다는 연락이 없었다. 등록이 시작되었을 때 필자는 거의 완전히 절망하였다. 장학금을 줄 생각이 조금이라도 있다면 우선 한번 만나보자고 해야 할 것이 아닌가? 더구나 포드재단은 필자가 살고 있는 곳에서 지하철로 10분이면 갈 수 있는 곳이 아닌가? 등록 마감일을 하루 앞두고 완전히 절망한 상태에서 필자는 포드재단에 전화를 걸어 ‘심각하게 고려 중’이라는 편지를 쓴 사람을 찾았다. 그러나 결과는 예상했던 것과는 정반대였다. 그는 벌써 그 일이 처리된 줄로 알고 있다고 하면서, 내일 아침 우편배달 시간까지 기다렸다가 편지가 오지 않거든 다시 전화를 걸어 달라고 말하는 것이었다.

과연 그 이튿날 아침에 편지가 왔다. 그 속에는 보험수속에 필요한 서류와 첫 달분의 생활비 3백 달러짜리 수표가 들어 있었다. 거기에는 또한 앞으로 열 달 동안(한 학년도) 매달 3백 달러를 지급하기로 결정했다는 것과 연말에 간략한 정산서를 보내어 주기 바란다는 극히 짤막한 편지가 들어있었다. 사실상, 이것만으로도 필자는 상당한 충격을 받았다. 첫째로, 그들은 나를 한 번도 만나자고 하지 않았다. 둘째로, 내가 그들에게 청구한 돈은 2백 40달러였는데도 그들은 3백 달러를 주었다. 아마 외국 학생이 뉴욕에서 생활하기에는 2백 40달러로 부족하다고 생각했던 모양이다. 그리고 셋째로, 그들은 나에게 아무런 의무를 지우려고 하지 않았다. 박사과정을 공부하는 외국인 학생에게 장학금을 줄 경우에는 어떤 종류의 것이든지 연구보고서를 내라고 하는 것 정도는 충분히 요구할 법했는데도 불구하고, 그들은 전연 그런 요구를 하지 않았다. 아주 부끄러운 고백이지만, 위의 세 가지는 그 당시 필자가 가지고 있던 소견에 비추어 보면 참으로 납득하기 어려운 것이었고, 게다가 필자의 절망적인 심리상태 때문에 충분히 충격을 줄 만한 것이었다.

그러나 필자가 참으로 하고 싶은 이야기는 지금부터이다. 학기가 시작되어 공부에 쫓기다가 보니, 포드재단에 이른바 '인사'하러 갈 기회가 없었다. 그러다가 아내가 미국으로 왔다. 아내가 온 것을 기화로 하여 필자는 아내가 올 때 가지고 온 자개박힌 꽃병 하나를 들고 아내와 함께 포드재단을 찾아가서 편지를 보낸 그 사람을 찾았다. 그는 포드재단에서 아시아-태평양지구에 관계되는 사업을 맡아보는 자리에 있는 사람이었다. 필자는 그에게 고맙다는 말을 했다. 그때 그는 다음과 같은 요지의 말을 했다.

내가 자기에게 고마움을 느끼는 것은 충분히 이해할 수 있다. 그러나 나는 고맙다고 생각해서는 안 된다. 자기는 나에게 '고마운 일'을 한 것이 아니기 때문이다. 다시 말하면 자기는 나에게 개인적 특혜—봐주는 것—를 준 것이 아니다. 만약 자기가 나에게 특혜를 준다고 생각했더라면 그전에 한 번은 만나자고 했을 것이다. 그러나 그런 일이 있었는가? 사실상, 내가 다음과 같은 것을 알았더라면 나는 더욱 자기에게 고맙다고 생각했을 것이다. 포드재단은 역사상 학생 개인에게 이번처럼 장학금을 준 일은 한 번도 없었고 앞으로도 있을 것 같지 않다. 그럼에도 불구하고 자기는 간부회의에서 내 케이스를 앞에 두고 다른 사람들의 승인을 강력하게 요구하였다. 물론 자기로서는 포드재단의 방침을 따라 쉽게 내 케이스를 포기할 수도 있었다. 그러나 그렇게 하지 않은 것은 내가 '이뻐서'가 아니다. 그것은 오직 자기가 담당하고 있는 아시아-태평양 지구의 사정으로 보아 내가 계속 공부하는 것이 좋은 일이라고 판단했기 때문이다.

저 꽃병, 하고 그는 말을 계속하였다. 저 꽃병은 자기가 받고 싶고, 또 당연히 받아야 한다. 만약 저 꽃병을 받지 않는다면 그것은 자기가 나에게 미안한 일을 하는 것이다. 그러나 포드재단의 규정상 그것은 받지 않도록 되어 있다. 그것을 받지 못하는 자기의 마음이 말할 수 없이 아프지만, 그것은 어쩔 수 없는 일이다. 제발 그런 사정을 이해해주고, 저 꽃병은 도로 가지고 가서 다른 사람에게 선물하기 바란다. 그리고 장학금 받은 일로 하여 고마운 생각이 들거든 자기 개인에게 고맙다고 하기보다는 공부를 열심히 하여 한국과 아시아-태평양 지구를 위하여 좋은 일을 하기 바란다. 자기가 참으로 바랄 것이 있다면 바로 그것이다.

필자는 충격과 부끄러움을 애써 감추고 이것저것 다른 이야기를 하다가 그 꽃병을 도로 들고 나왔다. 필자를 부끄럽게 한 것은 무엇이었던가? 필자가 위에 대체로 요약한 그 말을 한 사람은 필자보다 나이가 아래인 미국 청년이었다. (그는 예일대학 법과 출신이었다.) 물론, 필자와 같은 처지에 있었던 사람은 누구든지 그에게 고마운 마음을 가졌을 것이다. 그것은 매우 자연스러운 감정의 발로로서, 그도 그것을 충분히 인정하였다. 그러나 그의 말에 담겨있는 사고방식이 그 당시 필자의 소견과 엄청나게 달랐다는 것, 마음속 깊이 점점 확대되는 그 소견의 차이, 그것은 도저히 부정할 수 없었다. 그것은 필자가 장학금을 받게 되었는가 아닌가 하는 것과는 하등 관계가 없다. 단순히 필자는 사태를 그런 방식으로 파악하게끔 성장되지 않은 것이다.

필자는 미국에 그러한 사고방식을 가진 사람들이 얼마나 많이, 또 어떤 요직에서 일하고 있는지 알지 못한다. 그러나 필자는 누구나 말하는 '미국의 국력'을 신장시킨 한 가지 원인을 알 수 있을 것 같았다. 이제는 꽤 오래된 이 이야기를 하면서, 필자는 지금도 아마 그 자리에서 일하고 있을 그 미국 사람에게 축복이 있기를 바라고, 필자 또한 아무리 조금이라도 그 사람의 사고방식에 따라 살 수 있게 되기를 바란다.

53. 책은 왜 읽는가

책은 왜 읽는가 하는 질문에 대한 대답으로서 '조정을 채우고 있는 높은 관리들은 모두 책 읽은 사람'(滿朝靑紫貴 盡是讀書人)이라는 옛날 勸學詩권학시의 구절은 오늘날의 관점에서 보면 전혀 만족스러운 대답이 아니다. 책 없는 문명을 상상할 수 있는가? 우리가 책 없는 문명을 상상할 수 없는 것과 같이 책을 읽는 것은 곧 문명사회의 생활방식의 한 부분이다. 책을 읽는 것은 이런저런 목적을 달성하기 위한 수단이 아니라 살아가는 방식의 하나이며, 우리는 책을 읽음으로써 문명된 사회생활에 참여하는 것이다.

물론, 우리는 책을 읽지 않고도 살아갈 수 있다. 그러나 이렇게 말하는 것은 넥타이를 매지 않고도 살아갈 수 있다고 말하는 것에 비유될 수 있다. 넥타이를 매고 사는 것도 스웨터를 입고 사는 것과 마찬가지로 살아가는 활동의 한 부분인 것이다. 책은 왜 읽는가 하는 질문은 흡사 책을 읽는 것을 수단으로 하여 달성하고자 하는 목적이 무엇인가를 묻는 것으로 들릴 수 있겠지만, 그 질문을 오로지 이런 뜻으로 이해하는 것은 독서의 '목적'을 편파적으로 해석하는 것이다. 왜냐하면 '독서의 목적'에서 '목적'을 심지어 살아가는 것 그 자체로 본다 하더라도, 책을 읽는 것은 책을 읽는 활동 그 자체를 떠나서 다른 목적을 가지지 않기 때문이다. 적어도 이렇게 보는 것이 '조정의 높은 관리'가 된다는 식의 '목적'과 관련하여 독서의 의미를 파악하는 것보다는 훨씬 더 타당하다.

사람들은 흔히 독서를 권할 때에 독서는 재미있다고 말한다. 그리고 주로 이 때문이라고 생각하지만, 사람들은 독서가 '재미있어야 한다'고 생각한다. 그러나, 이것이 독서를 올바르게 표현한 것인지는 의문이다. 우선 독서에서 느끼는 재미는 읽는 책의 내용을 이해하는 정도에 따라 다를 것이다. 독서가 재미있다는 것은 그것을 이해할 준비를 갖춘 사람의 입장에서 하는 말이며, 그 준비를 갖추고 있지 않은 사람으로 보면, 독서는 머리를 짜내는 결사적인 지적 노력 없이는 불가능하다.

뿐만 아니라, 독서가 재미있어야 한다는 것은 마치 살아가는 일이 무엇이든지 재미있어야 한다는 말과 같다. 조금이라도 살아본 사람이면 누구나 알 수 있는 바와 같이, 살아가는 일은 언제나 재미있는 것만은 아니며, 오히려 수많은 난관의 연속이라고 보아야 할 것이다. 물론 이 난관을 성공적으로 극복했을 때 삶의 재미라는 것이 생길 수 있다. 그러나 이 경우의 재미는, 우리가 흔히 사는 것이 재미있다고 할 경우의 재미와 상당히 다른 종류의 재미일 것이다.

살아가는 일이 한 가지 종류의 활동을 가리키는 것이 아닌 것과 같이, 책을 읽는 일도 한 가지 종류의 활동이 아니다. 물론 우리는 때로 재미있는 책을 읽을 수 있지만, 우리가 읽는 모든 책이 한결같이 재미있을 수는 없다. 그것은 마치 우리가 재미만을 추구하면서 살 수 없는 것과 같다. '독서의 재미'라는 말이 모든 책은 재미있어야 한다든가, 재미없는 책은 읽을 가치가 없다는 뜻으로 해석된다면, 이것은 분명히 독서의 성격을 왜곡해서 파악하는 것이다. 우리는 때로 어려운 책, 따라서 재미없는 책도 읽으면서 지적 이해를 위하여 힘든 노력의 대가를 지불하는 것도 배워야 한다. 좀더 엄밀하게 말하면, 이런 대가를 지불할 의향이 없는 사람은 독서라는 생활방식을 통하여 문명된 생활에 참여하기를 스스로 포기하는 사람이라고 말할 수 있을 것이다.

이와 같이 그릇된 독서관은 문화 수준이 전반적으로 향상되어 독서가 이미 특정한 계층의 전유물이 되지 않은 때에 특히 문제가 된다. 영국의 한 사회학자는 오늘날 영국의 노동계층이 소위 '글눈'(文字解讀)을 무엇에 쓰는가를 조사한 결과, 그들이 주로 통속적인 대중소설이나 오락잡지를 읽고 있다는 것을 발견하고, 이것이 영국의 문화를 위태롭게 한다는 점에서 우려를 표명하였다. 말하자면 그들은 '글눈'을 '재미를 추구하는 일'에

활용하고 있다는 것이다. 이 사실에 대한 가치판단에는 다른 의견이 있을 수 있지만, 적어도 그 사회학자의 우려에는 충분한 근거가 있다고 보아야 한다. 어느 나라나 할 것 없이 책을 만들어내는 출판업자의 관심은 1차적으로 책이 팔리느냐 안 팔리느냐에 있다. 그런 만큼 출판업자들은 수요자의 취향에 민감하여 팔릴 수 있는 책을 만들고자 한다. 그리하여 독서에 있어서의 그레샴의 법칙—惡貨악화는 良貨양화를 구축한다—이 실현된다. 이 현상은 본질상 독서는 재미있어야 한다는 단순한 독서관에 연유하는 것이며, 보다 넓게는 재미없는 삶은 살 가치가 없다는 일반적인 생활태도를 반영한다.

필자가 보기에 이 문제는 우리나라 현실과 전혀 무관한 것이 아니다. 오늘날 대학생들은 그들의 신분으로서 응당 읽어야 할 책이면 무엇이든지 우선 어렵다고 생각한다. 물론 그 책들 중에는 정말로 어려운 책이 있을 것이다. 그러나 또 한편, 책 중에는 성격에 따라 응당 어려워야 하는 책이 있으며, 이런 책은 그것이 어려움에도 불구하고 힘들여 읽어야 한다. 그리하여 필자는 대학생들이 '어려운 책'이라고 말할 때마다, 그 어렵다는 느낌의 얼마만큼이 책이 정말로 어렵기 때문에 생기는 것이며, 그 느낌의 얼마만큼이 책은 쉽고 또 통속적인 의미에서 재미있어야 한다는 그릇된 독서관 때문에 생기는 것인지 궁금해진다. 만약 그들의 어렵다는 느낌이 주로 후자 때문이라면, 우리는 당연히 우리나라 문화에 대하여 영국의 그 사회학자가 표명한 것과 같은 우려를 표명해야 할 것이다. 이러한 상태는 급기야 힘든 노력을 통하여 지적 이해에 도달한다는 인간의 한 가지 중요한 가치를 부정하는 결과를 초래할 것이기 때문이다.

독서를 생활방식의 하나로 볼 수 있다면 독서관은 또한 문화가 발전함에 따라 달라질 수 있을 것이다. 예컨대 인쇄술이 처음 생겼을 때, 독서에 대한 태도는 오늘날과 같이 출판업이 고도로 발달한 사회에서의 독서에 대한 태도와 다를 것이다. 서양에서 구텐베르크가 활자를 발명했을 때, 대학 교수가 대학 교수로서 갖추고 있었던 가장 중요한 자격은 책을 가지고 있다는 것이었다. 예컨대 이때 책을 읽는다는 것은 말하자면 책 한 줄 한 줄에 담겨 있는 의미를 깊이 새기면서 그것을 자신의 지식에 비추어서 해석하는 일이었을 것이다. 이 점에 있어서는 우리나라에 현대 인쇄술이 도입되기 이전에 수공업적인 기술로 한문책을 읽던 때도 마찬가지였을 것이다. 讀書百遍義自見독서백편의자현이라는 독서관이 그것을 잘 말해주고 있다. 말하자면 책을 맨 끈이 백 번 닳아 끊어지도록 읽으면, 그 안에 담긴 의미가 저절로 깨달아진다는 것이다.

그러나 이런 독서관이 오늘날처럼 책이 다량으로 출판되고 보편화된 사회에 과연 적합할지는 의문이다. 오늘날에는 책을 쓰는 사람이나 읽는 사람이나, 전달하고 전달받고자 하는 내용을 문맥 속에 상세히 노출시켜야 할 것이다. 이것은 결코 책을 읽는 동안에 사고한다든가 스스로 의미를 깨닫는다든가 하는 노력이 불필요하다는 뜻이 아니라, 글의 내용이 글 읽는 사람의 주관적인 해석에 맡겨지는 정도를 가능한 한 배제하고, 전달하거나 전달받는 내용을 되도록 정확하게 표현할 필요가 있다는 뜻이다. 책을 읽는 사람의 편에서 보면, 이것은 한 문장이나 심지어 한 단어에 자기 나름의 해석을 붙여 책을 이해하고자 할 것이 아니라, 책 전체의 주장을 전체로서 이해하도록 노력해야 한다는 것을 의미한다. 이것은 예컨대 讀書百遍義自見이라는 독서관으로부터의 상당히 근본적인 전환을 의미한다.

이 점에 비추어 오늘날 대학생들의 독서관은 어떠한가? 앞에서 오늘날 대학생들이 '책이 어렵다'는 불평을 한다고 말했지만, 이 불평의 일부는 그들에게 책의 내용을 전체로서 파악하는 독서 능력이 부족하기 때문에 생기는 것이 아닌가? 책의 내용을 전체로서 파악할 수 없기 때문에, 그들의 이해는 극히 애매한 주관적인 해석이 가능한 문구에 국한될 것이며, 그것이 불가능한 부분은 책의 이해에 하등 도움이 되지 않는 '모르는 부분'으로 남게 될 것이다. 사실상 오늘날 대학생들이 책을 읽은 뒤에, 그 내용에 관하여 보고하는 것을 보면, 때로 저자의 전체적인 주장과는 무관한, 또는 심지어 그것과는 정반대되는 주장을 나타내는 문구에 자기 자신의 주관적인 해석을 붙여 '이해'하고 있다는 것을 알 수 있다. 오늘날 대학생들이 이러한 독서관을 가지고 있다는 것은 곧 우리 모두가 그런 독서관을 가지고 있다는 뜻이며, 우리가 교육을 통하여 그런 독서관을 후

세대에 가르쳐 주고 있다는 뜻이다. 이 문제는 흔히 생각하듯이 단기간의 '독서지도'로 해결될 것이 아니며, 장기적으로 우리 모두의 '이해방식'이 개선될 때까지 기다릴 수밖에 없을 것이다.

그러나 분명한 사실은 우리가 살아가는 한, 생활방식의 한 부분으로서의 독서는 그칠 수 없다는 것이다. 지금도 대학생들은 책을 읽고 있다. 그리고 그중의 상당수는 어려운 책을 붙잡고 지적 이해에 도달하기 위하여 씨름을 하고 있다. 그러면서 그들은 '원칙상' 이해할 수 없게 써 놓은 저자를 원망하며, 독자의 이해를 위하여 자기가 가진 역량을 최대한 발휘하고 있는 저자를 존경한다. 그리고 그 저자로부터 그들은 무엇인가를 배우고자 한다. 요컨대 그들은 좋은 책과 나쁜 책을 구별한다. 만약 문화의 발전 정도를 재는 척도가 있을 수 있다면, 사람들이 어떤 기준으로 좋은 책과 나쁜 책을 구별하는가 하는 것은 분명히 그 척도의 하나가 될 수 있을 것이다.

책을 읽는다는 것은 어떤 실제적인 이득을 위한 투자가 아니라, 문명된 사회에 참여하는 행위이다. 우리가 한 권의 책을 읽을 때 우리는 그만큼 문명의 수준을 높이는 것이다. 이 일을 위하여 저자와 독자는 다 같이 책임이 있다. 이들은 모두 독서는 재미있는 것이라는 안일한 독서관에서 벗어나고, 글의 내용은 문구의 주관적인 해석으로 이해될 수 있다는 전근대적인 독서관에서 벗어나는 데에 각각 할 일이 있다. 이 일을 잘하느냐 못하느냐에 따라 우리의 문화 수준이 결정되는 것이다.

54. 글 쓰는 교육

대학에서 가르치고 있는 동료 교수들 사이에 이따금 요새 학생들의 '작문' 실력이 말이 아니라는 문제점이 지적되고, 그러다가 보면 으레 학교—여기서 '학교'라는 것은 대학 이하의 학교를 뜻한다—에서 '작문교육'을 해야 한다는 주장이 나온다. 사실, 이 문제점이 지적된 것은 어제오늘의 일이 아니다. 다른 대학에서도 대체로 마찬가지라고 생각하지만, 서울대학교에서는 대학에 들어오는 학생들을 위한 일종의 '矯正교정 코오스'로 교양과목에 '작문'이 들어 있다. 또한, 학교에서 작문교육을 하는가 하지 않는가 하는 문제를 두고 말하더라도, 학교에서 전연 작문교육을 하지 않는다고는 말할 수 없다. 작문교육을 얼마나 자주 하는가는 학교에 따라, 또 교사에 따라 다르겠지만, 학교에서는 주로 '국어'의 한 부분으로서 신변 소감 등을 글로 써 내도록 하고 있다.

그러나 이 글에서 말하는 '글 쓰는 교육'이라는 것은 학교의 작문 시간에 쓰는 것과 같은 隨想文수상문이나 대학의 교정 코오스로서의 '작문'에서 취급하는 그런 것을 뜻하는 것이 아니다. 여기서 말하는 '글 쓰는 교육'은, 예를 들면 대학 입학 예비고사의 물리 시험 답안을 쓸 때, 오늘날처럼 정답만을 쓰는 것이 아니라—더 정확하게 말하면, 정답을 '찾는' 것이 아니라—주어진 문제에 관련된 모든 물리학적 추리와 결과를 문장으로 써내야 하는 그런 경지를 일컫는 것이다. 독일의 교육에 대해서 잘 알고 있는 한 친구가 전하는 바에 의하면, 독일에서는 우리나라의 대학 입학 예비고사에 해당하는 시험에 바로 위와 같은 방식으로 답해야 하는 문제가 나온다고 한다. 이 비교를 좀더 풀이해서 말하자면, 여기서 말하는 '글 쓰는 교육'이라는 것은 이때까지 우리가 알고 있던, 또 현재 학교에서 부분적으로 하고 있는 작문교육을 뜻하는 것이 아니라, 교육의 모든 과정이, '공부한다는 것은 바로 생각을 문장으로 나타내는 것'이라는 아이디어에 기초를 둔 그런 교육을 뜻하는 것이다.

독일의 대학 입학 예비고사 물리 시험과 우리의 대학 입학 예비고사 물리 시험 사이의 대조는 위에서 말한 것과 같은 피상적인 기술로도 이미 뚜렷하다. 어느 정도인가 하면, 이 두 경우의 공통점은 오직 독일의 시험과 우리의 시험을 똑같이 대학 입학 예비고사라는 '이름'으로 부를 수 있다는 것에 불과하며, 실지로 두 경우에 시험이라는 것이 가지고 있는 '의미'는 전혀 다른 것이다. 교육 당국에서 시험 문제를 낼 때, 또 학생들이 시험을 보고 교사들이 채점을 할 때, 그들이 그 활동을 지각하는 방식은 두 경우에 전혀 다른 것이라고 보아야 한다. 그러므로, 어떤 사람이 보기에 얼른 독일의 대학 입학 예비고사가 좋아 보인다고 해서, 그것을 우리나라 현실에 도입하려고 생각한다면 이것은 중대한 착각이다. 이런 식으로 교육제도를 도입한다면, 그때 도입되는 것은 십중팔구 '이름'에 불과하다. 진정한 도입이 되려고 하면, 먼저 도입하려고 하는 제도에 대한 철저하고 심각한 분석을 해야 한다.

어떤 심각한 분석을 해야 하는가? 물론, 여기에는 손쉬운 대답이 준비되어 있다. 그것은, 과연 독일식의 대학 입학 예비고사가 우리의 것보다 더 좋은가, 그것이 도입할 '가치'가 있는 방식인가 하는 것이다. 이 문제는, 물론, 근본적인 문제이다. 그러나 이것은 너무 근본적인 문제여서, 생각의 순서로 보아, 첫머리에 나올 수는 없다. 이 문제에 관하여 생각하자면, 그 이전에, 그것과 관련된 작은 문제들을 먼저 생각해야 한다. 도입하려고 하는 것의 가치에 관한 문제는 그런 작은 문제들과 밀접하게 관련되어 있고, 따라서 그런 덜 근본적인 문제들을 먼저 생각하지 않고는 그 근본적인 문제에 다다를 수가 없다.

예컨대, 이런 것이다. 독일의 학생들이 대학 입학 예비고사에서 물리 문제를 그런 방식으로 답할 수 있는 것은 초등학교에서 고등학교에 이르기까지 그런 방식으로 교육받았기 때문이다. 그 이전에 받은 교육은 그 학생들에게 시험에 대한 일종의 기대를 형성해 놓았고, 이 기대가 곧 시험에 대한 그 학생들의 '의미'를 결정한다. 그래서, 만약 독일 학생들에게 우리의 예비고사에 나오는 것과 같은 문제를 낸다면, 모르기는 해도, 그 학생들은 어쩔 줄 모를 것이다. 그들의 기대와 너무나 차이가 있기 때문이다. 그것은 마치 우리나라 학생들에게 독일의 문제를 낼 때 학생들이 어쩔 줄 모르는 것과 같다.

이왕 독일 이야기를 했으니, 필자에게 독일의 대학 입학 예비고사 이야기를 해 준 바로 그 친구에게서 들은, 독일 학교에서의 '글 쓰는 교육'을 옮겨 적어 보겠다. (이것이 독일의 교육을 '대표'하는 것인가 하는 것은 별로 중요한 문제가 아니다. 따지고 보면, 그것이 특별히 '독일'이어야 할 필요도 없다.) 독일의 초등학교에서는 교과목이 우리처럼 세분화되어 있지 않다. 어느 과목에서든지 글을 쓰도록 하고 있으니, 그것이 무슨 교과인가 하는 것은 그다지 의미가 없다. 교사가 글의 제목을 정해 주기도 하고, 때로는 학생이 제목을 정하기도 한다. 학생이 글을 써오면, 때로는 종이가 새빨갛게 되도록 교사가 자기의 의견을 적어서 다시 내준다. 학생은 그 글을 집에 가져가서, 부모와 상의하든지 그 밖의 다른 방법을 써서 그 글을 고쳐 써 온다. 교사는 다시 의견을 써 준다. 이런 식으로 하여, 거의 완벽한 수준에 이를 때까지, 그 글은 교사와 학생 사이를 왔다 갔다 한다.

이런 식으로 해서 '교육'이 되는가, 그런 식으로 글을 고쳐 써 가는 동안에 학생들은 무엇을 배우는가. 우선 말할 수 있는 것은, 하나의 글을 고쳐 써 가는 동안에 학생들이 배우는 것은 단순히 우리가 생각하는 '작문 실력'에 국한되지 않는다는 것이다. 문법에 맞는 문장을 쓴다든지, 글을 매끄럽게 쓴다든지, 심지어 글의 조리가 맞도록 하는 것 이상으로, 학생들은 어떤 특정한 문제를 보는 관점을 배우는 것이다. 여기서 '관점'이라고 하는 것도, 우리가 흔히 '학습하는 방법을 학습한다'고 할 때 의미하는 것처럼, '방법'에 해당하는 것으로 보아서는 안 된다. 거기에는 물리학적 사고, 문학적 사고, 도덕적 사고 등의 말에 함축되어 있는 것과 같은 '생각의 내용'이 들어 있다.

그러나 이렇게 말한다고 해도, 그런 식으로 교육이 되는가 하는 우리의 의문은 종내 풀리지 않는다. 그런 식으로 교육한다면 우리가 현재 각 교과목에서 가르치고 있는 '교과내용'은 언제, 어느 겨를에 가르치는가? 우리가 현재 매기고 있는 각 교과목별 성적은 어떻게 매기는가? 우리가 현재 다른 어떤 것보다도 중요한 것으로 생각하고 있는 각 학년별 교육목표의 도달 여부는 어떻게 사정하는가, 등등.

이런 의문이 풀리지 않는 것은, 한마디로 말하여, 전통의 차이 때문이다. 우리가 '교육'이라는 이름으로 이때까지 해 온 일, 현재에도 하고 있는 일은 예컨대, 독일 사람들이 해 온 일, 하고 있는 일과 엄청나게 다른 것이다. 그리고 전통의 하중은 여기서나 거기서나 무겁기가 마찬가지이다. 독일에서 대학 입학 예비고사의 물리 문제에 답하고 있는 수험생, 학교에서 작문을 쓰고 또 고쳐 쓰고 하는 학생들은 독일의 전통에 따라 교육을 받아 온 것이며, 그 학생들 중에서 교사가 되는 사람 또한 마찬가지 전통 속에서 다음 학생들을 교육할 것이다. 그것은 마치 우리나라에서 대학 입학 예비고사를 치르는 학생들이 장차 교사가 되었을 때, 다음 학생들에게 그 시험 준비를 시키고 있는 것과 같다.

교육의 전통은 살아 있는 '교육과정 이론'이다. '교육과정 이론을 실제에 적용한다'고 말할 때, 우리는 실제에 적용하기 이전에, 실제를 이끄는 지침으로서 교육과정 이론이 확립되어 있어야 한다고 생각하지만, 교육의 전통은 살아 있는 교육과정 이론이라고 말할 때의 교육과정 이론은 그런 것이 아니다. '살아 있는 교육과정 이론'은 현재 실시되고 있는 교육의 의미를 이론적인 차원에서 기술해 놓은 것을 뜻한다. 이런 뜻에서의 교육과정 이론은 반드시 현재 교육에 종사하고 있는 모든 사람들이 의식하고 있을 필요가 없다. 그러나, 비록 '이론'으로서 의식하지는 못한다 하더라도, 그런 뜻에서의 교육과정 이론은 그 사람들이 현재와 같이 교육하고 있는 한, 필연적으로 받아들일 수밖에 없는 논리적 가정을 가리킨다. 이렇게 보면, 예컨대, 독일에서와 같은 교육방식을 우리의 현실에 도입하려고 하면, 우리의 현실에 실지로 작용하고 있는 '교육과정 이론'을 바꿀 수 있어야 한다. 앞에서 시사한 바와 같이, 이 일은 바로 전통의 굉장한 하중을 대적해야 하는 어려움을 안고 있다. 이제 이 점을 좀더 분명히 말해 보겠다.

이 글에서 말하고 있는 '글 쓰는 교육'에 동조하는 사람들에게 그런 교육을 실시하는 데에 어려운 점을 들라고 하면, 가장 중요한 것으로 '객관식 시험'을 들 것이다. 사실상, 객관식 시험은 특히 학생들의 '작문 실력'과 관련하여 그 폐단이 상당히 오래전부터 인식되어 왔다. 그러나 객관식 시험이 아직도 시행되고 있다는 것은, 간단하게 말하여, 그 시험에 반영된 것으로 볼 수 있는 교육과정 이론이 여전히 은밀한 호응을 얻고 있다는 증거이다. 다시 말하면, 객관식 시험에서 측정하고 있는 그런 종류의 단편적인 정보를 우리가 어떤 점에서든지 가치 있다고 생각한다는 것이다. 여기에 대하여 사람들 중에는 '객관식 시험'이라는 것은 순전히 평가방법에 관한 문제이며, 그것은 교육과정 이론과는 전혀 별개의 것이라고 생각할 사람이 있을지 모른다. 그러나 교육과정 이론과 평가 사이의 관계는 여기서 자세하게 취급하기에는 너무나 복잡한 문제이다. 어쨌든 '글 쓰는 교육'의 현실적 어려움이 객관식 평가에 있다고 말하는 것은 현상의 기술로서는 타당할지 몰라도, 근본적인 설명은 될 수 없다. 객관식 시험의 밑바닥에는 우리의 교육과정 이론이 숨어 있는 것이다.

(객관식 시험에 깔려 있는 교육과정 이론이 우리의 교육적 '전통'을 이루고 있다는 지적에 대하여 불만을 느끼는 독자가

있을 것이다. 왜냐하면, 우리의 전통은 객관식 시험이 아니라, '論논·義의'나 '詩시·賦부·策책'에 의하여 고전의 구절을 풀이하고 詩賦시부를 짓고 策問책문을 쓰는, 이른바 '쓰는 교육'이 아니었던가. 그러나, 분명히 말하여, 이런 오랫동안의 '전통'이 과거 반세기의 교육을 통하여 새로운 '전통'으로 거의 완전히 대치된 것은 일종의 미스테리이다. 그 미스테리의 한 부분은 객관식 시험이 처음 소개되었을 때 그것이 우리의 '전통적' 교육관과 전혀 어긋나지 않는 것으로 쉽게 받아들여졌다는 데에 있다.)

'글 쓰는 교육'에 원칙상 동조하는 사람들이 현실적 문제점으로 자주 드는 것은 학급당 학생 수가 많다는 것과 교사의 잡무가 많다는 것이다. 다시, 이것은 현상의 기술로서는 타당할지 모른다. 학생 수가 많고 잡무가 많아서는, 예컨대, 독일의 교사가 하듯이, 작문지가 거의 새빨개지도록 친절하게 교정을 해 주거나 의견을 써줄 수 없을 것이다. 그러나 다른 한편으로, 이것은 현상의 설명으로서도 타당한 것이 될 수 없다. 만약 '글 쓰는 교육'이 아닌, 다른 교육을 통하여 학생들이 배우는 것이 하등의 가치도 없다는 것을 우리가 확실히 안다면, 학급당 학생 수나 잡무가 많다는 이유에서 현재 우리가 하고 있는, '글 쓰는 교육' 이외의 교육은, 극단적으로 말하면, 자원과 정력과 시간의 낭비에 불과하다는 데에 생각이 미칠 수 있을 것이다. 적어도, 그런 교육은 많이 한다고 해서 좋을 것도 없고 적게 한다고 해서 나쁠 것도 없는 그런 것이다. 만약 우리가 이것을 안다면, 그리고 학생 수나 잡무가 과연 '글 쓰는 교육'에 가장 근본적인 난점이라면, 우리는 다른 어떤 것보다도 그 여건을 개선하는 데에 먼저 노력을 기울여야 할 것이다. 그렇지 않고, 만약 우리가 객관식 시험에서 측정하고자 하는 그런 단편적인 지식, 많은 수의 학생을 상대로, 폭주하는 잡무를 처리하는 짬짬이, 학생들에게 전달하는 단편적인 지식도 글 쓰는 것에 못지않게 유용하다고 생각한다면, 우리는 독일이건 불란서건 남의 나라에서야 어떻게 하든지 전혀 아랑곳하지 않고 우리의 교육에 소신을 가지고 밀고 나갈 일이다.

이때까지 말한 것은 앞에서 말한, 근본적인 문제—'글 쓰는 교육'이 과연 좋은 교육인가 하는 문제—가 아닌, '작은 문제들'이다. 그러나 이렇게만 생각해 보더라도, 그 작은 문제들은 그 근본적인 문제와 불가분으로 연결되어 있어서, 작은 문제들을 생각하자면 반드시 근본적인 문제에 부딪힐 수밖에 없다는 것을 알게 된다. 약간 더 구체적으로 말하자면, 그 근본적인 문제는 우리가 학교에서 가르치는 그런 종류의 내용을 배우지 않고는 교육받은 인간으로서 살아갈 수 없는가, 교육받은 인간이란 어떤 인간을 말하며, 그 인간이 되는 데에 학교의 교과공부는 어떤 도움이 되는가 하는 것이다. '글 쓰는 교육'을 도입해야 하는가, 또 도입할 수 있는가 하는 문제에 대한 해답은 이 근본적인 문제를, 그 모든 작은 문제들과의 관련 속에서 고찰할 때 비로소 올바르게 내려질 수 있다.

淮南子회남자의 '못에 다다라 고기를 부러워하는 것은 물러가 그물을 뜨는 것만 같지 못하다'(臨淵羨魚 不如退而結網)라는 말은 다른 어떤 경우에서와 마찬가지로 교육의 경우에도 적절하게 적용된다. 구체적으로 이 경우에는 남의 나라의 좋은 제도를 부러워하지 말고 우리 교육에 살아 있는 '이론'을 다져야 한다는 뜻이 되지 않을까 생각한다. 이제 이 짧은 산책이 끝나게 됨에, 돌아가 책상머리에 앉아서 뼈를 깎는 것과도 같은 이론적 작업을 다시 시작해야 한다. 분명히, 이 작업은 혼자서 감당하기에는 너무 힘겨운 작업일 것이다.

55. 언어 풍토

"부탁하신 그 문제에 대해서, 내 처지로서는 들어드리기 어렵다는 것을 알아주시기 바랍니다."
"부탁하신 그 문제는 절대로 들어드릴 수 없습니다."

이 두 말은 모두 부탁을 거절하는 뜻을 나타내고 있다. 표면상 뒤의 말은 앞의 말보다 그 거절의 뜻이 훨씬 더 단호하다. 그래서 단호하게 거절하고 싶은 경우에는 대체로 뒤의 말을 쓸 가능성이 있고, 또 그 말을 들은 사람은 그 이상 더 부탁해 볼 엄두를 내지 못하고 단념한다. 그렇다면 앞의 말을 하고 들을 경우는 어떤가? 아직 희망의 여지가 있는가? 그토록 단호한 거절을 하지 않은 것을 보면, 이쪽에서 약간 더 추근거리면 혹시 들어줄지도 모른다고 보아야 할까?

아니다. 만약 우리가 그 말을 하는 사람의 심리상태를 상상해 본다면, 앞의 말은 뒤의 말에 못지않게 단호한 거절을 나타낸다고 보아야 할 것이며, 오히려 희망은 '절대로 안 된다'고 하는 그쪽에 더 있다고 보아야 할지 모른다. 생각하기에 따라서는 절대로 안 된다고 말하는 사람의 '단호함'은 입술에 있는 반면에, 들어주기 어렵다고 말하는 사람의 그것은 마음속 깊은 곳에 있다고 볼 수 있는 것이다. 눈을 부라리며 절대로 안 된다고 고함을 질러야 정말로 거절하는가 보다 생각하고, 조용조용한 말로 '내 처지로서는'이라든가, '곤란하다'든가, '이해해 달라'든가 하는 식의, 마치 말하는 사람에게 약점이라도 있는 듯이 하는 말은 결코 단호한 거절이 아니라고 생각하는 언어 풍토, 그 풍토는 그 안에 살고 있는 사람들의 '말에 대한 태도'를 나타내며 그 태도를 영속시켜 나간다.

그러한 언어 풍토에 사는 사람들은, 첫머리에 나와 있는 두 말 중에서 앞의 말은 뒤의 말을 공연히 '유식한 티'를 내면서 한 것에 지나지 않으며, 의사 전달의 방법으로서는 뒤의 말이 훨씬 효과적이고 솔직하기조차 한 것으로 생각할 것이다. 그러한 언어 풍토에서는 무엇보다도 말이 '계획'의 대상이 되지 않는다. 사람들은 말하기 전에 그 말하고자 하는 바를 어떤 말로 나타낼까를 세밀히 생각하지 않으며, 말하는 사람 자신이 말을 계획하지 않는 만큼 남의 말을 들을 때에도 그 말이 화자의 계획에서 나온 것이라고 생각하지 않는다. 말하자면, 저렇게 표현된 말 이면에 어떤 감정이 깃들어 있을까, 저 말을 할 때 저 사람은 어떤 기분이었을까를 상상해 보려고 하지 않는다는 뜻이다.

그러므로 이러한 언어 풍토에서 뜻을 강하게 전달하는 유일한 방법은 강한 표현을 사용하는 것이라고 사람들은 생각한다. 말의 의미는 오직 표면에 나타난 것뿐이요, 말의 표면에 감정이 깔려 있다는 가능성 따위는 전혀 문제도 되지 않기 때문에 강한 의미를 전달하기 위해서는 강한 표현을 쓸 수밖에 없다. 그리고 표현의 강도는 마치 항생제의 단위와도 같이 점점 더 높아만 간다. 그리하여 결국 벌거벗은 언어, 피비린내 나는 언어가 난무하는 상태로 된다.

어떤 언어사회학자의 주장을 빌려 말하면, 이런 언어 풍토의 한 가지 특징은 '罪惡感閾'죄악감역이 높다는 데서 찾아볼 수 있다. '죄악감역'이라는 것은 죄악감을 느끼기 시작하는 한계점을 가리키는 것이요, 죄악감역이 높은 상태는 웬만큼 잘못해서는 죄악감을 느끼지 않는 상태를 가리킨다. 말의 이면에 감정이 깔려 있다는 것을 믿지 않는 사람들은 또한 말로써 상대방의 감정을 해칠 수 있다는 것을 믿지 않는다. 그런 사람들은 남에게 말 한 마디 잘못하는 것쯤 전혀 아무렇지도 않게 생각한다. 말이 세밀한 감정을 주고받는 수단이라는 것을 믿는 사람들이라면 응당 죄악감으로 가슴 아파할 만큼 심한 말도 그들은 아무렇지도 않게 주고받는다. 모르기는 해도 그들은 상대방의 이빨 몇 개쯤 부러져야 비로소 죄악감을 느끼기 시작할지 모른다.

아직도 우리나라 사람들 중에서, 우리말에는 경어가 있다는 점에 자랑을 느끼고 경어가 없는 영어는, 경어가 없다는 바로 그 점에서 '야만인의 말'이라고 생각하는 사람들이 있을 것이다. 그러나 관점을 달리하여 생각해 보면, 우리에게 경어가 있다는 바로 그 점이 우리 언어생활의 순화를 저해한 원인이 된 것이 아닌가 하는 생각도 든다. 우리는 앞부분의 말이야 어떻게 하든지 간에 끝에 '…합니다', ' …합니까' 따위로 말하면 경어로 취급되지만, 영어에서는 말 전체가 공경의 뜻을 나타내지 않으면 안 되게끔 되어 있다. 학생들이 하는 소위 '경어'를 듣노라면, 차라리 끝에 '…합니다'를 그만두더라도 앞부분을 제대로 말해 주었으면 하는 느낌이 들 때가 있다. 더구나 요새 경어란 '…는데요', '…거든요' 식의 날림식 경어일 때에야 더 말할 필요도 없다.

우리의 일상 언어생활이 나타내는 '말에 대한 태도'는 어떤 것인가, 또 그것을 통하여 영속화되는 '언어 풍토'는 어떤 것인가를 심각하게 생각할 때가 되었다. 말이 벌거벗은 곳은 곧 감정이 메말라 있는 곳이기 때문이다.

56. 行有餘力 則以學文

'行행하고 餘力여력이 있거든 글을 배우라.' 論語논어에 적혀 있는 孔子공자의 말이다.

공자의 말이라고 하여, 모두가 만고불역의 진리는 아니라고 하는 식의 비판정신을 가지고 있는 사람에게는 '行有餘力 則以學文'행유여력 즉이학문이라는 이 말은 한 가지 불행한 결론을 암시하는 것으로 생각될 수 있다. 말하자면, 行하는 것이 중요한 데에 비기면 글을 배우는 것은 하찮은 일이라는 것이다. 그러나 과연 글을 배우는 것은 하찮은 일인가, 뿐만 아니라 여기서 行한다는 것은 무엇을 뜻하는 것인가, 行하는 일은 끝없는 일인 만큼, 行하고 여력이 있을 때 글을 배우기로 하면, 도대체 글은 언제 배우게 된단 말인가, 그보다도 行하고 난 뒤에 글을 배운다면, 그 글은 무엇 때문에 배워야 하는 것인가, 등등.

그러나 오늘날 논어에 적혀 전해 내려오는 공자의 말은 그의 '이론 형성' 작업의 결과가 아니다. 만약 공자가 이론을 형성하려고 했다면 그는 필시 논어 속에 서로 모순되는 말이 없도록 내적 일관성을 유지하는 데에 신경을 썼을 것이다. 行하고 여력이 있거든 글을 배우라는 말을 한 바로 그 입으로 어떻게 '하루라도 책을 읽지 않으면 입에 가시가 돋는다'는 말을 할 수 있는가?

이것을 보면 논어에 적힌 말은 보편타당한 이론이 아니라 공자가 그때그때의 상황을 당하여 그 맥락에 적합한 생각이나 행동 방향을 표현한 것이라고 볼 수밖에 없다. 행하고 남는 힘이 있거든 글을 배우라는 말도 그것이 생겨난 맥락에 비추어서만 그 의미가 올바르게 이해될 수 있을 것이다. 그 맥락은 예컨대 다음과 같은 것이 아니었던가 생각해 본다.

공자가 언젠가 글공부하는 소년을 보았다. 이 소년은 글공부하는 것을 천하에 둘도 없이 중요한 일인 양 생각하고, 글공부를 하는 이상, 다른 어떤 일도 아랑곳하지 않았다. 소년이 이렇게 생각한 것은 거의 전적으로 부모나 주위의 사람들이 그렇게 만들었기 때문이다. 그 사람들은 오직 소년이 글공부만을 하도록 했고, 글공부를 하는 한, 그 밖의 일에 있어서는 소년이 어떻게 되든지 상관하지 않았다. 이것을 보고 공자는 말하였다.

'저 아이는 잘못 자라고 있다. 글공부가 중요하지 않은 것은 아니로되, 저렇게 사람이 해야 할 모든 일을 제쳐 놓을 정도로 중요한 것은 아니다. 글공부하는 사람도 사람으로서 할 일을 해야 한다. 배우는 사람은 집에서는 효도하고 나가서는 태도를 공손하게 하여 언행을 삼가고 믿음 있게 하며 사람을 널리 사랑하여 仁을 가까이할 것이다(弟子 入則孝 出則弟 謹而信 汎愛衆而親仁). 行하고 여력이 있거든 비로소 글을 배우라.'

만약 이 상상이 사실에 가깝다면, 공자의 '行有餘力 則以學文'이 가장 잘 들어맞는 상황은 오늘날 우리나라 학생들의 공부하는 모양이 아닌가 생각한다. 오늘날 우리나라 학생들은 공자가 그 말을 하지 않으면 안 되었던 바로 그런 상황에서 자라고 있는 것이다. 학교에 다니는 자녀를 둔 부모로서 책상에 앉아 있는 자녀들에게 집안일을 돌보도록 할 부모가 몇이나 있는가? 교사들은 학생들이 시험에서 받는 성적 이외에, 그 학생들이 어떤 인간으로 자라나는지에 대하여 얼마나 관심을 가지는가? 아이들의 말버릇이 어떻든지, 많은 사람들이 모인 곳에서 아이들이 어떻게 행동하든지, 그저 공부, 공부, 공부만 잘하면 그만이라고 생각하는 것이 아닌가?

학생들은 이런 어른들의 생각을 예민하게 읽어낸다. 그들은 책을 붙들고 있는 한, 어른들의 모든 관심과 보호를 받을 권리가 있다고 생각한다. 그도 그럴 것이 공부라는 것은 다른 모든 일을 종속시킬 수 있는 절대적인 과업으로 생각되기 때문이다. 그 거룩한 일을 하는 몸으로 어떻게 제 방이나 교실에 걸레질을 할 수 있단 말인가?

그러나 지금쯤 우리는 학생들에게 그 생각이 잘못임을 깨우쳐 주어야 한다. 학생으로서 공부를 하는 것은 특별히 영웅적인 일을 하는 것이 아니라 응당 해야 할 일을 하는 것이다. 아니, 그 이상으로, 사람으로서 해야 할 중요한 일들—제 방이나 교실에 걸레질을 하고, 부모와 형제의 일을 거들어 집안일을 보살피고, 어른을 공경하고 남과 사귈 때 신의를 지키고 하는 모든 것들—을 하다가 보니 공부를 못 하게 되었다고 말하는 것을 조금도 부끄럽지 않게 생각해야 한다. 참으로 부끄러워해야 할 것은, 책상머리에 앉아 있는 한, 이 모든 일은 하지 않아도 좋다는 바로 그 생각이다.

오늘날과 같이 '行有餘力 則以學文'이라는 말이 적절하게 들어맞는 상황에서는 '行하는 것'만 희생되는 것이 아니라 '글을 배우는 것'의 의미 또한 왜곡된다. '학문'이 '謹而信'근이신과 '汎愛衆而親仁'범애중이친인을 대치할 수 있는 것으로 생각될 때, 그 '학문'이 무엇을 위한 것인가는 참으로 알 수 없는 노릇이다.

57. 器滿則溢

器滿則溢기만즉일—그릇이 차면 넘친다. 이 말은 하나의 물리적 현상을 가리키는 것이 아니라, 인품의 특정한 면을 권장 또는 경계하려는 뜻을 나타낸다. 이 말은 결국 어떤 사람이 되어야 한다든가 어떤 사람이 되어서는 안 된다든가 하는 뜻을 나타내고 있다. 그릇이 차서 넘치는 상태는 어떤 상태이며, 그릇이 덜 찬 상태는 어떤 상태인가? 사람의 능력이 오늘날과 같이 평가되는 상황에서는 한 번쯤 생각해 보아야 할 문제이다.

한 가지 주목해야 할 사실은 그릇이 차는가 차지 않는가는 그릇의 크기와 물의 양의 상대적인 관계로 결정된다는 것이다. 사람의 경우에 비추어서 해석하자면, 그릇은 사람이요 그릇에 담겨 있는 물은 그 사람이 가지고 있는 능력—지식과 역량—이다. 그릇이 차 넘친다고 해서 반드시 물의 양이 많은 것도 아니요, 그릇이 덜 찼다고 해서 반드시 물의 양이 적은 것도 아니다. 그와 마찬가지로, 자기가 가지고 있는 능력을 십분 발휘하고 다른 사람 앞에서 떠들썩하게 과시한다고 해서 그 사람의 능력이 큰 것도 아니요, 반대로, 스스로 아무 능력도 아는 것도 없다고 생각하는 사람이라고 해서 반드시 능력이 모자라는 것도 아니다. 그릇이 차면 넘친다는 말은 그릇에 얼마를 채워 넣어야 하는가를 문제 삼는 것이라기보다는 현재 들어있는 물에 비하여 그릇이 어떠해야 하는가—다시 말하면, 사람이 각각 가지고 있는 능력에 대하여 스스로 어떤 태도를 가져야 하는가를 문제 삼는 말이라고 볼 수 있다. 사람의 인품은 자기 능력에 대한 태도에서 드러난다. 이것은 곧 그릇이 차는가 차지 않는가가 그릇의 크기와 물의 양의 상대적인 관계로 결정되는 것과 마찬가지이다. '그릇이 큰 사람'은 능력이 조금 다른 사람보다 뛰어나다고 해서 그것을 휘두르고 다니지 않을 것이다.

옛날이나 지금이나, 그릇이 차서 넘치는 사람도 있고 그릇이 덜 찬 사람도 있다. 그릇이 꼭대기까지 차 있는 사람은 자기가 알고 있는 것에 조금도 모자람이 없다고 생각한다. 그러다가 보면, 물이 '넘쳐 흐른다'. 그는 다른 사람과의 관계에서, 다른 사람의 의견보다 자기의 의견이 훨씬 옳다고 생각하고, 자신의 지식과 역량이 미칠 수 있는 일이건 아니건 간에, 모든 일에 간섭을 하려고 든다. 스스로 생각하기에 그는 그야말로 '無所不知'무소부지하고 '全知全能'전지전능하다. 그는 자기가 가지고 있는 지식과 역량을 '활용'하는 일에 바빠서 자기가 가지고 있지 않은 지식과 역량에 마음을 쓸 겨를이 없다. 그는 스스로 그렇게 생각할 뿐만 아니라 때로 다른 사람에게도 똑똑하고 유능한 사람이라는 평가를 받는다. 그는 확신에 차 있고 박력 있게 일을 추진해 나간다. 스스로 부족함이 없다고 생각하기 때문에, 그가 일을 추진해 나가는 거의 유일한 기초는 자기가 옳다고 생각하는 바 그것뿐이다. 그리하여 그는 때로 엄청난 일을 저지른다.

그릇이 덜 찬 사람은 모든 면에서 이와 대조된다. 그릇이 차지 않은 만큼, 그는 자기가 가지고 있는 능력보다도 가지고 있지 않은 능력에 더 주의를 기울인다. 그는 자기가 아는 것보다는 모르는 것이 더 많다고 생각하고 할 수 있는 것보다는 할 수 없는 것이 더 많다고 생각한다. 그는 늘 자기 자신에 대하여 懷疑회의에 차 있고 아무 일에도 박력을 가지고 덤벼들지 못한다. 얼른 보기에, 그는 스스로 무능하다고 생각할 뿐만 아니라 다른 사람에게도 무능한 사람으로 보인다. 순간적인 접촉으로 사람됨을 평가하는 사람들에게는 '저런 사람이 어떻게 큰일을 해낼 수 있겠는가' 하는 생각이 들 정도이다. 그러나 그릇이 차 넘친다고 해서 물의 양이 많은 것이 아닌 것과 마찬가지로, 스스로 무능하다고 생각하는 사람이라고 해서 능력이 없는 것이 아니다. 차서 넘치는 사람의 장점은 바깥에 드러나는 반면에, 덜 찬 사람의 장점은 인간 속 깊은 곳에 있어서 잘 드러나지 않는다. 그의 깊은 장점은 오랫동안의 교섭을 거쳐야 비로소 드러난다. 차서 넘치는 사람의 사람됨은 夜會服야회복처럼 시각으로 드러나는 데에 비하여, 덜 찬 사람의 사람됨은 국화 향기처럼 嗅覺후각으로 감지된다.

우리가 일상생활에서, 차서 넘치는 사람과 덜 찬 사람 중에서 어느 쪽을 높이 평가하는가 하는 것은 사람들의 心性심성을 어느 쪽으로 형성해 나가는가를 결정한다. 아이들을 기를 때에 우리는 그들이 '수월'을 추구하도록 부추긴다. '수월'이라는 것이 뛰어난 '능력'을 가지게 된다는 뜻이라면, 그것은 물론 좋은 것이다. 그러나 그것만으로는 부족하다. 그와 동시에 우리는 아이들이 그 '능력'에 대하여 어떤 '태도'를 가져야 하는가 하는 것도 함께 가르쳐야 한다.

수월만을 강조하고 지적 겸손을 가르치지 않으면 우리는 그릇이 차서 넘치는 사람들이 판을 치는 세상을 만들어낸다. 이것은 사람을 평가하는 기준이 전도된 상태이며, 이러한 상황에서는 덜 찬 사람들이 응당 받아야 할 평가를 받지 못한 채, 부당하게 뒷전에 밀려나게 된다.

물론, 그런 상황에서도 세상이 굴러가지 않는 것은 아니다.

58. 漢詩 못 쓰는 자의 슬픔

옛날 우리 조상들은, 오늘날 형편으로 말하여 친구가 외국 유학의 길을 떠나는 경우를 당할 때, 도합 스무 자나 스물여덟 자로 된 漢詩한시를 지어 주었다. 그 스무 자나 스물여덟 자 속에는 친구를 보내는 섭섭한 마음과 그 친구가 훌륭하게 학업을 이루고 돌아오기를 바라는 마음, 심지어 장차 지금보다 더 향상된 그를 만날 때의 기쁨 같은 것이 적절히 압축되어 나타나 있었다. 이삼 차를 편력하는 '환송회'로 大醉대취하는 요새 풍속에 비기면 그것은 그야말로 멋쩍고 싱겁기 짝이 없는 환송회로 보일 수도 있다. 그러나 그 멋쩍은 일을 할 수 없게 되었다는 것은 분명히 슬픈 일이다.

물론, 옛날 우리 조상이라고 하여 모두가 한시를 쓸 수 있었던 것은 아니다. 실지로 한시를 주고받았던 사람은 극히 일부분에 지나지 않았다. 그러나 중요한 것은, 그 극히 일부에 지나지 않는 사람들에 해당하는 집단이 오늘날에도 있다는 것이요,

외국 유학을 가는 사람, 외국 유학을 가는 친구를 보내는 사람은 그 일부에 속한다고 보아서 무리가 없다는 것이다. 다만 차이는, 옛날의 일부는 한시를 쓸 수 있었고 요새 일부는 못 쓴다는 것이다. 그리고 이 차이는 교육에 관심을 가진 사람으로서 당연히 중요시해야 할 차이이다.

이렇게 말하는 순간, 사방에서 빗발치듯 반론이 쏟아지는 것을 느낄 수 있다—왜 한시를 써야 하는가, 구태여 시를 써야 할 것이라면 국문으로 쓰면 왜 안 되는가, 옛날 한시를 쓰던 당시의 교과 조직과 지금의 교과 조직은 판이하게 다르며, 그 당시의 교과 조직이 그 당시 사회의 필요를 반영했던 것이 당연한 것과 마찬가지로 오늘날의 교과 조직이 오늘날 사회의 필요를 반영하는 것도 당연하지 않은가, 그런데도 이제 와서 그 '교육받은 일부'가 한시를 쓸 수 있도록 해야 한다는 것인가, 등등.

아마 그럴 것이다. 한시를 쓰는 것은 구시대 유한 계층의 소일거리로서, 오늘날에 와서는 여하한 사회적 필요와도 관계가 없는 것이라고 보아야 할지 모른다. 오늘날 치열한 국제 경쟁에서 살아남기 위해서는 한시보다도 과학, 기술에 주력해야 할지 모른다. 교육받은 사람 모두가 아니라, 그야말로 가장 성공적으로 교육받은 일부가 한시를 쓸 수 있기 위해서는 마치 오늘날 극히 일부의 교육받은 사람들이 영어를 비교적 자유롭게 구사할 수 있도록 하는 데에 치러야 하는 것 이상으로 많은 사람들이 교육적 희생을 치러야 할 것이며, 어차피 치러야 할 희생이라면 한시보다는 영어를 위해서 희생을 치르는 편이 더 실속 있다고 보아야 할지 모른다. 그뿐만 아니다. 현재와 같은 교과 조직은 이제 상당히 연륜이 쌓여서, 교과를 가르칠 교사들이 그것에 따라 배출되어 왔고 현재에도 배출되고 있다. 백 보를 양보해서 교육받은 일부가 한시를 쓸 수 있게 되는 것이 바람직하다고 하더라도, 교과 조직을 바꾸는 데에는 적어도 현재의 교과 조직이 정립되어 온 것에 해당하는 연륜을 거꾸로 흘려보내지 않으면 안 된다.

이 모든 것은 사실일 것이다. 그러나 그와 마찬가지로 어김없는 사실은, 한시를 쓰는 것이 우리 조상들에게는 귀하고 소중한 일로 여겨졌다는 것이다. 한시를 쓸 수 있었던 사람이건 쓸 수 없었던 사람이건 그 점에 있어서는 마찬가지였고, 더욱 중요한 것은, 아무도 그 일의 귀한 점이 무엇이었던가를 물으려고 하지 않았다는 것이다. '깊은 정서를 불과 몇 자에 압축해서 표현하는 것은 인간으로서 겨냥할 수 있는 가장 고귀한 일이다'라는 식의 설명은 현재의 우리에게나 필요한 것이며, 그 설명이 옳은지 그른지도 현재의 우리에게나 관심사가 된다. 우리 조상에게 한시를 쓰는 것이 소중하다는 것은 마치 하늘에 별이 있다는 것만큼 자명하였다.

이 글을 쓰는 필자는 불행하게도 한시를 쓸 수 없는 세대에 속한다. 그러면서도 필자는 감히 그것이 천부적인 능력이 모자라서가 아니라 달라진 교과 조직 탓이라고 생각한다. 중학교나 고등학교에서 필자는 상당한 시간과 정력을, 돼지의 임신기간이 몇 달이며, 포도의 순치기는 몇 월에 하며, 플라타나스의 樹形수형은 어떤 모양으로 하는가를 외우는 데에 허비하였다. 그것이 결국 필자에게는 아무 '쓸모'가 없게 된 것이다. 나아가서, 필자는 그것이 누군가 다른 사람에게, 말하자면 돼지 사육사, 포도원 주인, 시청의 조경 담당자 등에게 쓸모가 있었다고 믿지도 않는다. 그들에게 그것이 쓸모가 있었다면, 그것은 중, 고등학교 농업시간에 외운 결과가 아니라, 돼지 사육장이나 포도원 일을 시작할 때 따로 배운 결과일 것이다. 어쨌든 중요한 것은 그들이나 필자는 다 같이 그런 것들을 외우는 시간에 논어나 맹자, 또는 古文眞寶고문진보를 읽었을 수도 있었다는 것이다. 만약 그랬더라면, 우리들 중의 일부는 서투른 습작을 거쳐, 비록 불완전하기는 하지만, 외국 유학을 가는 친구에게 五言絶句오언절구 한 수쯤 써 줄 수도 있었을 것이 아닌가 생각해 본다. 한시를 쓸 수 없게 된 사람의 슬픈 넋두리 정도로 들어주기 바란다.

59. 대규모의 낭비

오늘날 고등학교 교실에서는 칠팔십 퍼센트의 학생이 교사가 무슨 말을 하는지 알아듣지 못하면서 그냥 앉아 있다고 한다. 이 사태에 대하여, 그것은 도저히 용납될 수 없는 대규모의 낭비이며, 어떤 방식으로든지 반드시 개선되어야 할 사태라고 말하는 사람들이 있다. 그러나 정도의 차이는 있을지 모르지만 과거 어느 때치고 그렇지 않은 때가 있었으며, 세계 어느 나라치고 그렇지 않은 나라가 있는가? 또한, 그 '그냥 앉아 있는 학생들'이 과연 그 사태를 우려하는 사람들이 짐작하는 것만큼 답답한 느낌을 가질 것인가? 모르기는 해도 그 학생들은 옆에 있는 사람들이 답답한 느낌을 가지도록 부추기지 않는 한, 그런 느낌을 가지지 않을 것이다. 그렇게 부추기는 것보다는, 학생들이 장차 그들에게도 한때 '학창시절'이 있었다는 憧憬동경 섞인 추억을 가질 수 있도록 내버려두는 것이 더 좋을 것이다. 무엇보다도, 만약 오늘날의 그 고등학교 교실사태를 용납하지 못한다면, 오늘날 고등학교 졸업생의 팔구십 퍼센트가 스포츠 신문의 만화 이외에는 거의 읽는 것이 없다는 사태 또한 용납되지 못해야 마땅하다. 그러나 전자의 사태를 용납하지 못하는 사람들이 그 정도로 열렬하게 후자의 사태를 용납하지 못하는지, 또한 전자의 사태가 개선되어야 한다고 생각하는 만큼 열렬하게 후자의 사태가 개선되기를 바라는지는 의문이다.

60. 시장과 학교

시장 한복판에 있더라도 학교가 학교일 수 있는 것은 시장 사람들이 알아듣지 못하거나 알아듣더라도 중요한 줄 모르는 언어를 쓰기 때문이다. 시장 사람들과 동일한 종류의 언어를 쓴다면 심심산골에 있더라도 그것은 시장일지언정 학교가 아니다. 학교에서는 학교 사람들만이 알아듣는 '비밀 이야기'가 진행된다. 플라톤 대화편 「고르기아스」에서 칼리클레스는 소크라테스를 가리켜, 나이가 마흔이 넘도록 길모퉁이에서 코흘리개 조무래기들을 데리고 '비밀 이야기'를 속삭인다고 말한다. 그 길모퉁이가 바로 학교이다.

61. 불멸의 등불

가령 어떤 나라에서 누구나 씨름을 우스꽝스러운 놀이로 생각한다고 하자. 알몸으로 샅바를 잡고 상대방을 모래판에 쓰러트리는 그 미친 놀이를 아무도 하려고 하지 않는 것이다. 그런데 오직 한 사람이 이 미친 놀이에 마음이 끌려, 때로 알몸으로 샅바를 매고 모래판에 등장한다. 그러나 아무도 그를 상대로 씨름을 할 사람이 없고, 그래서 그는 씨름 한 번 해 보지 않은 채 언제나 '천하장사'의 타이틀을 보유하고 있다.

이 無敵무적의 천하장사는 우리가 알고 있는 진짜 천하장사와는 도저히 비교가 되지 않는다. 우리의 천하장사는 수만, 수십만의 씨름꾼들이 어릴 때부터 모래판에서 기술을 익히고 자웅을 겨루는 그 세계에서 모든 사람들을 제치고 천하장사의 자리에 오른 것이다. 그 수만, 수십만의 씨름꾼들이 없다면 그 천하장사도 앞의 假想的가상적인 천하장사와 다를 바 없다. 말하자면 그 진짜 천하장사는 수만, 수십만의 씨름꾼들이 있음으로 해서, 그들을 밑거름으로 삼아 천하장사가 된 것이다.

우리도 이와 같다. 인간 중에는 우리와는 달리 不滅불멸의 등불과 같은 존재가 있다. 그들이 불멸의 등불을 비출 수 있는 것은 우리가 기름이 되어 주기 때문이다. 아니, 그 이상으로, 기름이 곧 등불 그 자체인 한, 우리는 불멸의 등불을 태우는 기름이 됨으로써 우리 자신이 바로 그 등불이 된다.

62. 왕자가 꿈꾸는 그곳

왕자가 꿈꾸는 그곳은 그가 한 번도 가보지 않은 곳이며, 가보지 않은 정도가 아니라 사실로 존재하는지조차 알 수 없는 곳이다. 한 번이라도 가 본 일이 있거나 어딘가에 존재하는 곳이라면 무슨 일을 해서라도 가 볼 수 있을 것이다. 왕자는 미칠 듯한 동경을 달래기 위하여 때로는 시로, 때로는 대화체로 그곳을 그려내어 보지만, 어느 글도 그의 동경을 가라앉히지 못한다. 글로 그려내는 순간 그곳은 사실로 존재하는 것처럼 되고, 사실로 존재하는 그곳은 어느 것도 그가 꿈꾸는 그곳이 아닌 것이다.

〈추기〉 이 책에 수록된 글 이외에 두 편을 추가로 수록하고자 한다. 앞의 글은 뿌리깊은나무 편집실, 「도대체 사람이란 무엇일까」, 뿌리깊은나무, 1980, pp.140-52에서 전재된 것이며, 뒤의 것은 청람 김판영 박사 회갑기념 논문집, 동아출판사, 1983, pp.69-93에서 전재된 것이다.

<추기>

1. 보는 방법을 배우는 사람: 교육학에서 보는 인간

어떤 여성 단체에서 '규수 학당'이라는 것을 운영하고 있다. 여기서는 혼례 때에 폐백을 드리는 방법에서 아이를 낳아 기르는 데에 이르기까지, 여자가 혼인 생활을 하는 데에 필요한 모든 것을 석 달에 걸쳐서 가르치고 있다. 이 학당의 담당자는 언젠가 다음과 같이 말한 일이 있다.

> "우리 규수 학당에서 다루는 내용은 고등학교나 대학 과정에서 가르쳐야 마땅한 것인데, 우리나라 현실에서 학교가 이러한 교육을 하지 못하고 있다는 것은 곧 학교 교육의 허점을 나타내는 것이다. 그러나 석 달이라는 교육 기간은 혼인 생활에 필요한 모든 내용을 다루기에는 너무나 짧은 기간이어서 수박 겉핥기 식의 교육이 될 수밖에 없는 것이 안타깝다."

안타까울 것이다. '혼인 생활에 필요한 모든 내용'—그것이 과연 어떤 것들인지는 의문이지만—을 가르치자면 석 달이 짧은 것은 말할 것도 없고 십 년이 아니라 삼십 년인들 충분하겠는가? 혼례에서 시작하여 부인이 되고 시어머니가 되어 늙어 죽을 때까지를 여자의 혼인 생활이라고 하면 그것에 필요한 '모든 내용'을 가르치는 데는 초등학교에서 고등학교나 대학에 이르기까지의 십이 년이나 십육 년의 정규 교육 기간도 결코 넉넉한 기간은 아니라고 보아야 한다. 더구나 그 정규 교육 기간 동안에 배워야 할 것은 꼭 혼인 생활에 필요한 것만이 아니고, 직업 생활이나 사교 생활이나 심지어 여가 생활 같은 온갖 생활에 필요한 '모든 내용'을 포함한다고 생각하면, 십이 년이나 십육 년은 분명히 짧은 기간이다.

그 학당 담당자는 학당의 교육 기간이 짧다는 것뿐만 아니라, 우리나라 학교 교육의 '허점'에 대해서도 안타까운 느낌을 나타내고 있다. 즉, 그 학당에서 가르치는 내용은 고등학교나 대학에서 마땅히 가르쳐야 하는 것인데도, 현실은 그렇지 않다는 것이다. 학당 담당자의 눈으로 보면, 그 중요한 '혼인 생활에 필요한 모든 내용'을 제쳐두고, 현실이 그렇듯이, 물리학이나 수학이나 역사를 가르치는 것은 분명히 학교 교육의 허점으로 보이는 모양이다.

그러나 학당 담당자는 무슨 근거로 고등학교나 대학에서 마땅히 가르쳐야 할 내용이 '이것'이라거나 그 내용에 비추어 오늘날 학교 교육이 허점을 가지고 있다고 판단하는 것인가? 그 사람은 자기가 중요하다고 생각하는 것 대신에 오늘날 학교에서 가르치고 있는 이른바 '교과'가 어떤 의미를 가지고 있는지를 조금이라도 생각해 보았는가? 물론 그 학당 담당자가 되도록 많은 손님을 불러들여서 학당을 번성시키려는 뜻에서 그런 말을 했다면 그것은 도덕적으로 비난을 받아 마땅하지만 이해할 수 없는 것은 아니다. 그러나 분명히 그 사람은 학교 교육의 의미에 대한 일반적인 단정을 내리고 있는 것이다.

아닌 게 아니라 학교가 참으로 중요한 것을 가르치지 않는다는 점에서 학교 교육에 허점이 있다고 생각하는 사람은 꼭 그 사람만은 아닐 것이다. 사람들은 저마다 살아가는 데에 꼭 필요한 것이 무엇인지에 관하여 자기 나름의 생각을 가지고 있고 학교란 바로 그런 것을 가르치는 곳이라고 믿고 있다. 그리하여 그들은 학교가 그런 것 대신에 물리학이나 수학이나 역사를 가르치는 것을 보면 그것이 곧 학교 교육의 허점이라고 생각하고 안타까워한다.

그러나 자신이 일하고 있는 기관의 번성을 위해서거나 자신의 주관적인 견해를 충실히 따르기 위해서거나 학교에서 가르쳐야 할 내용으로서 어떤 것이 중요하고 어떤 것이 중요하지 않은지를 판단할 때에 사람들은 이미 '교육을 받는 사람'의 모습을 일정한 방향으로 규정하고 있는 셈이다. 다시 말하면, 그들은 교육을 받으면서 살아가는 삶이 어떤 종류의 삶인지를 가정하고 있다. 그리고 교육이라는 것이 올바른 인간의 삶을 실현하려는 노력이라면, '교육을 받는 사람'의 모습을 규정하는 것은 올바른 인간의 모습을 규정하는 것이기도 하다. 이 글에서 문제삼으려고 하는 것은 보통 사람들의 그 가정이 올바른 것인가, 그리고 만약 그 가정이 올바른 것이 아니라면 어떤 것이 올바른 가정인가 하는 것이다.

퓨즈를 갈아 끼우는 방법을 아는 것과 빛이 곧게 나간다는 것을 아는 것은 어느 쪽이 더 중요한가? 퓨즈를 갈아 끼우는 것이 어디에 쓸모 있는지는 누구에게나 분명하다. 적어도 그것은 캄캄한 방을 밝힐 수가 있다. 그러나 빛이 곧게 나간다는 것은 알아서 무엇에 쓰는가? 물론 빛이 곧게 나간다는 원리가 이를테면 사진기를 발명하는 데에 응용되었다고 믿는 사람은 그것도 퓨즈를 갈아끼운 것에 못지않게 중요하다고 생각할지 모른다. 그러나 이와 같이 빛은 곧게 나간다는 것이 퓨즈를 갈아 끼우는 것과 똑같은 이유에서 쓸모 있다고 생각하는 것은 오히려 그것의 중요성을 더욱 낮추는 결과가 된다. 빛이 곧게 나간다는 것을 모른다고 해서 퓨즈를 갈아 끼울 줄 모를 때처럼 당장 캄캄한 방에 답답하게 앉아 있어야 하는 그런 불편은 겪지 않을 것이기 때문이다. 그러나 세계 어느 나라에 있는 학교든지 빛이 곧게 나간다는 것을 가르치지 않는 학교가 없다는 것은 틀림없는 사실이다. 이것을 보면, 온 세계 사람들이 한꺼번에 그릇된 생각을 한다고 볼 수 없는 이상, 빛이 곧게 나간다는 가르침도 어떤 점에서는 쓸모 있다고 볼 수밖에 없다. 그러면 퓨즈를 갈아 끼우는 것처럼 살아가는 데에 직접 유용하지 않은데도 그것을 가르쳐야 하는 이유는 어디에 있는가?

사람들은 흔히 교육 내용을 '실용적인 것'과 '장식적인 것'으로 크게 구분한다. 위의 보기에서 퓨즈를 갈아 끼우는 일은 '실용적인 것'에, 그리고 빛은 곧게 나간다는 것은 '장식적인 것'에 해당한다고 볼 수가 있다. 실용적인 것이 가르칠 가치가 있다는 것은 아무도 의심하지 않는다. 그것을 배우지 않으면 살아가는 데에 어려움을 겪기 때문이다. 그러나 장식적인 것을 왜 가르쳐야 하는가는 따로 설명이 필요하다. 사람들이 그것을 '장식적인 것'이라고 부르는 것은 바로 중요성이 그다지 분명하지 않기 때문이다. 그리하여 많은 사람들의 마음속에서는 장식적인 것이 실용적인 것에 비하여 그 중요성이 언제나 뒤져 있기 마련이다.

한때는 사람들이 올바른 교육을 나타내는 말로 '생활과 직결된 교육'이라는 말을 썼고, 지금도 여전히 그 말은 많은 사람들의 교육관을 지배하고 있다. 실용적인 것의 가치가 누구에게나 명백하다는 것에 비추어 보면, 사람들이 '생활과 직결된 교육'을 '실용적인' 교육 내용과 결부시키는 것은 매우 당연하다. 그들은 흔히 그러한 교육의 본보기를 원시 시대의 교육에서 찾는다. 원시 시대에는 아버지가 아들에게 사냥하는 법이나 물고기잡는 법을 가르쳤고 어머니가 딸에게 요리법과 길쌈을 가르쳤다. 이런 것들은 그야말로 생활과 직결된 '실용적인' 교육 내용이었다. 여기에 비하면 대부분 '장식적인' 것을 가르치는 오늘날의 학교 교육은 분명히 허점투성이라고 볼 수 있을 것이다.

그러나 '생활과 직결된 교육'을 주로 '실용적인' 것과 묶어 생각하는 것은 '생활'이라는 말의 뜻을 지극히 한쪽으로만 이해하는 것이다. 심지어 그것은 원시인들의 '생활'도 올바로 이해하지 못한다. 얼른 생각하면, 원시인들의 교육 내용은 순전히 실용적인 것에 국한된 것 같지만, 실지로 원시 시대의 아이들이 배운 내용 중에도 살아가는 데에 직접 도움이 된다고 볼 수 없는 내용이 분명히 있었다. 말하자면 아이들은 어른에게서 부족의 전설과 민화를 배웠고, 노래와 춤, 의식의 의미와 절차 그리고 여러 가지 타부, 즉 금기를 배웠다. 이런 것 속에는 그때 사람들의 세계관이나 자연 현상에 대한 설명이나 부족의 역사에 관한 지식이 들어 있었다. 물론 이런 것들도 원시인의 '생활의 필요'에서 생겨난 것이며, 따라서 그것은 사냥이나 길쌈에 못지않게 유용하다고 볼 수도 있다. 그러나 유용성은 사냥이나 길쌈의 유용성과 똑같은 종류의 유용성이 아니다.

생활에 직접 도움이 되는 교육 내용이 '장식적인' 것보다 더 중요하다는 교육관은 '생활'이라는 것을 순전히 의식주를 해결해 나가는 과정으로 보는 것이다. 그러한 교육관에 따르면 '생활'의 의미는 일정한 직업을 가지고 편하게 먹고사는 것만으로 충분히 설명된다고 볼 수 있다. 그러나 이것은 '사람으로서 생활하는 것'의 의미를 전혀 그릇되게 파악하는 것이다.

'사람으로서' 생활한다고 하기 위해서는 의식주의 문제를 해결하는 것과 함께 자기 주위의 자연 현상이나 자기와 다른 사람들이 어울려 살아가는 모습을 '보는 일'도 하여야 한다. 그 '보는 일'이 의식주의 해결이나 개선에 조금도 도움이 되지 않는다 하더라도, 또는 경우에 따라서는 '보는 일'을 한 결과가 오히려 그것에 방해가 된다 하더라도, 그 '보는 일'은 사람으로서 살아가는 데에 반드시 필요하다. 이른바 생활에 직접 도움이 되지 않는 것이면 무엇에나 눈을 가리고 살겠다고 생각하는 사람들은 사람다운 삶을 스스로 포기하는 것이라고 말할 수 있다.

세종대왕이 훈민정음을 제정하던 때에 있었던 한글 자음 △자가 그 뒤에 없어지면서 ㅇ 또는 ㅅ으로 바뀌었다는 것에는 국어학계의 의견이 일치되고 있다. 얼마간 상상력을 동원하여, △ 자가 아직도 사용되던 때에 혹시 'ᅀᆞᆱ'이라는 단어가 쓰였던 것이 아닌가 하는 생각을 해 볼 수가 있다. 그 단어에서 △이 ㅇ으로 바뀌면 '앎'이 되고 △이 ㅅ으로 바뀌면 '삶'이 되기 때문이다. 이렇게 보면 'ᅀᆞᆱ'이라는 가상적인 단어는 아마도 '아는 것'과 '사는 것'의 개념이 나뉘기 전의 상태를 가리키는 것이라고 볼 수 있다. 만일에 'ᅀᆞᆱ'이라는 단어가 있었다면, 그 단어는 우리 조상들에게 어떤 느낌을 불러일으켰을까? 앎과 삶이 하나의 실체로 혼연일체가 되어 있는 상태란 과연 어떤 상태였을까? 오늘날 앎과 삶의 개념이 완전히 갈라져 있는 시대에 사는 우리는 그 상태를 상상하기가 어렵다. 그러나 그때의 우리 조상들은 아는 것과 사는 것이 서로 다른 것이 아닌 동일한 현상임을 체험하고 있었는지 모른다. 오늘날 우리가 입버릇처럼 자주 말하는 '생활에 조금도 도움이 되지 않는 지식'이라는 말은 그들의 경험 세계에서는 전혀 이해되지 않았을 것이다.

'ᄉᆞᆲ'이라는 단어를 쓰고 있었다면 분명히 우리 조상들은 살아가는 일은 곧 알아 가는 일이라고 생각했을 것이다. 그들은 직업을 가지고 보수를 받아서 먹고사는 것만으로 '생활'의 의미가 충분히 설명될 수는 없다는 것을 알았을 것이다. 살아간다는 것은 그와 동시에 우리 주위의 사물이나 현상, 그리고 우리 자신과 다른 사람의 행동에 관하여 그 뜻을 생각해 보고 그것을 이해하는 데에 참뜻이 있다는 것을 그들은 알았을 것이다.

'ᄉᆞᆲ'이라는 단어를 쓰고 있었다면, 무엇보다도 우리 조상들은 교육을 받는 것이 무엇을 뜻하는지를 올바로 알았을 것이다. 그들에게 교육을 받는 것은 살아가는 데에 직접 도움이 되는 기술을 배우는 것이라기보다는 사람과 세계를 '보는 눈'을 가지게 되는 것을 뜻하였을 것이다. 그리고 이러한 눈을 가지는 것은 그들에게는 살아가는 것 그 자체와 마찬가지로 중요하게 생각되었을 것이다. 마치 살아가는 데에 직접 도움이 되는 내용이 오늘날 우리에게 의심할 필요가 없이 중요한 것으로 생각되는 것과 똑같이 그들에게 '보는 일'은 살아가는 일 그 자체가 중요한 만큼 대단히 중요한 것으로 생각되었을 것이다.

비록 우리 조상들이 앎과 삶을 같은 말로 묶어 사용하고 있었다 하더라도 그것은 앎과 삶이 한 가지라는 것이 당연하다고 생각했기 때문은 아니었을 것이다. 오히려 그것은 앎과 삶이 누구에게나 두 가지 다른 것으로 생각될 가능성이 있고, 그렇게 생각하는 것은 앎과 삶의 의미 가운데 어느 한 가지도 올바르게 이해하지 못하는 결과가 된다는 것을 경계하기 위해서였다고 보는 편이 더 옳을 것이다. 소크라테스가 아테나이 사람들에게 '성찰 없는 인생은 살 가치가 없다'고 경계한 것은 그때의 아테나이 사람들 중에 성찰을 할 능력과 태도를 가진 사람들이 드물었기 때문이다. 그리고 오늘날 사람들도 이 점에서는 아테나이 사람들보다 별로 나아진 것이 없다.

영국의 어떤 신경 생리학자가 '아는 것'이 무엇인가 하는 문제에 흥미를 가지고, 그 문제를 신경 생리학의 관점에서 연구하였다. 그 연구의 방법으로 그는 유럽 어디엔가 개안 수술이 있다고 하면, 아무리 먼 곳이라도 그곳으로 찾아가서 개안 수술을 받아 눈을 뜬 사람이 어떤 반응을 보이는지를 조사하였다. 그 환자들은 대부분이 태어날 때부터 장님이었다가 어른이 된 뒤에야 개안 수술을 받은 사람들이었다.

얼른 생각하면, 앞을 못 보던 사람이 수술을 받아 눈을 뜨게 되면 아주 편리할 것 같지만, 개안 수술을 받은 사람들의 반응은 한결같이 이러한 생각은 오직 눈을 뜨고 지낸 사람들의 짐작에 불과하다는 것을 증명하였다. 눈을 뜨지 못한 채 살아온 사람들은 눈을 뜨면 도저히 견딜 수 없을 만큼 불편하다는 것이다. 그들이 눈을 떴을 때에 보이는 것은 우리가 늘 보는 그런 아름다운 세계가 아니라, 형체를 분간할 수 없는 '어지럽게 돌아가는 빛의 소용돌이'일 뿐이며, 그것은 실지로 그들을 어지럽게 만든다고 한다.

개안 수술을 받은 사람들이 눈을 뜨면 어지러운 것은 단순히 그들의 시력이 밝은 빛에 적응되지 못했기 때문이 아니다. 시력이 빛에 적응하는 데는 기껏해야 몇 주일이면 충분할 것이다. 그러나 그들의 어지러움은 몇 달, 때로는 몇 해 동안 계속된다. 이 어지러움은 그들이 우리처럼 '눈으로 사물을 보는' 방법을 배우는 과정을 거치지 못했기 때문에 생기는 것이라고 보아야 한다. 그들은 수술을 받은 뒤부터 주위에 있는 다른 사람들, 눈으로 볼 줄 아는 사람들에게서 '보는' 방법을 배우지 않으면 안 된다. 그들의 어지러움은 '보는' 방법을 배움에 따라 점차로 없어진다.

개안 수술을 받은 사람들이 처음 얼마 동안 '어지럽게 돌아가는 빛의 소용돌이'밖에 보지 못하는 것은 그들의 눈이 '생리학적으로' 결함을 가지고 있기 때문이 아니라 '인식론적으로' 결함을 가지고 있기 때문이다. 말하자면 그들은 '눈'은 가지고 있지만, 그 눈으로 사물을 '볼' 줄은 모른다. 만일에 눈으로만 사물을 볼 수 있다면 그들도 눈이 있으므로 볼 수 있어야 한다. 그럼에도 그들이 보지 못하는 것은, 아직 눈으로 사물을 보는 데에 필요한 '생각' 또는 '개념'을 가지고 있지 않기 때문이고, 더 정확하게 말하면, '개념'을 써서 사물을 '볼' 줄 모르기 때문이다. 그들이 개안 수술을 받은 뒤에 몇 달 또는 몇 해 동안 주위의 사람에게서 배워야 하는 것은 바로 이와 같이 개념을 써서 사물을 보는 방법이다. 이때에 그들은 눈으로 들어오는 감각 자료를 '개념'으로 해석하는 일을 배우는 것이다.

이 신경 생리학자의 연구 결과가 교육을 받으면서 살아가는 사람의 모습과 어떤 관련을 갖는지를 알아보기 위하여 한 가지 가상적인 경우를 생각해 보자. 어떤 장님이 영국의 어떤 곳에서 배를 타고 런던으로 개안 수술을 받으러 간다. 런던 근방의 해안에 거의 닿을 무렵에 암초에 부딪쳐서 배가 파선된다. 배에 탔던 모든 사람이 바다에 빠져 죽었지만, 이 장님만은 평소에 잘 발달시킨 촉감 덕택으로 바다 밑을 더듬어서 혼자 육지에 올라온다. 그러나 바다 밑을 기어오르는 동안에 바위에 이리저리 부딪쳐서 눈이 떠졌다. 주위에는 아무도 없다. 앞에서 말한 신경 생리학자의 연구 결과가 옳다면, 그는 눈만 뜨면 어지러울 것이다. 완전히 혼자인 채, 그는 구조대가 올 때까지는 손으로 더듬어 굴이라도 따 먹고 적당한 잠자리를 찾으면서 '생활'하지 않으면 안 된다. 이와 같이 '생활'하기 위해서는 그는 이때까지 익숙해 왔던 대로 눈을 도로 감지 않으면 안 된다. 눈을 뜨는 것은 '생활'에 도움이 되기는커녕, 오히려 불편을 줄 뿐이기 때문이다.

그러나 눈만 뜨면 볼 수 있으므로 그는 틀림없이 이따금씩 눈을 뜨고 싶을 것이다. 그가 눈을 뜨고 싶어 할 때는 언제인가? 아마 '생활'의 필요를 해결해야 할 때가 아닐 것이다. 오히려 '생활'의 필요가 해결되고 난 뒤에 우리가 보통 말하는 '호기심' 비슷한 것이 생겼을 때 비로소 그는 눈을 뜨고 싶은 생각이 나고, 그러다가 '생활'의 급한 필요가 생겨서 일을 처리해야 할 경우에는 다시 눈을 감아야 할 것이다.

이 가상적인 장님의 경우는 교육받는 사람의 모습을 나타내어 준다. 사람이 교육을 받는 것은 '생활'의 필요를 해결하는 방법을 배우는 것이 아니라, 세상이 어떻게 되어 있는지를 '볼' 줄 알게 되는 것을 뜻한다. 물론 이 비유에는 맞지 않는 부분도 있다. 이를테면 보통 사람의 경우에는 '생활'의 필요를 해결하고 난 '뒤에' 세상을 '보는' 것이 아니라, 그 두 가지 일을 한꺼번에 한다. 우리가 흔히 하는 말로서, '옷과 밥이 넉넉한 뒤에야 예절을 안다'는 말은 참으로 불행한 결론을 암시한다. '옷과 밥' 문제를 해결하고 난 뒤에 '예절'이 있는 것이 아니라, '옷과 밥' 문제를 해결하는 모양이 '예절'에 맞아야 하는 것이다. 또 보통 사람의 경우에, 세상이 어떻게 되어 있는지를 보고 싶은 심정은 저절로 생기는 것이 아니라, 이미 세상을 볼 줄 아는 사람,

즉 교사의 가르침을 받은 뒤에야 비로소 생긴다. 다시 말하면 보통 사람의 경우에는 교사의 가르침을 받아야 세상을 보는 눈도 생기고 세상을 보고 싶은 마음도 생기는 것이다. 그러나 이것은 교사의 가르침을 '개안'에 비유할 수 있다는 데 대한 더욱 더 확실한 근거를 제공해 주는 것에 지나지 않는다.

이제 '생활'의 필요를 해결하는 데에 조금도 도움이 되지 않는 '빛은 곧게 나간다'는 지식을 왜 가르쳐야 하는지를 좀더 직접 해답할 때가 되었다.

먼저 우리의 생활을 둘러보면, 빛은 곧게 나간다는 원리가 응용되는 듯한 사태를 많이 볼 수가 있다. 여름에 뙤약볕이 쪼일 때에 우리는 나무 그늘을 골라서 앉는다. 방에 커튼을 칠 때에 우리는 앞집과 마주 보이는 쪽에다가 커튼을 친다. 회중전등으로 물건을 비출 때에 우리는 비추려고 하는 그 물건에다가 곧바로 불빛을 들이댄다. 우리는 남의 시야가 가리는 곳에 숨는다. 이 모든 일은, 만일에 빛이 곧게 나가지 않는다면 전혀 할 수 없는 일이다. 그러나 우리가 이런 일을 하는 것이 반드시 빛은 곧게 나간다는 것을 응용하는 것도 아니요, 빛은 곧게 나간다는 원리가 이런 일을 하는 데에 도움이 되는 것도 아니다. 과학에서 '빛은 곧게 나간다'는 말을 언제부터 하기 시작했는지는 모르지만, 그 말을 하기 전에도 사람들은 나무 그늘에 앉고, 커튼을 치고, 남에게 보이지 않는 곳에 숨을 줄을 알았다.

'빛은 곧게 나간다'는 것은 이런 일을 하는 데에 도움이 되는 것이 아니라, 어떻게 그런 일을 할 수 있는지를 '보는' 데에 도움이 된다. 누군가가 '빛은 곧게 나간다'는 말을 하기 전까지, 사람들은 그냥 그런 일을 하고 있었을 뿐이지 그런 일을 하는 것을 '볼' 수는 없었다. 앞에서 말한 비유를 쓰면 그 상태는 마치 방금 개안 수술을 받은 장님과도 같이 온통 빛의 소용돌이밖에 아무 형체도 분간할 수 없는 상태와도 같다고 말할 수가 있다. 빛은 곧게 나간다는 것은 그러한 상태에서 형체를 분간할 수 있는 새로운 '눈'을 준 것이라고 볼 수가 있다. 이 말을 하는 순간부터 사람들은 빛이, 마치 총알이 날아가는 것과 같이, 일직선을 이루며 나가는 것으로 '볼' 수 있게 된 것이다.

학교에서 가르치는 내용 중에 '실용적인' 가치가 분명하지 않다는 뜻에서 우리가 흔히 '장식적인 것'이라고 부르는 교육내용이 중요하지 않다고 생각해서는 안 된다. 그러한 내용은 모두 빛이 곧게 나간다는 것과 마찬가지로, 우리로 하여금 사물과 현상을 '볼' 수 있게 해 준다는 뜻에서 쓸모가 있다. 그것을 '장식적인 것'이라고 부른다고 해서 있어도 그만, 없어도 그만인 것은 아니다. 우리의 생활에서 '장식적인 것'을 모두 없애 버린다면, 그때 우리의 생활은 지금 우리로서는 도저히 상상할 수 없을 만큼 다른 생활이 될 것이다.

학교에서 가르치는 이른바 문학, 과학, 역사 같은 교과는 각각 관련된 현상을 '보는' 수단으로서 쓸모가 있다. ('교과'에는

'실용적인' 것도 있을 수 있다고 하여, 요즈음은 '주지 교과'라는 어색한 새말을 만들어 쓰고 있다.) 이를테면 그러한 교과는 개안 수술을 받은 사람으로 하여금 자기 주위의 감각 자료를 해석할 수 있도록 하는 '개념'에 해당한다. 그것을 배우지 않는다고 해서, 퓨즈를 갈아 끼우지 못한다거나 장사를 해서 이득을 남기지 못한다거나 하는 불편은 없다. 다만 그것을 배우지 못하면 문학이나 과학이나 역사가 보여 주고자 하는 세계를 볼 수 없다.

그 '보는 수단'이 중요하다는 것은 그것을 배운 사람으로서 그것을 써서 사물이나 현상을 볼 수 있게 된 사람만이 알 수 있다. 그토록 많은 사람들이 교과의 중요성에 대하여 의문을 품고 그것을 부정하는 이유가 바로 여기에 있으며, 사람들에게 교과의 중요성을 설명하여 이해시키는 일이 그토록 어려운 이유도 여기에 있다. 소크라테스가 본 아테나이 사람들과 마찬가지로 대부분의 사람들은 퓨즈를 갈아 끼워 방을 밝히고 장사를 해서 번 돈으로 잘 먹고 잘 살기만 하면 그것으로 그만이라고 생각한다. 더구나 그 보는 수단을 배우는 과정이 사람들에게 행복과 건강을 안겨 주기보다는 땀과 노력을 짜내고 그 대신에 신경통과 고혈압을 가져다준다고 생각하면, 그것을 즐길 사람은 참으로 드물다고 보아야 할 것이다.

교육의 의미를 말할 때에, 사람들은 가끔 '교육은 곧 생활'이라거나, '사람이 살아가는 것치고 교육 아닌 것은 없다'고 말한다. 이만큼 교육의 뜻을 그릇되게 말하는 것은 없을 것이다. 교육이 곧 생활이라면, 애당초 '교육'이라고 할 것 없이 '생활'이라고 말해야 한다. 그리고 '살아가는 것' 중에도 '교육 아닌 일'이 얼마든지 있다. 밥을 먹는 것도, 잠을 자는 것도 교육이라는 말은 어떻게 이해해야 하는가? 물론 교육은 살아가는 동안에 일어난다. 그러나 교육은 살아가는 동안에 일어나는 특별한 일을 가리킨다.

교사는 교육을 '업'으로 삼고 살아가는 사람이다. 그러므로 교육이라는 '특별한 일'이 어떤 종류의 일인지를 알려면 교육을 업으로 삼고 살아가는 교사가 어떤 종류의 삶을 사는지를 생각해 보는 것이 도움이 될 것이다. 물론 교육은 반드시 교사만 하는 것은 아니라고 할 수도 있다. 그러나 모든 사람이 교사라고 하는 말은, 모든 것이 교육이라는 말이 그렇듯이, 교사라는 말이 가지고 있는 독특한 의미를 인정하지 않는다. 교사가 아닌 사람도 교육을 할 수는 있지만, 그때에 그 사람은 교사가 업으로 삼고 있는 바로 그 일을 하는 것이다. 교사는 교육을 업으로 삼고 살아가는 사람인 만큼, 그의 삶은 교육을 받으면서 살아가는 사람의 모습을 전형적으로 보여 준다.

어떤 직업이거나 그 직업에서 전문으로 하는 일이 있다. 교사는 어떤 일을 전문으로 하는 사람인가? 이때까지 이 글에서 한 말이 대체로 타당성을 가진다고 하면, 교사는 사람의 경험세계의 한 분야 또는 몇 분야에 관하여 '보는' 일을 하면서 학생들에게도 자기와 마찬가지 일을 하도록 하는 사람이다. 교사 말고는 다른 어떤 사람도 이 일을 전문으로 하는 사람이 없다. 다른 사람들이 아무도 '보는' 일을 하지 않는다 하더라도 교사가 있는 동안에는 이 일은 역사를 통하여 끊임없이 이어 나갈 수 있다.

'보는' 일을 전문으로 하는 사람으로서 교사가 갖추어야 할 가장 근본적인 자질이 한 가지 있다. 그것은 '보는 일', 곧 세계를 이해하는 일이 다른 어떤 것보다도 가치 있는 일이라는 확신을 가지는 것이다. 이 자질이 교사에게 얼마나 중요한지는 그러한 확신이 없이 교직에 들어온 사람의 경우를 생각해 보면 쉽게 짐작할 수 있다. 그런 사람에게 가르치는 일은 오직 봉급을 받기 위한 수단에 지나지 않으며 따라서 조금이라도 봉급을 더 주는 자리가 생기면 그런 사람은 서슴없이 교직을 팽개쳐 버릴 것이다. 스스로 가치를 인정할 수 없는 일을 할 까닭이 없다. 자기 자신이 보는 일의 가치를 믿지 않기 때문에, 이런 교사가 학생들의 마음속에 그 가치를 일깨워 줄 가능성은 아주 희박하다. '교육받았다'는 것의 뜻이 보는 일의 중요성을 알게 되었다는 데에 있다고 하면, 이런 교사는 스스로도 '교육받은 사람'이 아니요, '교육받은 사람'을 만들어낼 수는 더욱더 없다.

보통 생각하는 것과는 달리, 교사로서 가장 뚜렷하게 성공한 경우는 자기가 가르친 학생 중에 교직에 들어오는 학생이 있을 경우이다. 어째서 그러한가? 어린아이들은 아직 보는 일을 배우지 않은 상태에서 학교에 들어간다. 학교에서 아이들은 이미 보는 방법을 배운 교사의 시범을 통하여 보는 일이 어떤 종류의 일이며 그것이 어떤 의미를 갖는지를 배운다. 일정한 기간을 배운 뒤에 대부분의 학생들은 저마다 자기의 직업을 찾아 군인이나 상인이나 정치가가 된다. 물론 이들도 만약 마음만 먹는다면 저마다의 직업에 종사하는 동안에 학교에서 배운 보는 일을 계속할 것이다. 그러나 교사의 입장에서 보면, 이와 같이 다른 직업을 찾아 떠나는 학생들은 결과적으로 보는 일보다는 다른 일을 더 중요하다고 생각하는 사람들이고, 따라서 그만큼 보는 일의 중요성을 덜 배운 사람들이라고 볼 수 있다.

그 학생들 중에서 적어도 몇 명은 교사가 하는 일에서 너무나 깊은 감명을 받아 자기도 한평생 그 교사와 같은 일을 하려고 한다. 이것이 바로 교사가 성공한 경우이다. 교사가 자기의 뒤를 잇겠다는 학생들을 환영하지 않고 도리어 연민의 눈으로 바라보아야 하는 사회가 있다면 이 사회야말로 교육의 중요성을 전혀 믿지 않는 사회이다.

한 사회에서 교사가 존경을 받는 정도는 그 사회가 보는 일의 중요성을 얼마나 높게 평가하는가에 달려 있다. 보는 일의 가치를 높게 평가하는 사회는 그만큼 그 일을 업으로 삼고 있는 교사를 존경할 것이기 때문이다. 그러나 교사를 존경해야 할 '사회 사람들'은 바로 교사에게서 보는 일을 배우다가 군인이나 상인이나 정치가로 나간 사람들이다.

많은 사람들은 오늘날 우리나라 학교 교육의 문제점을 학교가 '지식 교육을 한다'는 데서 찾고 있다. 오늘날 우리나라에서 지식 교육은 마치 나쁜 교육의 대명사처럼 되어 있다. 이러한 '지식 교육'에 대한 비판이 오로지 실용적인 것에만 마음을 쓰고 보는 일의 가치는 전혀 믿지 않는 사람들에게서 나오는 경우에는 논의의 대상이 되지 않는다. 왜냐하면 지식 교육의 목적은 실용적인 효과를 얻도록 하는 데에 있는 것이 아니라, 사물과 현상을 이해하도록 하는 데에 있기 때문이다.

그러나 오늘날 학교의 지식 교육에 대한 비판이 타당성을 가지는 경우가 없는 것도 아니다. 그것은 바로 지식 교육을 한다고 하면서, 그 원래의 목적과는 어긋나는 교육을 하는 경우이다. 이를테면 지식 교육을 하는 교사 자신이 지식 교육의 의미와 중요성에 관하여 조금도 확실한 견해를 가지고 있지 않은 경우를 생각해 보자. '지식'은 사물이나 현상을 보는 수단이 된다거나 그것은 살아가는 데에 직접 도움이 되지는 않지만 '사람'이 되는 데에 중요하다는 것을 믿지 않기 때문에, 그 교사는 지식을 배우는 것도 장사를 하는 것과 똑같은 점에서 중요하다고 생각할 가능성이 있다.

실지로 이 교사의 믿음은 현실로써 충분히 뒷받침된다. 학교에서 가르치는 지식을 배우면, 그것도 남보다 뛰어나게 배우면, 사회의 높은 지위에 올라가는 것은 어느 사회에서나 볼 수 있는 보편적인 현상이다. 사회의 높은 지위에 올라가는 것은 어떤 실용적인 것보다도 더 실용적인 것이다. 만일에 그것이 장사라면, 그것은 한평생이 걸려 있는 장사이다. 사회의 높은 자리에 올라가는 가장 합법적인 방법은 좋은 대학을 나오는 것이다. 그리고 좋은 대학을 나오기 위해서는 입학시험에 합격해야 한다. 지식은 입학시험에 합격하는 수단이다.

이 긴 추리의 연속은 오늘날 우리나라에서 교육을 받고 있는 사람들의 생리처럼 되어 있다. 그러나 그 추리는 한 가지 근본적인 오류를 저지르고 있다. 즉, 사회의 높은 자리에 올라가는 것은 훌륭한 교육을 받은 '결과'라는 원래의 순서를 뒤집어서, 교육을 높은 지위에 올라가는 '수단'으로 생각한다는 것이다. 이 오류에서 희생되는 것은 바로 지식 교육이다. 지식 교육은 그 원래의 의도에서 멀어진 채 단순히 입학시험에 합격하는 수단으로, 또 멀리는 사회의 높은 자리에 올라가는 수단으로 전락하고 만다.

이 전락된 '지식 교육'에서 학생들은 무엇을 배우게 될까? 아마 학생들은 지식을 배우는 것도 또 하나의 실용적인 투자라는 것을 배우게 될지 모른다. 적어도, 그러한 교육으로 학생들이 '교육받은 사람'의 모습이 어떤 것이어야 하는지를 배울 가능성이 없는 것은 확실하다. 그러한 교육을 받은 결과로, 학생들은 '생활'의 의미를 오직 '실용적인 것'과 결부시켜 파악하게 될 것이다. 한마디로 그들은 '사람답게' 산다는 것이 무엇을 뜻하는지 배우지 못한 채 살아갈 것이다.

우리 집 개가 병이 들어서 며칠 동안 가축병원에 다닌 일이 있다. 그 병원에서는 서양 발발이 한 마리를 기르고 있었다. 수의사는 우리 개를 치료하는 동안에, 자기 개를 창살로 된 개장 안에다 가두어 두곤 했다. 며칠 동안을 두고 보아 온 일이지만, 수의사가 우리 개를 치료하는 동안 줄곧 그 발발이는 개장 안에서 팔딱팔딱 뛰고 깽깽 짖고 온통 난리를 부렸다. 주인이 아무리 타이르고 얼러도 막무가내였다.

나는 그 발발이의 하는 짓이 분명히 '질투'의 표현이라고 생각했다. 나뿐만 아니라, 그 모양을 본 사람이면 누구든지 그것은 틀림없는 질투의 표현이라고 생각했을 것이다. 실지로 그 발발이의 눈으로 보면 주인의 행동은 충분히 질투를 자아낼 수 있는 것이었다. 주인은 바로 자기를 쓰다듬어 주는 것과 같은 손길로 다른 개를 쓰다듬어 주는 것이 아닌가!

이제 그 발발이의 행동을 질투라는 말로 표현할 수 있다고 가정하자. 그렇다면 그 질투는 사람이 하는 질투와 어떻게 다른가?

얼핏 생각하면 개의 질투와 사람의 질투는 다 같은 질투의 감정으로서 어느 정도로 직접 강렬하게 표현하는지에 따라 다르다고 생각할 수가 있다. 말하자면 개는 직접 강렬하게 질투를 표현하는 데에 비하여, 사람은 간접적으로 완곡하게 질투를 표현한다. 그러나 개의 질투와 사람의 질투를 이와 같이 직접성과 강렬성이라는 '정도'의 차이로 파악하는 것은 개와 사람이

'본질'에서 차이가 없다는 결론을 받아들이는 것이다.

나를 포함하여, 대부분의 사람들은 개와 사람이 본질에서 차이가 없다는 결론에 거북스러운 느낌을 가질 것이다. 사람과 개 사이에는 낭떠러지와 같은 차이가 있어서 개가 제아무리 날고 긴다 하더라도 도저히 그 천 길 낭떠러지를 뛰어넘을 수 없다고 우리는 생각한다. 문제는 그 낭떠러지를 무엇으로 보아야 하는가에 있다.

그 낭떠러지는 바로 이것이다. 즉, 개는 자기가 질투를 한다는 것을 알지 못하고 질투를 하는 데에 비하여 사람은 자기가 질투를 한다는 것을 알고 질투를 한다. 아는 것과 모르는 것은 '정도'의 차이가 아니라 '종류'의 차이이다. 개가 자기의 행동을 억제할 수 없는 것과는 달리, 사람이 자기의 질투하는 마음을 억제하고 그것을 간접적으로 완곡하게 표현할 수 있는 것은 바로 그 때문이다.

그러나 이것은 개와 사람 사이에 가로놓인 낭떠러지의 표면을 기술하는 것에 지나지 않는다. 그 낭떠러지의 밑바닥을 파헤치려면 우리는 다시 어째서 개와 사람 사이에 그런 차이가 있게 되는지를 설명하여야 한다. 그것은 '말'과 관계가 있다. 개와는 달리, 사람은 '질투'라는 말을 가지고 있고, 그 말을 써서 자신의 행동에 의미를 줄 수 있다. 자신의 행동을 이해하는 것은 바로 이와 같이 말 또는 개념을 써서 자신의 행동에 의미를 주는 것을 가리킨다.

교과에서 가르치는 지식은 사람으로 하여금 세계와 사람의 행동에 의미를 부여할 수 있도록 해 준다. 그렇게 함으로써 사람은 개처럼 행동만 하는 존재가 아니라 사람으로서 세계를 파악하면서 살아갈 수 있다. 사람의 사람다운 점은 생활에서 부딪치는 문제를 해결할 줄 아는 데에 있는 것이 아니라, 생활의 의미를 발견하고 창조할 줄 아는 데에 있다. 앞의 학당 담당자에게는 분명히 실례가 되겠지만, 생활의 문제를 해결하기만 하면 사람으로서 충분히 살아갈 수 있다고 생각하는 것은 행여나 사람의 의미를 사람이 아닌 다른 것에서 찾는 것이나 아닌지 모르겠다.

2. '사랑'으로서의 교육: 플라톤 「향연」 해석

플라톤의 「향연」은 그가 쓴 여러 대화편의 하나로서 다른 대화편과 함께 플라톤 사상체계의 한 부분을 이루고 있다. 그러나 또한 「향연」은, 다른 대화편이 대부분 그렇듯이, 비교적 독립된 주제를 다루고 있는 것으로 취급될 수도 있다. 이런 관점에서 취급할 때 「향연」은 '교육론'으로보다는 '연애론'으로 보는 것이 이때까지의 지배적인 경향이었다. 전문적인 플라톤 연구가와 비전문적인 독자를 통틀어서 말한다면 「향연」은 플라톤의 여러 대화편 중에서 「국가론」 이상으로 널리 읽힌 대화편이라고 보아서 틀림이 없을 것이며, 그 독자들의 대다수는 거기서 '사랑'에 관한 플라톤의 견해, 또는 보다 일반적으로, '사랑'에 관한 희랍인의 견해를 읽을 수 있다고 생각한 것도 아마 사실일 것이다. 아닌 게 아니라, 우리가 보통 육체적인 사랑에 대비되는 정신적인 사랑, 또는 숭고한 연애감정을 나타내는 말로 쓰는 '플라토닉 러브'는 그 출처가 바로 「향연」이라고 흔히 생각하는 듯하다. 그러나 저명한 플라톤 연구가 테일러가 지적한 바와 같이, 「향연」을 남녀 사이의 연애에 관한 일종의 성전性典으로 해석하는 것은 전혀 터무니없는 것이며, 사실상 「향연」에는 소위 '플라토닉 러브'를 시사하는 단 하나의 구절도 찾아볼 수 없다.[1)] 만약 「향연」을 단 하나의 주제와 관련하여 읽고자 한다면, 연애론보다는 오히려 교육론이 훨씬 그 의미에 가깝다. 사실상, 「향연」 본문에는 몇 군데 교육에 관한 명백한 언급이 눈에 띈다. 그럼에도 불구하고 이때까지 「향연」이 상식적인 독자들 사이에 주로 연애론으로 이해되어 온 것은 사람들 사이에 널리 퍼져있는 유치한 낭만주의적 기질에 연유하였다는 것으로밖에 달리 설명할 도리가 없다.

혹시, 「향연」을 연애론으로 취급하는 사람들은, 우리말의 '사랑'으로 번역되는 희랍어 '에로스'의 어의語義에 충실하자면 그것을 '연애'로 번역하는 것이 마땅하다고 생각할지 모른다. 그도 그럴 것이, '에로스'는 '사랑'보다는 훨씬 그 의미가 제한되어 있는 것이다. '사랑'이라는 말에 담겨있는 '헌신'('조국에 대한 사랑'), '자애'('부모님의 사랑'), 또는 '만족'('나는 가을을 사랑한다') 등의 의미가 '에로스'에는 들어있지 않다. 희랍어 '에로스'가 뜻하는 사랑은 오직 '결핍' 또는 '욕망'으로서의 사랑이다. 다시 말하면, '에로스'는 내가 가지고 있지 않기 때문에 가지고 싶어 하는 것, 그리고 그것을 가지는 것이 나에게 매우 중요하거나 이익이 된다고 생각되는 경우를 가리킨다. 아마 남녀 간의 사랑은 이 경우에 해당한다고 볼 수 있을 것이다. 그러나 「향연」에서 취급하고 있는 '에로스'를 남녀 간의 사랑으로 해석하는 것이 부당하다는 것은 앞에서 이미 말한 바 있다. 그렇다면 그것을 교육으로 해석하면 어떻게 되는가? 교육이라는 것은 현재 도달해 있지 않은 이상적인 상태로 나아가려는 노력을 의미하는 것이기 때문에 교육은 바로 '결핍' 또는 '욕망'으로서의 '에로스'를 나타낸다는 견해가 성립한다고 볼 수 있다. 이때까지 「향연」을 교육론으로 해석한 시도들은 대체로 그것이 이와 같이 이상적 상태를 향한 열망으로서의 교육을 보여주고 있다는 견해를 표명해왔다. 그러나, 이러한 견해가 명백히 타당성을 가진다 하더라도, 그것이 「향연」을 지나치게 단순화한다는 것은 분명하다. 「향연」에 나타나 있는 내용은 이것보다는 훨씬 복잡한 것이 사실이며, 또한 '에로스'를 단순히 '이상적 상태의 열망'이라고 해석하기에는 남녀 간에 볼 수 있는 것과 같은 '연애'의 의미가 「향연」에 강하게 풍겨 있는 것도 사실이다. 그렇다면 「향연」은 교육이나 연애 중의 어느 한 가지가 아니라 양자의 관련을 주제로 하고 있다고 보면 어떨까? 교육은 연애에 비추어 가장 잘 설명될 수 있을지도 모르는 것이다. 어쨌든, 그것이 하나의 교육론이라 하더라도 교육은 '이상적 상태를 향한 열망'을 가리킨다고 말하는 것으로 「향연」에 나타난 교육론을 충분히 이해했다고 보기 어렵다는 것은 분명하다.

「향연」을 읽는 사람은 누구든지 그 기이하고 복잡한 서두에 곤혹을 느낄 것이다. '지금 자네가 나더러 말해 달라고 하는 그 문제에 관하여 나는 언제나 말할 태세가 되어 있네. 그저께 내가 팔레론에 있는 내 집에서 시내로 오자니까 뒤에서 어떤 친구가 …' 하는 식으로 이야기를 시작하는 사람은 아폴로도로스이며, 이야기의 상대자는 누군가 이름이 밝혀지지 않은 친구이다. 아폴로도로스는 그저께 시내로 들어오는 길에 만난 친구—글라우콘—에게 해 준 이야기를 오늘 되풀이하고 있다. 이것으로 보면, 과연, 아폴로도로스는 언젠가 있었던 향연 사건에 대하여 '언제나 말할 태세가 되어 있었고', 또 몇 번을 말하더라도 싫증이 날 수가 없었다. 그러나 아폴로도로스는 그 향연 현장에 있었던 것이 아니다. 그 향연은 오래전 그가 아직 어린 아이였을 때 있었던 사건이었다. 그리고 아폴로도로스가 소크라테스와 가까이 지내게 된 것은 이야기를 하고 있는 지금을 기준으로 3년도 채 되지 않는다. 그러면 아폴로도로스는 그 향연 이야기를 소크라테스로부터 전해 들었는가? 아니다. 그것은 소크라테스와 함께 향연장으로 간 아리스토데모스로부터였다. 우리가 본문 첫머리를 읽고 복잡하다는 생각이 드는 것은 그 향연의 이야기를 누구가 누구에게 전했다고 하는 식으로 몇 사람의 이름이 등장하는데, 그것이 어떻게 되었는지 얼른 파악이 되지 않기 때문이다. 결국, 우리가 알아야 할 것은, 「향연」에 보고된 사건은 아폴로도로스가 이야기를 하는 시점으로부터 이삼십 년 전에 있었던 것이요, 그때부터 이 입에서 저 입으로 전해 내려오면서, 아리스토데모스나 아폴로도로스와 같이, 소크라테스를 사모하는 사람들 사이에는 그것을 되풀이하는 것이 끊임없는 희열의 원천이 되었다는 것이다. 그만큼 그 사건은 유명한 사건이었고, 따라서 거기에서 있었던 이야기는 심각한 내용을 담고 있었던 것이다.

문제의 향연은 아가톤의 집에서, 아가톤이 시 경연대회에서 우승한 것을 축하하기 위하여 열린 것이다. 아리스토데모스를 대동하고 향연 현장으로 가는 도중에 소크라테스는 그 유명한 '지적 발작'을 일으킨다. 소크라테스의 지적 발작은, 아리스토데모스처럼 그와 가까이 지낸 사람에게는 잘 알려져 있는 버릇으로서, 생각해보아야 할 문젯거리가 생기면 언제 어디서든지 그 문제가 얼마만큼 충분히 해명될 때까지 몇 시간이고 꼼짝 않고 서서 명상에 잠기는 것을 가리킨다. 먼저 가라는 손짓에 따라 아리스토데모스는 아가톤의 집에 당도한다. 소크라테스에 대한 아리스토데모스의 보고를 들은 아가톤은 하인을 시켜 소크라테스를 모셔오게 했으나, 소크라테스는 옆집 추녀 밑에서서 꼼짝도 하지 않는다는 것이다. 아가톤은 향연을 진행시킨다.

그리하여 잔치가 절반쯤 지나갔을 때, 소크라테스가 등장한다. 아가톤은 테이블 끝에 혼자 비스듬히 기대어 앉아 있다가(희랍에서는 유태에서 그렇듯이 반쯤 누워서 식사를 했다), 소크라테스를 보고 반색을 하면서 자기 옆에 자리를 잡으라고 권한다—'선생은 해답을 찾지 않고는 자리를 뜨시는 법이 없으니, 추녀 밑에서 틀림없이 좋은 생각을 얻었을 것으로 믿고 있습니다. 이제 내 옆에 오셔서, 내 몸이 선생께 닿음으로써 지혜가 내게도 좀 흘러 들어오도록 해 주시기 바랍니다.' 소크라테스는 아가톤이 시키는 대로 앉는다. 그러나—'물이 털실을 타고 가득 찬 잔에서 빈 잔으로 흘러들어가듯이, 지혜가 몸의 접촉을 통하여 흘러들 수 있다면 얼마나 좋을까? 나야말로 그것을 바라는 사람일세. 내가 가진 지혜야 영 보잘것없는 것이지만, 자네의 지혜야말로 그저께 3만 명 아테나이인들 앞에서 유감없이 과시한 찬란한 것이 아닌가?' 아가톤은 이것이 소크라테스 특유의 야유임을 안다. 그래서 아가톤은 '길고 짧은 것을 대보는 일은 디오뉘소스신神에게 맡기고', 우선 식사나 하라고 소크라테스에게 말한다(175c-e).

이것으로 보면 지금부터 벌어지려고 하는 것은 아가톤과 소크라테스의 지혜 겨루기라는 것을 알 수 있다. 표면상으로 보면, 「향연」의 분위기는 그야말로 '향연 분위기'이다. 좌중의 몇 사람의 제의에 따라, 앉은 순서대로 한 사람씩 돌아가며 에로스(사랑)를 찬양하는 연설을 하고, 소크라테스의 '연설'—이것은 다른 사람의 것과 비교해 볼 때 '연설'이라고 하기도 어렵다—이 거의 끝날 무렵에, 전작前酌이 있는 알키비아데스가 들어와서 소크라테스와 자기 자신과의 관계를 설명하면서 그를 찬양하는 연설을 하는 것이 「향연」 본문의 전체적인 구성이다. 그러나 이 표면상 유쾌하고 평화스러운 잔치 마당에 아가톤과 소크라테스의 지혜 겨루기가 진행되고 있다는 것은 하나의 극적劇的 아이로니이다. 이런 관점에서 보면, 연설의 순서—파이드로스, 파우사니아스, 에뤼크시마코스, 아리스토파네스, 아가톤, 소크라테스 (그리고, 원래 예정에는 없었던 알키비아데스)—그 자체가 아가톤과 소크라테스의 지혜 겨루기를 더욱 날카롭게 부각시키도록 계획된 것이며 각각의 연사들은 마치 미리 짜 놓은 각본에 따라 각자가 맡은 배역을 연기하고 있는 듯한 인상을 준다.

희극작가 아리스토파네스의 익살 섞인 명연설이 끝났을 때 이미 소크라테스는 자기의 순서가 아가톤 다음이라는 것에 기가 질린다는 식으로, 그 특유의 엄살을 부린다(194a-b). 여기에 대하여 아가톤은 '소크라테스 선생, 선생은 내가 온통 연극에 빠져 있다고 해서 수많은 바보보다 몇 명 안 되는 현자들이 더 무서운 상대라는 것조차 모른다고 생각하시면 그것은 큰 오해입니다'라고 말한다. 또한, 아가톤의 찬란한 연설이 끝나고 박수갈채가 터졌을 때, 소크라테스의 엄살은 거의 절정에 달한다—'그 봐, 내가 뭐라고 했나. 내가 기가 죽었던 것이 당연하지 않은가? 저렇게 굉장한 연설을 듣고 난 다음에, 어찌 내가 감히 연설을 하겠다고 덤빈단 말인가? 내 실력을 생각해 보니, 나는 이제 쥐구멍이라도 있으면 기어들어가고 싶네. 더구나 그 멋있는 끝맺음—나는 마치 아가톤이 고르기아스의 머리라고 할지 고르곤의 머리라고 할지를[2)] 내 앞에서 흔들어 대는 듯, 잠깐 말이 얼어붙는 느낌이 드네. 처음에 사랑(에로스)을 찬양하는 연설을 하자고 했을 때, 나는 멋도 모르고, "사랑이야말로 내가 알고 있는 유일한 주제"라고 말했으니, 나는 얼마나 어리석은 자인가? 이제 와서 생각해 보니 나는 찬양을 어떻게 하는지도 몰랐던 것이 아닌가? 이제 여러분들이 찬양하는 것을 듣고 본즉, 그것은 내가 아는 찬양이 아니라, 무조건 가장 좋은 것이라고 떠받드는 것을 말하는가 본데, 나는 그런 찬양은 할 수가 없네…'(198a-199b).

소크라테스의 지혜 겨루기 상대인 아가톤은, 소크라테스의 말에도 나타나 있듯이, 고르기아스 문인門人이다. 그러므로 「향연」에서의 소크라테스와 아가톤의 대비는 대화편 「고르기아스」에서의 소크라테스와 고르기아스의 대비에 상응한다. 또한, 후자의 대비가 교육적 의미를 내포하는 만큼 전자 또한 그러하다. 사실상, 전자의 교육적 의미는 후자와의 관련에서만 올바르게 파악될 수 있다고 보아야 한다.

이때까지 고찰한 「향연」의 서론 부분에는 그 대화편의 주제를 시사하는 중요한 대목이 두 군데 있다. 하나는, 소크라테스가 향연장에 들어왔을 때, 아가톤과 주고받은 농담이다. 아가톤은 소크라테스를 보고 '가까이 있음으로 해서 지혜가 감염되도록' 자기 옆에 앉으라고 한다. 물론, 소크라테스는 지혜라는 것이 물처럼 가득 찬 데서 빈 데로 흘러들어간다고는 생각하지 않는다. 지혜는 분명히 물이 아니며, 지혜가 물 흐르듯이 흘러 들어간다고 생각하는 것도 분명히 그릇된 것처럼 생각된다. 그러나 그런 방법으로써가 아니면, 지혜는 어떤 방법으로 전달되는가? 질문을 일단 이런 식으로 제기하고 보면, 가르치는 사람과 배우는 사람이 가까이 있음으로 해서 지혜가 가르치는 사람에게서 배우는 사람으로 흘러들어간다는 식의 설명은 교육에 관한 설명으로서 과연 그토록 명백하게 그릇된 것인가 하는 의문이 생긴다. 그것은 그릇되기보다는 옳은 점이 더 많을지 모른다. 「향연」에 적혀있는 내용은 어쩌면 이 문제에 대한 해답을 제시하고 있는지 모르고, 또 그 대화편을 충분히 세밀하게 읽은 독자는 그 해답을 찾아낼 수 있을지 모른다. 이 점에서 아가톤과 소크라테스가 지혜의 획득과정에 관하여 주고받은 농담은 단순히 하나의 농담 이상으로, 「향연」의 전체적인 주제를 암시하는 것이라고 볼 수 있다.

또 한 가지, 소크라테스가 좌정坐定하고 난 뒤에, 술은 웬만큼 마시고 그 대신 차례대로 돌아가면서 '사랑'을 찬양하는 연설을 하자는 제의가 있었을 때, 소크라테스는 그 제의에 찬성을 표하면서 '사랑이야말로 내가 알고 있는 유일한 주제'라고 말한다. 어째서 소크라테스가 '사랑' 말고는 아무것도 아는 것이 없다고 말하였는가? 소크라테스가 미남 청년들과 '사랑'에 빠져 있다는 소문은 대화편 여기저기에 산견散見된다. 예컨대 「프로 타고라스」의 첫머리에 보면, 소크라테스의 대화상대자인 어떤 친구가 '소크라테스 선생, 어디서 오시는 길이오. 아마 틀림없이 그 매력적인 알키비아데스를 따라다니다가 오시는 길이겠지'라고 말한다(309a). 알키비아데스는 그 당시 막 구레나룻이 자라기 시작하는, 가장 '꽃다운 나이'였다. 또한, 「고르기아스」에서, 소크라테스는 칼리클레스와 자신을 대비시키면서 칼리클레스의 '애인'이 '피릴람페스의 아들인 데모스와 아테나이 민주정치'이듯이 자신의 '애인'은 '클리니아스의 아들인 알키비아데스와 철학'이라는 식으로, 알키비아데스와의 '사랑'을 인정한다(481d). 「카르미데스」에서, 소크라테스가 처음 만나는 카르미데스에 대하여 느끼는 '사랑'은 아예 적나라하게 관능적인 연상을 자아낸다. 카르미데스가 가까이 와서 옆자리에 앉았을 때, 소크라테스는 마치 애인 옆에 앉은 처녀처럼 가슴이 두근거리고 할 말을 잃어버린다. 그리고 옷자락 사이로 카르미데스의 흰 살결이 보였을 때 소크라테스는 '온몸이 화끈거리는 것'을 느낀다. 심지어 소크라테스는 새끼 사슴을 막 잡아먹으려는 사자의 비유가 카르미데스를 앞에 둔 자기 자신의 경우를 형용하는 것으로서 과히 어긋남이 없다고 말한다(155c-d).

그렇다면 소크라테스가 스스로 '사랑의 전문가'라고 말한 것은 이와 같이 미남 청년들과의 연애를 두고 한 말인가? 소크라테스의 위인爲人이나 행적行蹟에 관하여 우리가 알고 있는 바에 비추어 보면, 소크라테스가 전문적으로 한 일, 그리고 소크라테스가 자신 있게 안다고 할 만한 유일한 일이 그런 연애라고는 믿어지지 않는다. 소크라테스가 전문적으로 한 일이 있다면, 그것은 다른 어떤 것보다도 '교육'이라고 보아야 하고, 그가 자신 있게 말할 수 있는 주제 또한 '교육'이라고 보아야 할 것이다. 아니나 다를까, 자기가 연설할 차례가 되었을 때, 소크라테스가 만티네이아의 디오티마라는 여자에게서 배운 '사랑의 기술技術'이라고 하면서 말하는 내용은 어김없는 교육론이다. 그러나 또 한편, 소크라테스의 경우에, '교육'의 전형적인 경우는 막 구레나룻이 돋기 시작하는 젊은 청년들과 대화하는 것이고 보면, 청년들과의 '관계'가 '교육'과 전혀 무관하기만 한 것은 아니고, 어쩌면 그런 '교육적 관계'를 '연애관계'로 규정하는 관점도 성립할지 모른다. 사실상, 이 글은 이 가능성을 탐색하는 데에 그 목적이 있다. 이 가능성에서 보면, 소크라테스의 연설이 끝나고 바깥이 떠들썩하면서 전작前酌으로 거의 녹초가 된 알키비아데스가 들어와서 자기와 소크라테스의 '관계'—명백히 '연애관계'라고 생각되는 것—를 '취중의 용기'에 힘입어 토로하는 대목은, 흔히 생각되는 것처럼, 단순한 소크라테스 찬양이 아니라 그 이상의 의미를 가진 것으로 볼 수밖에 없다.[3] 도대체, 그것이 소크라테스 찬양에 불과한 것이라고 하더라도, '사랑'의 찬양에서 시작된 연설이 마치 모종의 사고事故에 의한 듯이 소크라테스 찬양으로 끝나버리지만, 그것이 그야말로 '사고'에 의한 것이라고 볼 수는 없다. 그 사고에 대한 설명이 있을 수 있다면, 그것은 오직 소크라테스가 '사랑의 화신化身'—즉, '교육의 화신'—이라는 것뿐이다.

향연의 주요부가 끝날 무렵에 향연장에 돌연히 침입한 알키비아데스는 머리에 온통 등꽃과 제비꽃의 화관을 뒤집어쓰고 많은 리본을 펄럭거리며 거나하게 취하여 호기 있게 등장한다. 그 당시 알키비아데스는 시칠리아 정복을 위한 아테나이 대함대의 사령관으로서, 그 생애의 절정에 도달해 있었다. 향연장에 들어오는 그의 몸치장과 작태作態부터가 그것을 잘 대변해 주고 있다. 그러한 알키비아데스가 그와 소크라테스와의 '못다 이룬 사랑'을 고백한다. 「향연」에 적혀있는 글자는 우리에게 알키비아데스의 음성도 어조도 알려주지 않은 채 얼어붙어 있지만, 만약 우리가 그때의 음성과 어조를 되살려낸다면 그것은 필시 흐느낌일 것이다. 우리의 입장에서 알키비아데스의 말 한마디 한마디를 이해하는 데는 그 당시 알키비아데스의 심리상태를 되살려내는 것이 대단히 중요하다. 그리고 이와 같이 그의 심리상태를 되살려낸다면 누구나 그 자신 알키비아데스 이상으로 열에 들뜬 상태가 될 수밖에 없을 것이다. 알키비아데스의 열은 단순히 술기운 때문만은 아니다. 소크라테스의 입에서 나온 말의 한 단편을, 아무리 말재주가 없는 사람을 통하여 슬쩍 지나가는 말로 전해 듣기만 해도 마치 신들린 사람처럼 가슴이 뛰고 눈에 눈물이 흘러내린다고 말하는 알키비아데스이다(215d-e). 그 알키비아데스가 이제 자기의 입으로 소크라테스를 찬양하고 있는 것이다. 이때 그의 감정은 분명히 소크라테스가 한 말을 전해 들었을 때 이상일 것이다.

도대체, 소크라테스와의 '못다 이룬 사랑'이란 무엇을 말하는가?

형편 돌아가는 것을 파악한 뒤에 소크라테스를 찬양하기 시작한 알키비아데스는 먼저 소크라테스를 조각가의 가게에서 볼 수 있는 배불뚝이 실레노스의 좌상坐像에 비유한다. 이 좌상은 배 부분이 열리게 되어 있고 그 안에 신상神像을 모시게 되어 있다. 또한, 알키비아데스는 소크라테스를 넓적코의 괴물 사튀로스의 하나인 마르쉬아스와, 외모에 있어서뿐만 아니라 재능에 있어서도, 닮았다고 말한다. 마르쉬아스는 피리의 명수로서, 그 피리 소리를 들으면 누구나 종교적인 열정에 사로잡힌다. 마르쉬아스는 피리가 있어야 그런 효과를 내지만, 소크라테스는 오직 말만으로 마찬가지의 효과를 낸다는 것이 차이라면 차이이다. 그리고 바로 이 점에서 소크라테스는 마르쉬아스보다 더 훌륭하다고도 볼 수 있다. 소크라테스의 말은, 처음 듣는 사람에게는, 흡사 실레노스의 상像처럼 우스꽝스럽다. 그는 당나귀와 대장간, 구두장이와 피혁상 등, 시시껄렁한 말을 하고, 언제나 똑같은 일을 똑같은 어휘로 말하기 때문에 아무리 무식한 사람이라 하더라도 조소를 금할 수 없을 정도이다. 그러나 그 실레노스의 배를 열고 그 안에 들어있는 것을 본 사람은 그 말이야말로 의미를 가진 유일한 말이요, 가장 신의 말에 가까운 말이라는 것을 안다.

알키비아데스는, 아무도 소크라테스를 알지 못하지만 알키비아데스 자신은 그 실레노스의 안을 들여다보았다고 말한다—'그 안에서 내가 본 것은 신성하고 눈부시게 아름다운 황금빛 상像이었고, 그래서 나는 곧 그분이 명령하는 것이면 무엇이든지 따를 태세가 되어 있었습니다. 다른 사람은 아무도 그것을 볼 수 없었겠지만, 나는 그것을 분명히 보았습니다'(216e-217a). 그러나 이 말 바로 다음에 알키비아데스가 하는 말은 정상적인 논법으로서는 이해하기 어렵다. 즉, 알키비아데스는 자신의 젊음과 미美에 대하여 절대적인 자신을 가지고 소크라테스가 그것에 '사랑'을 느낀다고 생각하여, 전후 서너 차례에 걸쳐 점점 대담한 방식으로 소크라테스를 유혹한다. 단둘이 있으면 소크라테스는, 아무도 없는 데서 애인들끼리 주고받는 말로, 그 마음속에 있는 것을 털어놓으리라고 알키비아데스는 생각한 것이다. 두 번째 기도企圖가 실패하자, 알키비아데스는, '마치 소크라테스가 아름다운 젊은이요, 자신은 유혹의 손길을 뻗는 애인이듯이', 소크라테스를 저녁식사에 초대한다. 처음 초대되었을 때는 저녁식사가 끝나자 곧 가버려서 또 실패였다. 두 번째 소크라테스가 초대되었을 때, 알키비아데스는 일부러 시간을 끌며 밤늦게까지 이야기를 하다가, 소크라테스가 가려고 일어나자 밤이 늦었다는 핑계로 자고 가도록 붙들었다. 이리하여 알키비아데스는 그의 기도가 성공하는 듯한 순간을 맞이한다.

등불을 끄고 하인들이 물러갔을 때, 알키비아데스는 이 이상 우물쭈물할 것이 없다고 생각하고 단도직입적으로 나간다—'나의 모든 애인 가운데 선생이야말로 나에게 합당한 분입니다. 그런데도 선생은 너무 수줍어서 말씀을 안 하십니다. 선생이 나에게 바라시는 것을 내가 거절한다면 나는 바보입니다. 그래서 나는 내가 가진 모든 것, 내 친구들이 가진 모든 것을 선생의 슬하에 바칠 테니, 내가 무엇보다도 간절히 원하는 덕德을 갖출 수 있도록 나를 도와주시기 바랍니다. 이 일은 다른 누구보다도 선생께서 더 잘 하시리라고 믿습니다'(218c-d). 여기에 대하여 소크라테스는 알키비아데스가 바라는 대답과는 다른 대답을 한다. '그대를 더 좋은 사람으로 만들 수 있는 힘이 나에게 있다면, 그대는 그야말로 숭고한 목적을 추구하는 셈이네. 그대는 아마 내가 그대에게서 보는 것보다 무한히 높은 아름다움을 내게서 보는 모양일세. 그래서 우리 둘의 아름다움을 서로 바꿀 생각을 하는가 본데, 그것은 육체의 아름다움과 영혼의 아름다움을 바꾸는 것인 만큼, 마치 놋쇠를 황금으로 바꾸는 것처럼 그대에게 굉장히 이익이 될 것일세. 그러나 다시 잘 보게. 혹시 속임을 당하지나 않는지. 육신의 눈이 어두워질 때 마음의 눈이 밝아진다네. 그대는 늙으려면 아직 멀지 않았는가?'(218d-219a). 그리고 소크라테스의 대답은 '나중에 좀더 두고 생각해 보자'는 것이었다. 그런데도 알키비아데스는 자기가 한 말 때문에 소크라테스가 상처를 받았다고 생각하고, 알몸이 되어 소크라테스의 누더기 옷자락 속으로 기어들어가서 그 '희한한 괴물'을 끼고 하룻밤을 지낸다. 알키비아데스는 소크라테스에게 자기의 아름다움이 전혀 매력을 발휘하지 못한다는 것을 알게 된다. 그리고 아침에 일어났을 때 알키비아데스는 마치 '아버지나 형의 침상에서 자고 난 듯이' 느낀다(219c).

알키비아데스와 소크라테스 사이의 이 밀회密會, 그리고 거기서 주고받은 정담情談에 관해서는 여러 가지로 생각할 문제들이 있다. 그러나 여기서 특히 문제가 되는 것은 누가 누구를 '사랑'하는가, 또는 '사랑'의 원의原義에 가깝게 표현하자면, 누가 누구를 '원하는가', '욕망'은 누구의 것이며 그 대상은 누구인가 하는 것이다. 알키비아데스가 입으로 하는 말을 들으면, 분명히 소크라테스가 알키비아데스의 아름다움에 혹해 있고, 따라서 사랑을 하는 사람은 소크라테스요, 알키비아데스는 그 사랑을 받는 입장이 되어 있다. 그러나 두 사람 사이의 사건은 도저히 알키비아데스의 그 말을 믿을 수가 없게 기술되어 있다. 알키비아데스는 소크라테스의 마음속에 있는 황금빛의 신상神像을 보고 그를 유혹하기 위하여 온갖 노력을 기울인다. 그리고 그 노력이 결국은 실패로 끝났을 때, 알키비아데스는 자기가 거절당했다고 생각하고, 그렇게 형편없이 체면이 상한 데 대하여 비애悲哀를 느낀다(219d). 이 비애는 어김없는 실연의 비애이다. 어째서 이런 사태가 벌어지게 되었는가? 알키비아데스는 그 연설의 끝을 다음과 같이 맺는다. '여러분, 이것이 소크라테스 선생에 대한 나의 찬양입니다. 나의 찬양 속에는 그분이 나를 박대한 데에 대한 비난도 섞여 있습니다. 그분은 나만 박대한 것이 아니라, 글라우콘의 아들 카르미데스, 디오클레스의 아들 에우튀데모스, 그 밖에도 많은 사람들을 마찬가지 방식으로 박대하였습니다. 즉, 처음에는 자신이 구애자求愛者인 양하다가 결국에는 다른 사람들을 구애자로 만들어 버리는 것입니다. 그래서 나는 아가톤 그대에게 말하노니, 그분에게 속임을 당하지 말도록, 내 경우를 보고 조심을 하도록, 속담에 나오는 바보처럼 굴지 말고 불행한 경험에서 교훈을 얻도록 하라는 것입니다'(222a-b).

알키비아데스가 말한, 자신에 대한 소크라테스의 '박대'라는 것은 처음에는 소크라테스가 알키비아데스를 사랑하는 것처럼 보이지만, 어느덧 자리가 바뀌어 알키비아데스가 소크라테스를 사랑하게 된다는 것이고, 그에 따라 소크라테스는 처음의 태도를 바꾸어 알키비아데스가 자신 있게 내세우는 외모의 아름다움을 거들떠보지도 않는다는 것이다.[4)] 소크라테스가 알키비아데스를 사랑한 것은 (또는, 사랑한다고 알키비아데스가 착각한 것은) 알키비아데스의 육체의 아름다움인 반면에, 알키비아데스가 소크라테스를 사랑한 것은 (또는, 사랑하도록 소크라테스가 만든 것은) 소크라테스의 영혼의 아름다움이다. 알키비아데스의 구애에 대한 대답에서 소크라테스 자신이 말한 바와 같이, 육체의 아름다움을 영혼의 아름다움과 바꾸는 것은 '굉장히 이익이 되는' 일이다. 그러나 이득이 큰 도박일수록 질 확률이 많은 것과 마찬가지로, 알키비아데스는 소크라테스와의 이 '사랑의 교전交戰'에서 패배하여 '박대'를 받게끔 아예 운명 지어져 있었다. 그 대답에 나타난 소크라테스의 생각을 좀더 자세히 풀이해 보자—'알키비아데스, 그대는 내가 무한히 높은 아름다움을 가지고 있다고 생각하고, 또 그 아름다움은, 그대의 아름다움이 그대의 것이듯이, 나의 것이라고 생각하는 모양이네만, 그렇지 않네. 그대의 아름다움이야 분명 그대 것이겠지만, 나의 그것은 내 것이 아닐세. 그대의 눈에 내가 그 아름다움을 소유하고 있는 것으로 보였다면, 그것은 오직 나 자신 그 아름다움을 추구하고 있기 때문일세. 그것을 추구하고 있는 사람이 그것을 소유하고 있는 것으로 생각되는 것은 어쩌면 당연할지 모르지만, 분명히 말하여 나 자신 아직 그것을 소유하고 있다는 확신이 없네. 아마 영영 소유할 수 없다는 것이 더 옳을지도 모르겠네. 그러니 그대 자신의 생각에 속지 말게. 그대는 지금 나를 사랑하려고 하지만, 그대가 사랑하려고 하는 것은 내가 아니라 내가 추구하고 있는 아름다움일세. 아름다움을 추구하는 일은 시간이 걸리는 일일세. 지금 그런 식으로 담판을 걸어오면, 난들 어떻게 하겠나? 좀더 두고 보세. 그대가 열심히 노력한다면, 아름다움과 직접 대면할 수 있을지도 모를 일이니까'

—아마 이것이, 알키비아데스가 '거절'이라고 해석한, 소크라테스의 대답에 깔려있는 생각일 것이다.

그러나 분명히 알키비아데스는 소크라테스를 통하여 잠깐 내면의 아름다움을 보고 그 영향을 받았다. 소크라테스와 자기 사이에 있었던 그 '부끄러운 일'을 고백하기 바로 전에, 알키비아데스는 자신이 '철학의 독아毒牙'에 물렸다고 말한다—'여러분도 다 아시다시피, 독사에게 물린 사람은 마찬가지로 독사에게 물려 본 사람에게가 아니면 말하지 않는다는 속담이 있습니다. 그런 사람이 아니고는 그 고통을 제대로 이해하지 못할 것이기 때문입니다. 지금 나는 바로 그런 기분입니다. 그러나 나를 문 것은 어떤 뱀의 독아보다도 더 지독한 것이고 그 고통 또한 어떤 뱀에게 물린 것보다 더 지독한 것입니다. 나는 심장이라고 해야 할지, 마음이라고 해야 할지, 아니면 뭐라고 해야 할지를 소크라테스의 철학에게 물렸습니다. 이 독아는 주위에 젊고 재능 있는 영혼이 있으면 닥치는 대로 화살처럼 날아들어서, 그것을 자기 멋대로 부리는 것입니다'(217e-218a). 알키비아데스에게—그뿐만 아니라 다른 누구에게도—이 철학의 독아는, 다른 것이 아니라, 겉으로 보기에 실레노스와 닮은 소크라테스의 말, '당나귀와 대장간, 구두장이와 피혁상 등, 시시껄렁한 말을 하고, 언제나 똑같은 일을 똑같은 어휘로 말하는' 소크라테스의 말이다. 이 말이, 페리클레스나 그 밖에 많은 위대한 웅변가의 말과는 달리, 알키비아데스의 영혼을 흔들어 놓고 지금 그가 살아가고 있는 삶이 노예의 삶보다 하등 나을 것이 없다는 생각에 번민하도록 한 것이다. 알키비아데스는 그 말에 귀를 틀어막고 마치 쎄이렌(요귀妖鬼)의 목소리로부터 도망가듯이 하지 않으면 한평생 소크라테스의 곁을 떠날 수 없으리라는 것을 알고 있다. 소크라테스는 알키비아데스로 하여금, 지금의 알키비아데스처럼, 아테나이인들의 관심을 좇아 이리저리 바삐 뛰어다니면서, 자신의 어지러운 영혼을 돌보는 일을 게을리해서는 안 된다는 것을 믿도록 한다. 소크라테스의 앞에 섰을 때, 알키비아데스는 소크라테스의 말을 한 마디도 거역할 수 없다. 그러나 소크라테스의 곁을 떠나면, 대중의 사랑과 갈채는 완전히 알키비아데스의 마음을 사로잡는다. 그리하여 더욱 그는 소크라테스에게서 도망가려고 하고, 때로 소크라테스가 죽어버렸으면 좋겠다고 생각한다. 그만큼 소크라테스는 알키비아데스에게 수치감을 일으켰던 것이다(215e-216c).

향연 이후 알키비아데스의 행적을 보면, 과연 그는 소크라테스의 곁을 완전히 떠났다. 그는 대중의 갈채가 가지는 매력을 도저히 떨쳐 버릴 수가 없어서 소크라테스에 대한 사랑을 거두고 그 사랑을 대중, 즉 아테나이 정계政界로 돌렸다. 소크라테스가 재판을 받을 당시에 알키비아데스는 소크라테스의 사형에 찬성표를 던졌다는 소문도 있다. 또한 소크라테스의 죄목 중에 아테나이 청년들을 타락시켰다는 것은 주로 정계에 투신한 이후의 알키비아데스의 악행을 지목한 것이라는 설도 있다.[5] 향연 당시 알키비아데스는 아테나이 대함대의 사령관이었지만, 불과 몇 달 후에는 스파르타에 망명하는 신세가 되었고,[6] 아폴로도로스가 향연의 이야기를 하고 있던 때쯤, 알키비아데스는 아테나이 정계의 대표적인 악한으로 손꼽히는 자가 되었다. 이 모든 것은 알키비아데스의 '못다 이룬 사랑'의 뒷이야기이다. 그러고 보면, 향연에서의 알키비아데스의 연설은 소크라테스 찬양의 형식을 빌린, 그와의 고별사告別辭라고 볼 수 있다. 그리하여 알키비아데스의 '못다 이룬' 사랑은 처음에 소크라테스에 의한 '거절'에서 시작하여 알키비아데스 자신의 '고별'로 완결된다. 물론, 소크라테스의 '철학의 독아'에 물린 사람들 중에는, 알키비아데스 자신이 말한 바와 같이, '한평생 소크라테스의 곁을 떠나지 못한' 사람들이 있었다. 향연의 이야기를 처음 전해준 아리스토데모스가 그렇고, 지금 향연의 이야기를 전하고 있는 아폴로도로스가 그렇다. 아리스토데모스는 소크라테스를 본떠 언제나 신발을 신지 않고 살았고, 향연장에 가는 날 소크라테스는 특별히 신발을 신었는데도 아리스토데모스는 여전히 맨발이었다(174a). 아폴로도로스는 '미친 사람'이라는 별명을 얻을 정도로, 소크라테스의 일이라면 열을 올리고, 소크라테스 이외에는 누구나, 자기 자신을 포함한 모든 사람이 '가련한 인생'이라고 생각한다(173a-e). 오늘날에도 여전히 알키비아데스가 있는가 하면, 아리스토데모스나 아폴로도로스도 있다.

이상에서 기술한 알키비아데스의 처지를 이해하기 위해서는 소크라테스가 '자신의 유일한 지식'이라고 말한 '사랑의 기술'이 어떤 것인가를 알아볼 필요가 있다. 소크라테스 앞의 다섯 사람의 연설—파이드로스, 파우사니아스, 에뤼크시마코스, 아리스토파네스, 그리고 아가톤의 연설—이 소크라테스의 '사랑의 기술'과, 또 그 사랑의 한 가지, 불완전하지만 구체적인 표현으로서의 알키비아데스-소크라테스의 관계와, 어떤 관련을 가지고 있는가에 대해서는 여기서 세부적으로 다룰 수 없는 흥미 있는 문제들이 있다. 예컨대, 첫 연사演士인 파이드로스는, 사랑은 사랑하는 사람에게 '명예심과 수치심'을 일으켜서, 비록 전 인류가 보는 앞에서 불명예스러운 행동을 할지언정, 애인이 보는 앞에서는 그런 행동을 할 수 없도록 만든다고 말한다. 그 대표적인 경우는 전장戰場에서 볼 수 있다. 아무도 애인이 보는 앞에서는 진지를 포기하고 무기를 버리는 행위를 하지 못한다. 그리하여 사랑은 강한 국가와 강한 군대의 기초가 된다(178d-e). 앞의 알키비아데스의 경우에서 본 바와 같이, 알키비아데스는 소크라테스가 바라는 것이면 어떤 일이든지 해야 한다고 생각했고, 그러면서도 그 일을 할 수 없는 자신에 대하여 늘 수치감을 가졌다. 파이드로스는 '사랑은 가장 오래된 신神이요 가장 명예로운 신이며 우리의 생전이나 사후에 최대의 용기와 행복을 가져다주는 신'(180b)이라고 말하지만, 사랑이 우리에게 베풀어 주는 가장 큰 축복은, 그에게 있어서는, '강한 국가와 군대'이다. 이것이 얼마나 큰 축복인가, 또는 얼마나 사소한 축복인가 하는 것은 소크라테스가 보는 사랑의 의미에 비추어 비로소 올바르게 평가된다.

파이드로스의 뒤를 이은 파우사니아스는 파이드로스식으로 사랑을 찬양해서는 안 된다고 말하고 그것을 보충하러 나선다. 사랑을 제대로 찬양하려면, 먼저 어떤 사랑을 찬양할 것인지를 결정해야 한다는 것이다. 왜냐하면 사랑은 한 가지가 아니라, '천상天上의 사랑'과 '지상地上의 사랑'이라는 두 가지가 있기 때문이다. 지상의 사랑은 분별이 없이, 소년뿐만 아니라 여자까지도 닥치는 대로 사랑하며, 영혼이 아니라 육체를 사랑한다. 이 사랑은 쾌락의 이익을 달성하는 데에만 목적이 있기 때문에 '머리 빈 사람'이 그 합당한 대상이다. 여기에 비하여, 천상의 사랑은 이성이 막 싹트기 시작하는 영리한 소년들—그것이 바로 구레나룻이 돋아나기 시작하는 나이이다—을 대상으로 한다(181a-d). 지상의 사랑은 가변적이고 불안정한 것을 대상으로 하기 때문에, 꽃다운 젊음이 가시자마자 철석같은 약속도 저버리고 다른 대상을 찾아 도망을 가지만, 천상의 사랑은 영원한 것을 대상으로 하기 때문에 평생을 두고 변함없이 계속된다. 이 두 가지 사랑의 구별은 대단히 중요하기 때문에, 아테나이에서는 풍속 또는 불문율不文律에 의하여, 어느 사랑을 추구하고 어느 사랑을 억제해야 하는가를 정해 놓고 있다(184a). 아테나이에서는 성급하게 불붙는 사랑은 수치스러운 것으로 여긴다. 성급한 사랑은 성급한 목적을 추구하는 것이므로, 그 대상은 어김없이 가변적인 것이다. 그와 마찬가지로, 부와 정치적 권력도 가변적인 것이므로 여기에 애착을 느끼는 것도 명예롭지 못하다. 아테나이 사람들이 명예롭게 추구할 수 있는 것은 덕德뿐이다. 그리하여 아테나이에서는 소년에 대한 사랑과 덕의 추구가 하나로 결합되어, 사랑하는 사람과 사랑받는 사람이 공공연하게 사랑에 빠지면서도 불명예에 빠지지 않도록 하고 있다. 이 관계에서 한쪽은 지혜와 덕을 전달하고 다른 한쪽은 그것을 전달받아서 자기의 교육으로 삼는다(184d-e). 이것이 파우사니아스 연설의 요지이다. 사랑을 '천상의 사랑'과 '지상의 사랑'으로 구분한 것은 소크라테스 쪽으로 훨씬 가까이 접근한 것이다. 사실상, 이 대목에서 우리는 나중에 소크라테스가 알키비아데스에게 한 말—'그대가 나와 아름다움을 서로 바꾸는 것은 마치 놋쇠를 황금으로 바꾸는 것처럼 그대에게 이익이 된다'고 한 말을 연상하게 된다. 또한, '제도화된 교육'에 관한 파우사니아스의 설명은 나중에 소크라테스가 말할 '사랑의 기술'의 성격을 예고하고 있다. 그러나 그 설명은 아직 충분하지 않다.

파우사니아스 다음 차례인 아리스토파네스는 갑자기 딸꾹질을 시작하여 그 다음인 에뤼크시마코스와 순서를 바꿀 수밖에 없게 된다. 의사인 에뤼크시마코스는 '코를 간질여 재채기를 하면 딸꾹질이 멎는다'는 의학적인 처방을 한다. 자기의 차

레가 되었을 때 아리스토파네스가 '당신이 말한 몸의 조화라는 것이 재채기와 간질이는 것을 "사랑"하는 모양'이라고 야유한 바와 같이, 그 의학적인 처방이 사실은 에뤼크시마코스의 사랑에 대한 설명을 예고한다고 볼 수 있다. 에뤼크시마코스는 파우사니아스의 두 가지 사랑의 구분을 받아들이면서도, 사랑은 비단 영혼의 상태를 가리키는 것이 아니라 육체나 그 밖의 모든 자연계의 공통된 법칙이라고 주장한다. 의술이라는 것은 신체의 '좋은 사랑'과 '나쁜 사랑'을 분간하고, 그중에서 좋은 사랑은 심어주고 나쁜 사랑은 근절하는 기술이다. 의술에서의 '좋은 사랑', 즉 건강은 음악이나 천문 기상에 있어서와 마찬가지로, 반대되는 것의 조화를 통하여 실현된다. 그리하여 에뤼크시마코스에 의하면 사랑, 보다 구체적으로, 우리의 찬양을 받아야 할 사랑은 '반대되는 것의 조화'이며, 이것이 인간의 기쁨의 원천이다. 이 '반대되는 것의 조화'는 소크라테스에서 완전한 지혜와 완전한 무지, 또는 포로스와 페니아의 대비로 되풀이된다. 그러나 소크라테스에 있어서 인간의 가장 고귀한 노력을 나타내는 사랑이 에뤼크시마코스에 있어서는 하나의 '자연적인' 현상으로 설명되고 있다.

아리스토파네스도 그 앞의 다른 연사들과 마찬가지로, 사랑은 모든 신神 중에서 '인간의 가장 좋은 친구이며, 인간의 행복을 가로막는 여러 질병의 치료약'이라고 말한다(189d). 그에 의하면, 사랑이 이런 일을 할 수 있는 것은 그것이 인간을 '원래의 상태'로 되돌려놓을 수 있기 때문이다. 원래 인간은 현재의 인간을 등 쪽으로 서로 맞붙여 놓은 모습을 가지고 있었고, 현재보다 갑절이 되는 힘과 날램과 지혜로써 신에 도전하는 경우가 있었다. 이것이 신들의 분노를 사서, 신은 인간을 절반으로 갈라놓았다. 이렇게 갈라진 인간은 나머지 반쪽을 도로 찾아서 원래의 온전한 상태를 회복하려는 욕망을 가진다. 이것이 사랑이다. 그런데 온전한 원래의 인간에는 현재와 같은 남성과 여성뿐만 아니라 남자와 여자가 등을 대고 맞붙은 제3의 性성이 있었다. 그렇기 때문에 사랑에도 파우사니아스가 말한 두 가지만 있는 것이 아니라 세 가지가 있다. 즉, '해의 성'의 사랑, '지구의 성'의 사랑, 그리고 '달의 성'의 사랑이 그것이다. '달의 성'의 사랑은 남자와 여자 사이의 사랑으로서, 그것은 육체적인 생성 또는 생식을 가능하게 한다. 그러나 '해의 성'의 사랑, 즉 남자와 남자 사이의 사랑은 어떤 면의 생성을 가능하게 하는가? 당연히 취급하였을 법한 이 질문을 아리스토파네스는 취급하지 않는다. 다만 그는, '해의 성'에서 나온 반쪽은 가장 용감하고 남성다운 모습으로서, 동일한 부류의 소년들과 어울려 다닌다는 것, 결혼을 하여 아이를 낳는 것이 아니라 결혼하지 않은 채 평생을 가까이 지내는 데서 만족을 얻는다는 것, 그리고 그 소년들은 자라서 정치가가 된다는 것 따위를 말한다(192a-b). 더 나아가서, 아리스토파네스는 '해의 성'의 사랑에 빠져 있는 사람들 자신이 상대방에게서 무엇을 바라는지 설명할 수 없다고 말한다(192c). 그들이 상대방에게서 구하는 것이 육체적인 쾌락이 아닌 것은 분명한데도, 그토록 강렬한 욕망이 정확하게 무엇에 대한 것인지 알 수 없다는 것이다. 그렇기 때문에 그들이 경험하는 것은 막연하고 불안한 동경 같은 것이다. 이 동경의 본질을 설명하는 과제는 소크라테스에게 미루어진다.

물론, 이때까지 고찰한 연설들은, 여기에 요약된 것과는 정반대로, 찬란하고 매력과 호소력이 넘친다. 그 연사들은 어느 면으로 보나 당대의 명사들이요 어느 자리에 나가더라도 한몫은 단단히 해낼 사람들이다. 그들이 한 '사랑의 찬양'에 무엇인가 공통된 결함이 있다면, 그것은 오직 소크라테스의 연설에 비추어 드러나는 것이다. 이 점에서는 마지막 아가톤의 연설이 대표적인 경우이다. 그 연설의 첫머리에 아가톤은, '그 전의 연사들은 사랑의 본질은 말하지 않고 그것이 인간에게 주는 혜택만을 말하였다'고 하는 식으로 그 앞 사람들의 결함을 지적한다. 무엇인가를 찬양하는 올바른 방법은 먼저 그 본질을 말하고 그 다음에 인간에 주는 혜택을 말해야 한다는 것이다. 아가톤은 사랑의 본질에 관하여, 사랑은 모든 신神 중에서 가장 아름답고 가장 선하며, 그렇기 때문에 가장 축복받은 신이라고 말한다. 가장 아름답고 가장 선하다는 점에 대해서도 다시 자세한 설명을 붙이면서, 아가톤은 과연 시 경연대회에서의 우승자답게, 백화요란百花燎爛한 미사여구를 늘어놓는다. 아가톤의 연설이 자아내는 분위기는 그의 결구結句에 가장 집약적으로 드러나 있다—'사랑은 소원疏遠을 몰아내고 우애友愛를 불러들입니다. 사랑은 우리에게 이와 같은 우호적인 모임을 가지게 하고 연회나 무도회나 제사를 주관하며, 예의를 조성하고 만행蠻行을 제거하며, 친절을 일으키고 악의를 물리칩니다. 사랑은 다정하고 우아하며, 현자賢者의 경이驚異와 신들의 찬양을 받습니다. 사랑은 부족한 자에게 절망을, 유족한 자에게 행복을 줍니다. 호사와 온유의 멋과 우아의 아버지로서 사랑은 동경과 욕망의 아버지요, 선인善人을 돌보고 악인惡人을 외면하며, 일할 때나 괴로울 때, 술 마실 때나 토론할 때, 우리의 길잡이요 조력자이며, 우리의 기수旗手요 구원자이며, 하늘에서나 땅에서나 가장 값진 장식품입니다. 요컨대 사랑은 가장 고귀하고 아름다운 지도자이므로, 우리는 누구나 인간과 신의 마음을 다 같이 매혹시키는 그의 거룩한 노래에 맞추어 목소리를 드높이며 그가 인도하는 대로 따라가지 않으면 안 됩니다'(197d-e).

아가톤이 과연 사랑의 '본질'을 말하였는가 하는 것은 소크라테스에 의하여 곧 밝혀진다. 그 대목에 가서 아가톤은 '이제 생각해 보니, 내가 무슨 말을 하는지 몰랐던 것 같습니다'(201c)라고 말한다. 아가톤 자신이 인정한 대로, 그는 자기 자신이 하는 말의 의미를 몰랐다. 그의 연설은 단순한 말치레였다. 그는 미사여구를 과시하는 것 이외의 아무 다른 목적이 없이, 자기의 말에 도취되어 무슨 말을 하는지도 몰랐다.[7] 그리하여 아가톤과 소크라테스의 일전一戰은 아가톤 자신의 인정에 의하여 아가톤의 판정패로 끝난다.

아가톤의 연설이 끝났을 때 소크라테스가 엄살을 부렸다는 것은 앞에서 이미 말한 바 있다. 소크라테스는 다른 연사들이 한 방식으로는 찬양을 할 생각도 없고, 또 할 줄도 모른다고 말하면서, 공연히 다른 사람들과 경쟁을 하여 스스로 우스꽝스러운 꼴이 되느니, 차라리 어떤 어휘를 쓰든지 어떤 순서로 하든지, 자기 자신의 방식대로 사랑에 관한 진실을 말하겠다고 한다. 이 엄살은 우리에게 「변명」에 나타나 있는, 재판을 받을 당시의 엄살을 연상시킨다. 법정에서 소크라테스는, 자신은 그런 경우에 알맞은 어법을 알지 못하며 그가 할 수 있는 일은 오직 진실을 말하는 것밖에 없다고 말한다(17d-18a). 그러나 그것은 분명히 엄살인 것이, 「변명」에서와 마찬가지로 「향연」에서도 소크라테스는 자신이 장차 말하고자 하는 것이 무엇인지 분명히 알고 있었고, 자신의 그 말이 가장 어법에 맞는다는 것을 알고 있었다.[8)]

한 차례 엄살을 부린 뒤에, 소크라테스는 아가톤을 향하여, 그토록 웅변조로 사랑의 본질에 관하여 말하였으니 몇 가지 물어볼 것이 있다고 하면서, 우리에게 익숙한 그 '소크라테스의 질문'을 한다. 그 질문은 '사랑은 무엇인가에 대한 사랑인가, 아니면 아무 대상이 없는가'에서 시작한다(199d). 그 뒤에 잇달은 질문에서 소크라테스가 아가톤의 승인을 얻으려고 하는 주제는 다음과 같다. 즉, 1) 사랑은 반드시 어떤 대상을 추구한다. 2) 사랑은 그것이 추구하는 대상을 소유하지 않는다.[9] 3) 사랑이 추구하는 대상은 미와 선이다. 4) 그러므로 사랑은 미와 선을 소유하지 않는다. 다시 말하면, 아가톤이나 그 밖의 다른 사람들이 말한 것과는 달리, 사랑은 아름답지도 선하지도 않다(199d-201c). 아가톤이 그의 패배를 인정한 것은 바로 이 대목에서이다. 좀더 지나서 소크라테스가 하는 말에서 드러나는 바에 의하면, 아가톤이나 그 밖의 사람들이 사랑을 아름답다고 말한 것은 '사랑'과 '사랑의 대상'을 혼동했기 때문이다. 아름답고 선한 것은 사랑이 아니라 사랑의 대상이라고 보아야 한다(204c).

이것이 소크라테스 연설의 기초이다. 여기서부터 소크라테스의 '연설'은 보통의 의미에서의 연설이 아니라 만티네이아의 디오티마라는 여자와 소크라테스 자신과의 대화를 옮기는 것으로 되어 있다. 말하자면 소크라테스의 '연설'이라고 하는 것은 '혼자서 하는 대화'이다. 뿐만 아니라, 앞에서 소크라테스가 아가톤에게 질문한 내용도 디오티마가 소크라테스에게 질문한 내용이다. 디오티마의 앞에서 소크라테스는 아가톤이 소크라테스에게 한 것과 똑같은 말을 하였고 그것에 대하여 디오티마는 소크라테스가 아가톤에게 한 것과 똑같은 말을 하였다. 이것으로 보면, 앞으로 소크라테스가 옮기는 디오티마의 말은 그대로 소크라테스가 아가톤에게 할 수 있는 말이 된다. 그리하여 소크라테스는 스스로 아가톤의 역을 떠맡음으로써 사랑을 찬양하는 연설을 자신과 아가톤 사이의 위장된 대화로 이끌어 나간다. 이것이 곧 소크라테스 자신의 방식에 의한 '사랑의 찬양'이다.

그러면 사랑의 본질은 무엇인가? 앞의 아가톤과의 대화에서 사랑의 본질은 이미 밝혀진 것이나 다름없다. 사랑은 아름답지도 선하지도 않으며 신神도 아니다. 신이라면 미美와 선善을 이미 갖추었을 것이므로 그것을 추구할 필요가 없다. 사랑은 미美와 추醜, 선善과 악惡, 지혜知慧와 무지無知의 중간을 방황하며 미와 선과 지혜를 추구하는 정령(daimon)이다. 사랑은 풍부의 신 포로스를 아버지로 하고 결핍의 신 페니아를 어머니로 하여 태어났다는 신화가 이 점을 보여주고 있다. 사랑은 그 어머니를 닮아 아무것도 가진 것이 없고, 아름답기는커녕 거칠고 비천하다. 그러나 또한 사랑은 그 아버지의 풍부한 지략과 용기로 미와 선과 지혜를 손아귀에 넣으려고 노력한다. 그러나 그 출생의 운명 때문에, 사랑은 그런 것들을 잡았다 하는 순간에 다시 놓쳐 버리고, 언제나 완전히 가난하지도 않고 완전히 풍부하지도 않은 채 하루에도 수없이 형편이 바뀐다(203c-d).

이것이 사랑의 본질이다. 그러면 사랑이 하는 일은 무엇인가? 디오티마의 입을 빌린 소크라테스는 아가톤이 그 연설에서 따르겠다고 한 절차를 정확하게 밟아 나간다. 사랑이 하는 일은 육체와 영혼에 있어서 아름다움을 생성하는 일이다. 그리고 이 과정을 통하여 가사적인 존재가 불멸의 존재로 된다. 사랑이라는 정령이 육체에만 작용하는 사람은 그 사랑을 여자에게로 돌려서 아이를 낳는다. 그렇게 함으로써 그들은 자손 대대로 내려가면서 영원토록 기억될 것이라고 생각한다. 그러나 사랑이 영혼에 작용하는 사람은 영혼에 합당한 것, 즉 지혜와 모든 덕德을 낳는다. 어려서부터 정의와 절제 등 덕을 갖춘 사람은 장성하면 짝을 구하여 그 덕을 퍼뜨릴 욕망을 느끼게 된다. 그런 사람은 젊은이가 모인 곳을 찾아다니다가 아름다운 영혼을 만나게 되면 그에게 열렬한 애욕愛慾을 느끼고, 밤낮으로 덕에 관하여 이야기하며 인간의 선과 올바른 인생에 대하여 가르친다. 이것이 '교육'이다(209b-c). 이제 그 둘은 완전한 동반자가 되어 그들의 결합에서 태어난 영적 소생(즉, 덕과 지혜)을 함께 양육한다. 그들의 소생이 인간의 육체적 씨앗보다 더 사랑스럽고 더 항구적인 것인 만큼, 그들 사이의 유대는 인간의 자식을 양육하는 데서 생기는 유대보다도 훨씬 더 견고하고 훨씬 더 완전하다.

디오티마는 소크라테스에게 계속 말한다. 이것은 '사랑의 신비'의 초보에 지나지 않는다. 사랑의 성역에 입문하려는 사람은 그 완성의 단계를 차례대로 밟아나가지 않으면 안 된다(210a-211e). 첫째 단계로, 그는 일찍부터 육체의 아름다움을 추구해야 한다. 교사의 가르침이 올바르다면 그는 먼저 하나의 개별적인 육체의 아름다움을 사랑하고 거기서 아름다운 생각을 얻어야 한다. 그 다음에 그는 한 육체의 아름다움이 다른 육체의 아름다움과 관련되어 있다는 것을 알고 모든 아름다운 육체를 사랑하게 된다. 둘째 단계로, 그는 육체의 아름다움은 영혼의 아름다움에 비하면 아무것도 아니라는 것을 알게 되고, 비록 추한 육체의 껍질 속에 들어 있다 하더라도 아름다운 영혼을 만나면 그와 사랑에 빠지며 그와의 대화를 통하여 고귀한 성품을 길러야 한다. 그 다음에는 제도의 아름다움, 그리고 또 그 다음에는 학문의 아름다움으로, 사랑에 대한 그의 시야는 점점 넓어져서, 마침내 눈앞이 밝게 트이며 보편적普遍的 미美와 직접 대면하게 된다. 이것이 미를 추구한 이때까지의 모든 노력의 최종 목표이다. 그 보편적 미는 육체의 미도, 영혼의 미도, 제도의 미도, 학문의 미도 아닌 미 그 자체로서, 꽃 피거나 시들거나 하는 법이 없이, 언제나 어디서나 누구에게나 변함없는 미이다. 사람의 삶이 도대체 살 가치가 있다면 그것은 오직 이 보편적 미, 미 그 자체를 보았을 때이다. 이때 그 사람은 이때까지 그의 가슴을 졸였던 수많은 사랑의 대상들이 하등의 가치도 없다는 것을 알게 된다. (알키비아데스의 '아름다움'이 소크라테스에게 아무 영향을 미치지 못한 것은 아마 이 때문일 것이다.) 이제 그의 삶은 그가 마침내 찾아낸 '사랑의 대상'과 함께 살면서 그 대상을 흐뭇한 눈으로 관조觀照하는 그런 삶이다. 그 사람이야말로 신의 친구라고 불릴 수 있으며 그 사람이야말로 불멸의 자리에 올라앉을 수 있을 것이다.

이것이 대강 디오티마가 소크라테스에게 가르쳐 준 '사랑의 기술技術'이다. 그것은 또한 소크라테스가 자신의 입으로, '그가 가지고 있는 유일한 지식'이라고 말한 '사랑의 기술'이기도 하다. 자신이 한 말이 무슨 말인지 모르는 아가톤의 경우와는 달리, 소크라테스가 알고 있는 '사랑의 기술'은 그에게 실천의 지침이 되었다고 볼 수 있다. 그는 결코 자신이 보편적 미를 보는 경지에 도달했다고 말하지는 않겠지만, 적어도 그것이 어떤 경지인가는 알았다고 보아서 틀림이 없을 것이다. 그를 통하여 우리가 그런 경지의 가능성을 믿게 된다는 것만 보더라도 그렇게 말할 수 있는 것이다.

그 전체적인 구성으로 보면, 「향연」에는 '사랑의 관계'라고 부를 수 있는 두 개의 관계가 병렬을 이루고 있다고 볼 수 있다. 하나는 소크라테스와 보편적 미의 관계요, 또 하나는 알키비아데스와 소크라테스의 관계이다. 이 두 관계에서 추구 또는 욕망의 대상이 되는 것은 보편적 미와 소크라테스이다. 병렬을 이루고 있는 이 두 관계를 하나의 연속적 관계로 묶을 수 없겠는가? 만약 그것이 가능하다면, 그 두 관계는 알키비아데스-소크라테스-보편적 미라는 하나의 관계로 통합된다. 이 통합된 관계는, 이 글의 첫머리에서 말한 바, '교육적 관계'의 본질을 밝히는 데에 관건이 된다.

우리의 보다 속된 용어를 써서 표현하자면 알키비아데스와 소크라테스와 보편적 미의 연속 관계는 학생과 교사와 교육내용의 관계로 표현될 수 있다. 그러나 이렇게 그 관계를 표현해 놓고 보면 우리의 통상적인 관념에 비추어 당장 어색한 점이 생긴다. 그것은 학생과 교사와 교육내용 삼자의 매개 관계에 관한 것이다. 우리의 통념에 의하면, '교육적 관계'는 학생과 교사의 관계요, 그 관계를 교육내용이 매개해 준다고 생각하는 것이 자연스럽다. 그러나 「향연」이 그려내고 있는 관계에서는 알키비아데스와 보편적 미의 관계를 소크라테스가 매개하고 있고, 이것을 바꾸어 표현하면, 학생과 교육내용의 관계를 교사가 매개하는 것으로 되어 있다. 비록 우리의 통념과는 다르지만, 따지고 보면 이렇게 보아서 안 될 것은 없다. 또한, 학생과 교사와 교육내용의 관계는 어차피 성립하는 것이기 때문에, 어느 것을 매개 요인으로 본들 별 상관이 없으리라는 생각도 있을 수 있다. 그러나 분명히 말하여, 「향연」이 제시하는 그러한 매개 관계는 우리가 자칫하면 간과하기 쉬운 교육의 중요한 일면을 우리에게 일깨워 준다.

물론, 교사는 교육내용을 전달하는 사람이다. 그러므로 학생의 편에서 보면, 학생이 접하는 교육내용은 교사를 통해서 전달되는 교육내용이요, 보다 정확하게 표현하면, 학생이 접하는 것은 교육내용이 아니라 그 내용을 전달하는 교사 자신이다. 학생이 교육내용을 배우는 것은 교사가 가르치기 때문이며, 이 점에서 보면 학생이 교육내용을 배우는 것은 교육내용에 대한 헌신 때문이라기보다는 교사에 대한 신뢰감 또는 '사랑' 때문이라고 말해야 한다. 다시 말하면, 학생은 교사가 좋고, 자기가 좋아하는 그 교사가 교육내용을 좋아하기 때문에 교육내용을 배우는 것이다. 이것은 교육내용이 교사를 통하여 전달된다는 것을 다르게 표현한 것에 지나지 않는다. 알키비아데스의 소크라테스에 대한 '사랑'은 바로 이 점을 예시한다고 볼 수 있다. 알키비아데스는 오직 실레노스의 상像을 열고야 비로소 황금빛 신상神像을 볼 수 있었다. 알키비아데스의 비련悲戀은 근본적으로 소크라테스의 인간됨에 지나치게 매료된 나머지, 실레노스와 그 안의 신상神像 사이의 관계를 올바르게 파악하지 못했다는 데서 그 원인을 찾을 수 있을 것이다.

근래 교육철학에서는 교육내용의 '정당화' 문제가 상당히 중요한 이론적 문제가 되고 있다. 모르기는 해도 「향연」이 그려내는 교육적 관계는 이 문제에 대하여 하나의 궁극적인 해답을 제시한다고 말할 수 있다. 즉, 교육내용은 교사를 통하여, 더 정확하게 말하면, 학생들에게 '욕망'이라는 뜻에서의 '사랑'을 불러일으킬 수 있는 교사를 통하여, 확실하게 정당화된다는 것이다. 학생에게 '사랑'을 불러일으킬 수 있는 교사가 헌신을 가지고 한평생을 바쳐 추구하는 내용이라면 분명히 배울 가치가 있는 내용이라고 보아도 좋을 것이기 때문이다. 이 이상으로 궁극적인 정당화를 교육내용에 대해서 요구할 수 있을 것인가?

물론, 학생에게 '사랑'을 불러일으킬 수 있는 교사는 어떤 교사인가, 또 그러기 위해서 교사는 어떻게 가르쳐야 하는가 하는 데는 이 글에서 자세하게 취급할 수 없는 복잡한 문제들이 있다. (이 문제를 취급하려면 적어도 「메논」, 「파이드로스」, 그리고 「테아이테토스」를 고찰할 필요가 있다.) 그러나 자세한 고찰은 제쳐두고 한 가지 분명히 말할 수 있는 것은 교사가 교육내용을 '객관적인 정보의 무더기'로 전달해서는 안 된다는 것이다. 여기서 '객관적'이라고 하는 것은 교사의 확신이나 헌신이 곁들여져 있지 않은 내용, 또는 교사의 '사랑'의 대상이 되어 있지 않은 내용을 가리킨다. 그러나 다시, 교육내용이 교사의 '사랑'의 대상일 때, 교육내용을 배우는 것은 곧 교사를 배우는 것이나 다를 바 없게 될 것이다.

이제 이 글을 끝맺음에 있어서, 이 글의 첫머리에서 뒤로 미루어 놓았던 문제, 즉 아가톤과 소크라테스가 지혜의 획득 과정에 관하여 주고받은 농담의 의미에 관하여 생각해 보자. 그 농담은 가득 찬 잔에서 빈 잔으로 물이 털실을 따라 흘러들어 가듯이, 지혜 있는 사람을 가까이하면 지혜가 흘러들어오는가에 관한 것이었다. 교육내용이 교사를 통하여 매개될 수밖에 없는 것이라면, 교사를 가까이하지 않고 어떻게 교육내용을 배울 수 있단 말인가? 그러나 여기에 또 한 가지, 알키비아데스의 비련悲戀의 원인이 있다. 알키비아데스는 '가까이한다'는 말을 순전히 육체적인 뜻으로만 생각한 것이다.

※ 출처: 『청람晴嵐 김판영 박사 회갑기념 논문집』, 동아출판사, 1983, pp.69-93.

〈追記〉 이 글을 쓴 이후에 필자가 쓴 다음의 글들은 「향연」의 특정 부분을 논의하고 있으며, 따라서 그 글들이 다루는 주제는 이 글의 '해석'과 어떤 방식으로든지 관련을 맺고 있을 것이다. '파이데라스테이아와 태교: 교육의 원초적 세력을 찾아서', 「증보 교육과정 탐구」, 박영사, 1977, 1992, pp. 535-56, '가르치는 자와 배우는 자', '제도의 아름다움', '교육의 근본 제약과 그 극복', 「교육의 목적과 난점」 제6판, 교육과학사, 1984, 1998, pp. 103-29, pp. 255-84, pp. 409-34.

---

1) A. E. Taylor, *Plato: The Man and His Work*, London: Methuen, 1926, p. 209.

2) Gorginian or Gorgonian head; 이것은 대화편 도처에서 찾아볼 수 있는 말재간의 한 가지 보기이다. 고르곤은 천 개의 뱀 머리를 가진 괴물로서, 소크라테스의 그 말재간은 아가톤의 연설이 고르곤처럼 그것을 보는 사람을 돌로 만든다는 희랍 신화의 대목을 가리킨다.

3) 전게前揭 Taylor의 해설은 이 대목이 소크라테스 찬양 이외의 다른 의미를 가지지 않는 것으로 취급하고 있다. Taylor, *op, cit.,* pp. 232~3. Friedländer는 이것보다는 훨씬 중요한 것으로 취급하고 있으나, 이 글에서 모색하고자 하는 가능성은 어느 해설에도 제시되어 있지 않다. Paul Friedländer, *Plato,* vol. 3, Princeton University Press, 1969, pp. 28ff.

4) 이 대목에서 우리는 키에르케고르와 그 약혼녀 올센 양과의 관계를 상기하지 않을 수 없다. 이 점에 관한 키에르케고르 자신의 기

술記述에 관해서는 S. KierKegaard, 'Diary of the Seducer,' *Either/Or* (trans. David F. Swenson and L.M. Swenson), Princeton University Press, 1959.

5) 묘하게도 대화편 「고르기아스」에서는 고르기아스 자신의 입으로, 선생의 밑에서 나쁜 제자가 배출되는 것은 선생의 책임이 아니라고 말한다. 「고르기아스」 (457b-c) 참조.

6) Taylor, *op. cit.*, p. 210.

7) 아가톤과 소크라테스의 스타일의 차이는 「고르기아스」에 자세하게 취급된 대로, '웅변술'과 '철학'의 차이이다.

8) Allen에 의하면, 소크라테스는 법정의 관례적인 어법을 모른다고 말했지만, 그의 증언은 희랍 당시 법정의 변론술을 정확하게 따르고 있다. R. E. Allen, 'Irony and Rhetoric in Plato's Apology', Paideia (Special Plato Issue), 1976, pp.32~42.

9) 희랍어 '에로스'의 의미에 관한 앞 1절의 설명 참조.

|지은이 소개|

李烘雨(1939~)

서울대학교 사범대학 교육학과
서울대학교 대학원 교육학과
미국 콜럼비아대학(교육학 박사)
서울대학교 사범대학 교수
서울대학교 명예교수

주요 저서 및 역서
인지학습의 이론, 1973, 박종덕(편), 2015.
증보 교육과정 탐구, 1977, 1992, 2010.
증보 지식의 구조와 교과, 1979, 1997, 2006.
교육의 목적과 난점, 1984, 1998, 2016.
Living, Knowing and Education, 1985.
주석 증보 교육의 개념, 1991, 2009.
증보 성리학의 교육이론, 2000, 2014.
교육과정 이론(공저), 2003.
대승기신론 통석, 2006.
신수 교육과정 이론, 2017.
미국 교육학의 정체, 2018.
인식과 전달, 2022.

J. S. Bruner, 교육의 과정, 1973.
R. S. Peters, 윤리학과 교육, 1980, 수정판(공역), 2003.
J. Dewey, 민주주의와 교육, 1987, 개정 증보, 2008.
D. W. Hamlyn, 경험과 이해의 성장, 1990, 교육인식론(증보), 2010.
W. Boyd, 서양교육사(공역), 1994, 개정 증보, 2008.
J. R. Manheimer, 키에르케고르의 교육이론(공역), 2003.
馬鳴, 大乘起信論, 1991.
F. Schiller, 인간의 심성교육, 2019.
H. I. Marrou, 서양 고대교육사(공역), 2019.

왼손으로 쓴 교육학 - 삶과 교육을 위한 단상 -

2024년 1월 5일 1판 1쇄 인쇄
2024년 1월 10일 1판 1쇄 발행

저 자 : 이 홍 우
발행인 : 한 정 주
발행처 : 교 육 과 학 사

경기도 파주시 광인사길 71
전화 (031)955-6956~8 / 팩스 (031)955-6037
Home-page : www.kyoyookbook.co.kr
E-mail : kyoyookbook@daum.net,
kyoyook@chol.com
등록 : 1970년 5월 18일 제2-73호

낙장·파본은 교환해 드립니다. **정가 22,000원**
Printed in Korea. ISBN 978-89-254-1852-0
978-89-254-1850-6(세트)